U0649111

HR精英
进阶之道
世界500强
绩效总监的自我修炼

党明播　梁雅杰　石　婧◎著

中国铁道出版社有限公司

CHINA RAILWAY PUBLISHING HOUSE CO., LTD.

图书在版编目（CIP）数据

HR 精英进阶之道：世界 500 强绩效总监的自我修炼 /
党明播，梁雅杰，石婧著 . —北京：中国铁道出版社
有限公司，2021.2

ISBN 978-7-113-27256-2

Ⅰ . ① H… Ⅱ . ①党… ②梁… ③石… Ⅲ . ①企业绩效 -
企业管理 Ⅳ . ① F272.5

中国版本图书馆 CIP 数据核字（2020）第 171213 号

书　　名：HR 精英进阶之道：世界 500 强绩效总监的自我修炼
　　　　　HR JINGYING JINJIE ZHI DAO : SHIJIE 500 QIANG JIXIAO ZONGJIAN DE ZIWO XIULIAN

作　　者：党明播　梁雅杰　石　婧

责任编辑：王　佩　　　编辑部电话：(010)51873022　　　邮箱：505733396@qq.com
封面设计：仙　境
责任校对：王　杰
责任印制：赵星辰

出版发行：中国铁道出版社有限公司（100054，北京市西城区右安门西街 8 号）
印　　刷：北京铭成印刷有限公司
版　　次：2021 年 2 月第 1 版　2021 年 2 月第 1 次印刷
开　　本：700 mm×1 000 mm 1/16　印张：17.75　字数：271 千
书　　号：ISBN 978-7-113-27256-2
定　　价：69.80 元

版权所有　侵权必究

凡购买铁道版图书，如有印制质量问题，请与本社读者服务部联系调换。电话：(010)51873174
打击盗版举报电话：(010)63549461

现今，在企业经营过程中有很多绩效管理方法，如 KPI、BSC、OKR、360°评估，部分管理者接触到这些方法，就盲目在公司里推行。笔者在 20 多年的人力资源从业过程中，也亲眼见证到很多知名 500 强企业推行绩效管理体系失败的案例。

我们查阅了市面上很多关于绩效管理方面的书籍，方法论较多，但成体系的不多，实用性不强。作为有着多个行业背景、多年不同企业经历的人力资源经理人，我们始终尝试在实践中不断消化吸收西方的绩效管理方法论，并在工作中应用，逐步形成了一套实操性强的绩效管理体系。为了帮助更多的人力资源从业者和企业管理人员在绩效管理上少走弯路，更快地认识到绩效管理的本质与精髓，尤其是如何能够在公司现有的战略治理体系下，打造出最适合自身的绩效管理体系，我们萌发了合编本书的想法。

↘ 本书内容

第 1 ~ 3 章（初阶）介绍 HR 小白绩效管理招式：涉及绩效管理的意义、绩效管理的作用、绩效管理指标的选择等关键点。陆可欣立志走 HR 的专业成长之路，在启蒙老师的指导下，牛刀小试，开启了职场进阶之旅。

第 4 ~ 7 章（中阶）介绍 HR 经理绩效管理"内功心法"：涉及绩效管理方法选择、绩效反馈面谈以及绩效考核结果应用等 HR 经理绩效管理实操过程中的难点。技艺未精的陆可欣，借助了组织内的很多正能量，修成"正果"。

第 8 ~ 10 章（高阶）介绍 HRD 绩效管理"武功秘籍"：涉及先进绩效管理案例、绩效管理体系建立、提升团队绩效管理水平、信息化绩效管理新趋势等 HR 经理进阶必备实操经验。陆可欣至此完成了 HR 部门与组织绩效提升的对接。

↳ 主要特点

● 内容全面，结构清晰。本书从人力资源专业人士成长的历程为着眼点，由浅入深，逐渐把不同阶段的理论依次完整地呈现给每一位读者。

● 案例丰富，注重实操。书中运用了大量精彩的案例，故事简单、道理深刻，使读者既能夯实理论知识，又能提高工作技能。

● 重点突出，开拓思维。每章中的提升篇均可帮助读者拓展思维，训练自己解决实际问题的能力。

● 制度范本，拿来即用。书中为人力资源从业者及管理者提供了一套完整、规范、实操性强的绩效体系实战范本。如果想"拿来即用"，请直接跳转到绩效管理手册部分，能够让你轻松将绩效管理付诸实践。

↳ 主要人物介绍

陆可欣：来自于南方的一个小城市，高校优秀毕业生。

高总：陆可欣的直属上级、启蒙老师，大型国有企业人力资源总监。

熊顾问：就职于知名人力资源咨询公司，大中华区绩效管理专项负责人，曾为 300 多家国内外大中型企业提供人力资源绩效管理咨询服务。

肖顾问：就职于知名人力资源咨询公司，熊顾问的同事，专精于研究360°评估在企业中的应用。

马老师：HRD 高总大学同学，高校 MBA 特聘讲师，曾任数家上市公司总经理和人力资源总监，专注于研究战略管理、管理变革和绩效管理。

李兰：HRD 高总就职公司的财务部老员工。

刘博士：HRD 高总的导师，国内某 985 大学的公共管理学院教授、博士生导师，中国人力资源管理学者和人力资源管理咨询专家，MBA 研修班人力资源管理课程主讲教授。

李老师：某大学商学院讲师，资深培训专家。

这是一本充满正能量的书，通过阅读本书，能够让你更好地进行绩效管理实践。同时这也是一本让任何人都能受益的书，无论你是人力资源从业者还是管理者，这本书都能让你更深入地理解绩效管理的本质，提升绩效管理能力。

　　在此衷心感谢中国铁道出版社有限公司的邀约，使得这本专为人力资源从业者所写的绩效管理图书能够顺利出版。本书是我们利用工作之余所写，囿于时间紧迫，书中难免存在一些不足之处，希望广大读者批评指正。

党明播　梁雅杰　石　婧

2020 年 6 月

目录

第 1 章

初次接触绩效管理，心生好奇

年底，又到了一年一度绩效考核的时候，助理给陆可欣倒咖啡的时候不小心碰倒了她的人力资源总监水晶名牌。陆可欣看着助理，回想起了自己初入职场的情景。

1.1　初次接触绩效管理

10 年前，陆可欣还是职场新人，被派到南京项目公司负责人力资源兼行政的工作。第一次接触绩效管理是在人力资源三级培训的现场，当时的场景在眼前浮现，周末来到阶梯教室，培训还没开始，100 人的阶梯教室坐得满满当当。

培训老师先给大家分享了一个绩效管理的经典小故事。

美国华盛顿广场有名的杰弗逊纪念大厦，因年深日久，墙面出现裂纹。为能保护好这幢大厦，有关专家进行了集体研讨。最初大家认为损害建筑物表面的元凶是侵蚀的酸雨，经专家们进一步研究，却发现对墙体侵蚀最直接的原因，是每天冲洗墙壁所含的清洁剂对建筑物有酸蚀作用。为什么每天要冲洗墙壁呢？因为墙壁上每天都有大量的鸟粪。为什么会有那么多鸟粪呢？因为大厦周围聚集了很多燕子。为什么会有那么多燕子呢？因为墙上有很多燕子爱吃的蜘蛛。为什么会有那么多蜘蛛呢？因为大厦四周有蜘蛛喜欢吃的飞虫。为什么有这么多飞虫？因为飞虫在这里繁殖特别快。而飞虫在这里繁殖特别快的原因，是这里的尘埃最适宜飞虫繁殖。为什么这里最适宜飞虫繁殖？因为开着窗户阳光充足，大量飞虫聚集在此，超常繁殖。由此发现解决的办法很简单，只要关上整幢大厦的窗帘即可，而此前专家们设计的一套套复杂而又详尽的维护方案也就成了废纸。

　　上面的故事告诉我们，遇到问题不要轻易下结论，要多问几个为什么，要追根溯源，找到问题产生的真正原因，才能找到根本的解决办法。在我们的实际工作中，很多管理者经常无法深入地帮助员工找到问题背后的原因。他们通常浅尝辄止，在问了几个问题之后，就开始下结论，开始帮助员工解决问题。实际上，经理对员工提问越深入，越容易发现解决问题之道。经理对员工有效的提问，就是我们所说的绩效辅导。通过绩效辅导，管理者可以帮助员工解决绩效问题，达成绩效目标，实现能力提升。

　　绩效是指组织中个体或群体的工作行为和表现，及其直接的劳动成果、工作业绩和最终效益的统一体。绩是指业绩，也就是工作结果；效指效率，即工作过程。员工的绩效是指在一定环境与条件下完成某项任务所表现出来的工作行为和所取得的工作结果，体现了员工履行工作职责的程度，同时也反映了员工能力与其职位要求的匹配程度。

　　绩效存在于工作、学习当中，人生就是使自己不断进步，提高绩效的过程。绩效的意义并不只对于企业，每个人都应该研究绩效，提高效率，同时提升我们的人生品质。绩效是贯穿于每个人一生的，无论是企业或是个人都会面对绩效问题，绩效的提升就是一个持续改进、不断上升的过程。学习绩效管理的目的就是让我们充分地了解过去，认识现在，并且更好地规划未来。

1.2 如何理解绩效考核

我们先听一下棕熊和黑熊的故事。

棕熊和黑熊都以养蜂为生，都爱吃蜂蜜，它们各自养着同样多的蜜蜂。有一天，它们决定比赛看谁的蜜蜂产的蜜多。棕熊认为蜜蜂能产多少蜜，关键在于它们每天采回多少花蜜。花蜜越多，酿的蜂蜜也越多。于是它直截了当告诉众蜜蜂：它在和黑熊比赛看谁产的蜜多。它花了不多的钱买了一套绩效考核管理系统，测量每只蜜蜂每天采回花蜜的数量和整个蜂箱每天酿出蜂蜜的数量，并把测量结果张榜公布。它设立了一套奖励制度，重奖当月采花蜜最多的蜜蜂。如果一个月的花蜜总产量高于上个月，那么所有蜜蜂都会受到不同程度的奖励。

黑熊想，蜜的产量取决于蜜蜂每天对花的"访问量"。于是它买来了一套昂贵的测量蜜蜂访问量的绩效考核管理系统。在它看来，蜜蜂所接触的花的数量就是其工作量。每过完一个季度，黑熊就公布每只蜜蜂的工作量；同时，黑熊还设立了奖项，奖励访问量最高的蜜蜂。但它从不告诉蜜蜂们它是在与棕熊比赛，它只是让它的蜜蜂比赛访问量。

一年过去了，两只熊查看比赛结果，黑熊的蜂蜜不及棕熊的一半。

棕熊不限于奖励一只蜜蜂，为了采集到更多的花蜜，蜜蜂相互合作，嗅觉灵敏、飞得快的蜜蜂负责打探哪儿的花最多最好，然后回来告诉力气大的蜜蜂一起到那儿去采集花蜜，剩下的蜜蜂负责贮存采集回的花蜜，将其酿成蜂蜜。虽然采集花蜜多的能得到最多的奖励，但其他蜜蜂也能得到部分好处，因此蜜蜂之间远没有到人人自危、相互拆台的地步。

而黑熊的评估体系虽然很精确，但它评估的绩效与最终的绩效并不直接相关。黑熊的蜜蜂为尽可能提高访问量，都不采太多的花蜜，因为采的花蜜越多，飞起来就越慢，每天的访问量就越少。另外，黑熊本来是为了让蜜蜂搜集更多的花蜜信息才让它们竞争，由于奖励范围太小，为搜集更多花蜜信息的竞争变成了相互封锁信息。蜜蜂之间竞争的压力太大，一只蜜蜂即使获得了很有价值的信息，比如某个地方有一片巨大的槐树林，它也不愿将此信息与其他蜜蜂分享。

绩效管理要保证个体目标与团队目标的一致性，并且在此基础上激发所有员工的团队精神。在绩效管理中，设定恰当的绩效标准和合理的绩效考核方法，对业绩会产生极大的影响。要设立一个好的绩效标准，首先要对绩效进行分析，与下属事先沟通，最后在共同确认的基础上，使绩效标准真正起到激励引导的作用。

绩效考核又称绩效考评、绩效评价、绩效评估，是将战略转化成一整套可执行的绩效衡量标准与体系，并对照绩效标准，采用科学的考核方法，评定员工的工作目标完成情况、员工的工作职责履行程度、员工的发展情况等。绩效评估无疑是以绩效为导向，但是绩效导向并不意味着只关注结果，它也关注取得这些结果的过程，即员工在取得未来优异绩效进程中的行为和素质。

绩效考核是人力资源管理上不可缺少的工具，它包括直属上级对员工工作的观察和评价。考核的目的并不仅是为了奖惩，员工的调任、升迁、加薪等重大决定都必须依据精确的考核结果。因此，如何在员工日常表现中制订一些明确的绩效标准以期奖惩分明，同时据此施行适当的在职训练，有系统地持续绩效考核工作，这是人力资源管理的一个重要内容。

再跟大家聊一下海底捞 KPI[①] 绩效考核的弯路，由于海底捞设定的 KPI 太细，太过于精准，使得员工的行为已经失常。比如有顾客说过，海底捞的服务特别周到，杯子里的水还没喝完，服务员就主动给加了，对于戴眼镜的顾客，服务员会自发地提供眼镜布。海底捞就出了这样的规定"戴眼镜的顾客一定要提供眼镜布，顾客杯中的水不能少于一半，否则扣分"。于是问题就出现了，如果顾客不需要水，但是服务员硬要将水加上，或是不需要眼镜布，但是服

---

① KPI（Key Performance Indicator，简称"KPI"），是指关键绩效指标考核法。

务员强行把眼镜布给顾客，这样的行为反而会让顾客反感。意识到精细化 KPI 的问题以后，管理层考虑不考核细节的指标，而是考核餐厅的翻台率，达不到就扣分。不过，追求这个指标以后，又出现了一系列问题，为了提高翻台率，订了座位的客人晚到几分钟，餐厅就不给他们留位置并且把位置安排给了现场的客人，这在一定程度上提高了翻台率，但是侵犯了顾客的利益，让顾客的满意度下降。绩效考核指标设置过于精细化会适得其反，为了 KPI 而 KPI 就会错过很多东西，并且是无法挽回的，海底捞就是在追求 KPI 的过程中，迷失了自己优秀的"家的文化"。管理层最后决定去掉所有硬性的 KPI 指标，只考核一个软性指标"顾客满意度"，组织一队"神秘访客"亲自去店里体验、考核，这样给出的结果非常准确。

接下来我们再区分一下绩效管理和绩效考核这两个概念。

1.3　绩效管理 ≠ 绩效考核

美国学者罗伯特·巴克沃认为，绩效管理是通过持续开放的监督和沟通过程来开发团队和个人的潜能，从而实现组织目标和所预期的利益、产出的管理思想和具有战略意义的、整合的管理流程和方法。绩效考核是针对企业中每个职工所承担的工作，应用各种科学的定性和定量的方法，对职工行为的实际效果及其对企业的贡献或价值进行考核和评估。绩效管理和绩效考核可以理解为前者是艺术，后者是技术。

简单对比如下：

（1）绩效考核是绩效管理的一个重要环节；

（2）绩效考核中管理者更注重监督和控制，而绩效管理着眼于激励和发展；

（3）绩效考核的重心是评价工作成果，绩效管理的重心是实现企业战略；

（4）从企业管理者的角度来看绩效考核的角色相当于裁判，而绩效管理的角色相当于教练；

（5）绩效考核的管理流程是一次性的，而绩效管理的流程是持续不断地评估、沟通、改进；

（6）绩效考核结果是非常直接的数字，是发现问题，属于 HR 的工作；而绩效管理是分析总结，并提出未来该如何做，是解决问题，属于艺术层面。

绩效考核与绩效管理的区别如表 1-1 所示。

表1-1　绩效考核与绩效管理的区别

区别要点	绩效考核	绩效管理
内容方面	面向结果	面向结果与过程
管理着眼点	监督和控制	激励和发展
管理重心	如何考核评价	与企业战略关联
企业管理者角度	裁判	教练
管理流程	一次性考核	持续评估和沟通

绩效管理可以促进企业发展，提高企业的市场地位，是人力资源管理的核心。绩效管理是对薪酬管理的继承和发展，是转变观念、完善机制、提升能力的过程，将考核者与被考核者融入绩效考核过程中，使自身价值与企业发展战略目标高度契合，从而达到个人与企业的双赢。

绩效管理可以有效地推动企业战略目标的实施。绩效管理是通过员工个人目标与企业目标相结合，提高员工绩效来实现企业发展的一个不断循环的工程，是企业实施战略管理的重要载体。

绩效管理能够提高各级管理者的管理水平。绩效管理是管理者与被管理者持续沟通的过程，能够促使管理者对员工进行指导、培养和激励，不断提高管理工作水平。

绩效管理能够发掘员工潜力。通过绩效管理，发现工作中的问题，扬长避短，提升员工工作能力，促使员工不断进步。

绩效管理通过绩效目标的设定与绩效计划的实施过程，将组织的目标被有效地分解到各个业务单元和个人。通过团队和个人的绩效目标监控过程以及对绩效结果的考核，组织可以有效地了解目标的达成情况，从而为员工的培训和发展提供有效的信息。

可欣心得 **绩效管理是企业管理中不可或缺的管理工具。**

陆可欣经过在南京项目一年的锻炼，由于工作表现出色，调回总部，开启新征程，见到了人生导师 HRD 高总。

1.4　企业为什么需要绩效考核

陆可欣："高总，我对绩效考核的理解还是比较模糊。您说，到底**企业为什么需要绩效考核呢？**"

高总："陆可欣，我给你讲个小故事吧，你体会一下。南山坡住着一群兔子，在蓝眼睛兔王的精心管理下，兔子们过得丰衣足食，其乐融融。可是最近一段时间，外出寻找食物的兔子带回来的食物越来越少。为什么呢？兔王发现，原来是一部分兔子在偷懒，那些偷懒的兔子不仅自己怠工，对其他的兔子也造成了消极的影响。那些不偷懒的兔子认为，既然干多干少一个样，那还干个什么劲呢？也一个一个跟着偷起懒来。于是，兔王决心要改变这种状况，宣布谁表现好谁就可以得到特别奖励的胡萝卜。一只小灰兔得到了兔王奖励的第一根胡萝卜，这件事在整个兔群中激起了轩然大波，并且效果适得其反。有几只老兔子前来找他谈话，数落小灰兔的种种不是,质问兔王凭什么奖励小灰兔？

兔王说：'我认为小灰兔的工作表现不错，如果你们也能积极表现，自然也会得到奖励。'陆可欣，你觉得兔子们会怎么表现？"

陆可欣："兔子们积极地在兔王面前表现自己，来获得更多的胡萝卜。"

高总："猜对了，这就是奖励的必要性，许多兔子都在想方设法地讨兔王欢心，甚至不惜弄虚作假，兔子们勤劳朴实的优良传统遭到了严重打击。为了改变兔子们弄虚作假的局面，兔王在老兔子们的帮助下，制定了一套有据可依的奖励办法。这个办法规定兔子们采集回来的食物必须经过验收，然后可以按照完成的数量得到奖励。一时之间，兔子们的工作态度为之一变，食物的库存量大有提高。有规矩才成方圆，兔王对兔子们的工作成果进行考核并且与奖励挂钩。但是好景不长，兔王在仓库门口刚好碰到了都都，一高兴就给了小兔都都双倍的奖励。此例一开，变脸游戏又重新风行起来。大家都变着法子讨好兔王，不会讨好的就找着兔王吵闹，弄得兔王坐卧不宁、烦躁不安。有的说：'凭什么我干得多，得到的奖励却比都都少？'有的说：'我这一次干得多，得到的却比上一次少，这也太不公平了吧？'陆可欣，你觉得会出现什么情况？"

陆可欣："兔子们觉得不公平，可能会要求更多的奖励，消极怠工。"

高总："是的，兔王万般无奈，于是宣布凡是愿意为兔群贡献的志愿者，可以立即领到一大筐胡萝卜。通告一出，报名应征者好不踊跃。兔王心想，重赏之下，果然有勇夫。谁也没料到，那些报名的兔子之中居然没有一个如期完成任务，为什么会出现这种现象？"

陆可欣："兔王的奖惩制度太激进了吧，兔子完成任务前就能拿到萝卜，事前奖励到手以后，就没动力完成任务了吧。"

高总："小功不赏，则大功不立；小怨不赦，则大怨必生。绩效考核的目标、方法以及流程的不同，带来的效果也将迥异。现在理解绩效考核的重要性了吧。"

1.5　管理者如何提升绩效

陆可欣："高总，您是怎样看待管理者呢？"

高总："首先我们要了解管理者到底要的是什么，管理者到底是干什么事情的。**管理者有两个主要的任务：一是完成业绩，二是培养团队。**你会让什么样的人成为管理者？"

陆可欣："我肯定选工作能力突出的，业绩优秀的。"

高总："你的想法没有问题，但是你忽略了一件事情，管理者要管人，但是管人和做事还是有区别的。**我们通常说做事情靠的是智商，管人靠的是情商。**只是业绩突出，人没有管好，他也不能算作一个合格的管理者。

我给你举个例子，刘邦和刘备在打仗方面都不是高手，但是却有一群谋士追随他们，帮他们出谋划策。我们再看一下诸葛亮和项羽，他们属于非常出色的人才，但是在管人方面却存在不足。

从"管理"二字来看："管"人是一种"艺术"，而"理"事却是一种"科学"，英文 management 单词可分拆成：man，age，men 再加上一个字母 t。man 是指一个人；age 指年龄，包括他累积得来的知识，而年龄不一定指个人的真实年龄，可以指工作年限或入职的时间长短，甚至对某种知识掌握时间的长短先后而论，所以可以年轻人带领比他年长的下属；men 是指众多的人，一群人在一个人带领之下一起共事，朝着同一个方向和目标进发；而最后一个字母 t，代表 time 时间和 target 目标。所以 management（管理）这个名词，是指一个人（man）因他的年资（age）和能力，带领一群人（men）朝向一个目标在指定时间（t）内完成，这就是有效管理（management）。

管理者要为绩效负责，为什么这么说呢？第一，管理者要为目标负责，从公司到部门甚至分解到岗位的目标，管理者都要深入理解并且担当起来。目标在制定和分解中，管理者都是第一责任人，最重要的是如何实现这个目标。所以管理人员需要系统思考能力、人际沟通能力、时间管理能力以及分析判断能力，这些都是为目标实现打基础的基本管理能力。第二，管理者要为问题负责，管理者需要在下达任务的过程中，帮助员工接受和理解上级给的指标，需要解决自上而下的问题。问题出现之后，管理者需要知道如何上传下达，上下沟通疏导，可以说管理者存在的意义就是解决问题。所以作为管理者要随时关注周围发生的问题，竭尽所能去解决问题，这样才能使自己更有价值。第三，管理者要为合作负责，在实现目标的过程中，管理者不是自己单独作战，一个组织的运转是不同的部门，无数的岗位协同作业的结果。如何让部门之间更好地配合，自己团队内的成员更好地合作，是管理者需要思考的事项。高效的合作才能提高效率，良好的合作是保证组织效率的前提。管理者要为合作负责，为团队内部形成良好的合作氛围负责，所以说绩效是由管理者决定的。

其实我们总听到员工有这样的抱怨："人力资源部天天让我们分解指标，或是写反馈记录，太占用我们时间了。"他们会认为自己在帮人力资源部填写表格。其实如果把绩效管理当成工具，愿意投入，是可以有回报的。比如阿尔卡特公司，老板花巨资引进了绩效管理工具"E-system"，通过这个系统可以记录员工的绩效目标，将员工谈话以及管理者的绩效反馈保留在系统中，建立历史记录。刚开始推行时只有 60% 的员工按时完成工作，HRD 与老板一起分析原因，主要是一把手的推动力度不够，公司老板将下属的 KPI 中加入人员管理指标，其中衡量的标准是绩效管理系统的完成率，并且明确规定完成率需要达到 95%，否则这个 KPI 指标为 0，最后根据提供的数据，完成率为 96%。

通过这个案例，我们了解到**管理者最重要的任务是管人，不断给员工灌输绩效理念，将绩效管理思维融入日常工作中，使员工不断进步和成长。**再看看作为管理者的杰出代表杰克·韦尔奇，他成为全世界最佳 CEO 的秘诀是什么？答案就是他用四分之三的时间跟下属沟通。很多企业的老板比较看重客户与业务，一直抓的是如何提高利润，而将与员工沟通的事情交给人力资源部，认为与员工沟通浪费时间，其实可以看一下"企业"二字，如果将"企"字中的人去掉，就变成了"止业"。优秀的人才是最难获取的，实现公司战略目标的是这些人才，所以人力资源部的价值就体现在人力资源管理。有很多管理人员是技术人员转型，他们不重视员工沟通并且认为绩效管理是浪费时间、增加成本。如果公司的领导指责员工没有目标，这是没道理的，因为领导的责任是让员工清楚自己应该干什么。由此可以看出，沟通需要贯穿于绩效管理的每个环节，比如说在确定工作目标、制定工作计划、调整工作目标以及执行绩效的过程中肯定员工做得好的方面，沟通如何改进需要提升的方面，并给员工设立未来的发展方向。**德鲁克曾经说过，管理就是让别人做你想做的事，而绩效管理就是让别人做事的工具。**

谷歌（Google）从 2009 年就开始推行"氧气计划"，针对公司的 1 万多名员工进行了访谈和问卷调查，他们想知道底层员工认为什么样的人才是一个好的经理人。经过大量的数据分析、访谈和建模之后，Google 通过数据得到了 8 个指标，把这 8 个指标作为对经理人每年的核心考核与评价指标。氧气项目识别出了出色管理者的 8 项行为表现，事实上，这 8 项行为并不令人感到意外，根据 Google 分析团队的成果显示，成为一个拥有技术专长的技术型专家排在最后一位，而排在第一名的恰恰是能够成为一名好的教练，员工把能够成为一名好的教练当成经理人最重要的考核。

现在 Google 用数字分析方法分析企业内部员工对于管理者的想法，这可以说是创举。以下是按重要性从高到低排序的 Google 高效主管的 8 个习惯：

（1）做一名好教练，给予成员们非常明确且有建设性的回馈，并且平衡正面和负面评价。经常性地一对一沟通，根据每个人的专长，提出问题的解决方法。

（2）提升团队实力，权力下放，不事必躬亲，给成员们自由发挥的空间，但是有需要时要让他们随时找得到你，给他们一些长期的项目，来帮助团队解决大的问题。

（3）经理人对团队成员的成就和心情保持着高度的兴趣，去了解团队每个人，知道他们除了工作外也是有生活的，让每个新成员觉得自己是受欢迎的，来降低过渡期的焦虑。

（4）关注生产力，用结果证明一切。把注意力集中在成员想要团队取得什么成就，将团队工作按重要性排序，并且利用你的职位帮团队移除障碍。

（5）能够成为一个很好的沟通者。沟通是双方的，你要分享信息，但也要聆听，定期召开全成员会议，直截了当地说明团队的目标和需要沟通的信息，千万不要拐弯抹角，奖励开诚布公的发言，用心聆听团队成员的问题和忧虑。

（6）帮助团队成员设计他们的职业规划。在 Google 有一件很重要的工作，即每一个人都要去制订一个他在整个职业生涯中的发展计划，这个计划涵盖了他在 Google 的时间，也涵盖了他未来更多的可能性。

（7）团队目标明确，战略清晰。对于公司的愿景和使命来说，每一个团队都会根据这个大的愿景和使命不断地去分析自己团队所要承担的愿景和使命。对于员工来说，很重要的一点就是，一个团队和员工是否建立起了共享的愿景和使命，大家共同认可一个非常宏伟的目标，一个美好的未来，愿意一起为了这个目标去努力，所以通过建立起共享的愿景和使命，能够使员工从要我做事情变成我要做事情，这两者有着非常大的不同。

（8）拥有关键的技术能力来帮助员工解决问题。Google 内部有一句话：把袖子卷起来，你要撸起袖子来和员工一起去做事情。当团队的员工出现一些困难的时候，他要知道有哪些关键的路径或者哪些关键的工具能够帮助员工解决困难，能够有助于他们的发展。所以在这方面拥有关键的技术能力，帮助员工解决问题，也是一项必不可缺的素质。

综上所述，**优秀的管理者就是当一个好的教练，对团队的兴趣和团队成员的成就保持着高度的热情，注重生产力，用结果来证明一切；优秀的管理者也是一个好的沟通者，能帮助员工发展他们的职业生涯，为团队建立明确的愿景和战略。**

1.6 提升篇：团队绩效常见四大问题及解决方法

1.6.1 没高度

只壮阳，欠滋阴：一味地高速发展，但没有塑造发展的根基；让茁壮成长的少年吃人参，以百米冲刺的速度跑马拉松，无异于自取灭亡。

有团队，没目标：没有按照企业的发展方向完成部门的长远规划布局，从部门领导到团队成员没方寸、打乱仗。

有目标，没文化：只确定战略方向，没有塑造战略所需要的团队共同的行为规范。

有组织，无纪律：没有确定业务的流程、规章，带兵没有纪律；工作无章法，到处乱糟糟。

有战略，无传达：战略确定之后，没有建立完善的组织沟通体系，命令没有传达到每个队员。

有战略，没分解：战略被束之高阁，没有统筹、分解、协调一盘棋。

处方秘籍

（1）引入第三方咨询公司，组织高层研讨会，分组讨论组织变革方案。

（2）制定 OKR 公司级战略项目，分解战略目标，自下而上推进。

1.6.2 只蛮干

怕挑战：部门领导没有养成下属勇挑重担、敢打硬仗的工作作风，特别是部门领导害怕给下属的担子过重会导致下属"怯战而逃"。

怕压力：没有"孟母三迁"的压力，何来"亚圣"？！

怕问题：队员们遇到问题选择无视、搁置、推卸、内斗，而不是防微杜渐、防患于未然，结果是"有失败，没总结；有经验，没分享；有总结，没预案；有预案，没传承"，甚至有人"养寇自重""养患自重"。

怕担责：队员们要权力、要激励，但是责任面前"溜肩膀"。

怕变革：团队不能快速地接纳变革，不能灵活变通地调整既定战略，更不会引领变革、通过创新使部门的业绩再上一层楼。

处方秘籍

（1）明确职业发展通道，制订每个职位配套福利及激励方案。

（2）对管理人员进行人才盘点，一对一沟通职业发展路径，制订个人提升计划，明确培训方案。

1.6.3　不精细

有文化，没转化：部门领导没有把价值观转化为规范行为，更没有宣教和固化，最终文化就变成了"贴在墙上的口号"。

有规则，没执行：流程、规章和制度确立不及时、更新不及时，而且"有法不依"。

有流程，没衔接：问题往往出现在流程的上下两道工序的衔接点，甲认为是乙的责任，乙认为应该由甲负责，双方及其上级没有明确界定。

有指标，没责任：一种常见的情况是一个人负责几十个指标，结果失去了管理的侧重；另一种则是部门没有扎实地建立考核指标数据库，更没有确定"责任人制度"。最常见的错误是误以为"人人有责，人人负责"，没有"一对一"责任人制度。

有考核，没管理：部门领导在把目标和指标分解以后，过多依赖期末的考核，但对过程的监督、控制、指导和支持严重不足。

没抓大，真放小：部门领导往往不可能在大事或大问题上雷厉风行，毕竟牵涉的范围会比较大或时间的积淀太久；但是，不能说"大事管不了，小事也不管"，把小问题不当回事，做不到"见微知著"，处理问题的最佳机会也被耽误、错失。

处方秘籍

（1）树立标杆，收集业绩卓越员工案例，整理成册，全公司宣传。

（2）定期组织业绩优秀员工工作坊分享，制订工作优化提升方案，建立公司知识库，加强知识管理。

1.6.4　欠人情

有授责，无训练：历来没有现成的人才等着部门经理"招之即来、来之能战、战之能胜"。人才何来？往往是在"赛马中发现千里马驹，在赛马中培养千里马"；领导者最为难的就是"有事业，没人手；有人手，没能力"。

有激励，没鞭策：众多部门领导常犯的两个错误，一个是赏罚不明，企图"搞平衡"，结果不干活的被怂恿继续歇着，干活的被挫伤后转而消极怠工，长此以往，倒霉的是团队领导，毕竟是找你问责；另一个是过分看重柔性激励，但是忽视了"推式"激励的不可或缺性。

要结果，没人情：只注重工作成果的达成，忘记了工作友谊是团队战斗力的凝聚和推动。

（1）组织破冰拓展训练，提升员工的凝聚力和团队意识。

（2）拓展后组织分享会，升华联合互动、打破自我的精神，与实际工作相结合，制订一对一互助行动方案。

第 2 章

老 HRD 指导小 HR 上手

　　随着公司的发展，人员迅速扩充。HRD 一方面了解公司业务，一方面考虑为公司引入绩效考核机制。HRD 与各部门领导进行访谈，了解部门领导对绩效考核的认识。其他部门领导对绩效考核的理解各不相同，有些指出绩效考核是人力资源部的事情，他们只要执行就可以了，听从人力资源部的安排；有些部门领导很支持绩效考核机制的建立，认为只要有绩效考核，公司的业绩肯定会提高。陆可欣听完访谈很迷惑，到底谁的观点是对的呢？

2.1　绩效考核是为管理者服务的

　　陆可欣："管理者要对绩效负责，绩效考核是有导向的吧，是为管理者服务的。"

　　高总："你说得很对，比如说业务扩张有两种途径：一是扩大盈利，二是扩大市场占有率，这两个方向是不同的。公司的战略导向是扩大市场占有率，那考核指标就可以围绕市场占有率来设定。有些公司在创业初期虽然业绩上是亏损的，但是在用户使用数量上是成功的。绩效管理的目的就在于，管理者希望做什么，你就去考核员工是否做好了这件事。"

　　以下是历史上一个制度建设的著名例证。

18 世纪末期，英国政府决定把犯了罪的英国人统统发配到澳大利亚去，一些私人船主承包从英国往澳大利亚大规模地运送犯人的工作，英国政府实行的办法是以上船的犯人数量支付船主费用。当时那些运送犯人的船只大多是一些很破旧的货船改装的，船上设备简陋，没有什么医疗药品，更没有医生，船主为了谋取暴利，尽可能地多装人，使船上条件更加恶劣。一旦船只离开了岸，船主按人数拿到了政府的钱，对于这些人是否能远涉重洋活着到达澳大利亚就不管不问了。有些船主为了降低费用，甚至故意断水断食。3 年以后，英国政府发现：运往澳大利亚的犯人在船上的死亡率达 12%，其中最严重的一艘船上 424 个犯人死了 158 个，死亡率高达 37%。英国政府花费大笔资金，却没能达到大批移民的目的。英国政府想了很多办法，每一艘船上都派一名政府官员监督，再派一名医生负责犯人的医疗卫生，同时对犯人在船上的生活标准做了硬性的规定。但是，死亡率不仅没有降下来，有的船上的监督官员和医生竟然也不明不白地死了。原来一些船主为了贪图暴利，贿赂官员，如果官员不同流合污就被扔到大海里喂鱼了。政府支出了监督费用，却照常死人，政府又采取新办法，把船主都召集起来进行教育培训，教育他们要珍惜生命，要理解犯人去澳大利亚进行开发是为了英国的长远大计，不要把金钱看得比生命还重要，但是情况依然没有好转，死亡率一直居高不下。

一位英国议员认为是那些私人船主钻了制度的空子，而制度的缺陷在于政府给予船主报酬是以上船人数来计算的。他提出政府以到澳大利亚上岸的人数为准计算报酬，不论在英国上船装多少人，到了澳大利亚上岸的时候再清点人数支付报酬。自从实行上岸计数的办法以后，船主主动请医生跟船，在船上准备药品，改善生活，尽可能地让每一个上船的人都健康地到达澳大利亚，船上的死亡率降到了 1% 以下，有些运载几百人的船只经过几个月的航行竟然没有一个人死亡，问题迎刃而解。

陆可欣："但是领导，我最近听说绩效管理毁掉了索尼，有些公司放弃 KPI，您是怎么看的？"

高总："绩效管理还是有存在价值的，不过要看考核的内容是什么，考核指标是有导向性作用的。有很多管理者认为失败就是绩效管理工具上出错了，这样的想法是存在问题的。举个例子，同样是手术刀，在不同医生的手里可能会让手术成功，但也不排除存在手术失败的可能性。手术刀就是手术刀，你能把手术的失败归结到手术刀上吗？当然不排除这个手术刀有可能尺寸不合适或是生锈了等情况。

"考核的目的决定了考核的内容。如果是提拔干部、培养人才，则'德、能、勤、绩'综合考虑，力求德才兼备、德艺双馨；但如果单纯是为了基于业绩分配奖金的话，'品德、能力、勤勉'不必考核，只考核'业绩'。'品德'跟业绩没有直接的逻辑关系，品德好，业绩不一定好；品德差，业绩不一定差。

"'能力'和业绩的对接也很难说清楚。管仲在齐桓公的鼎力支持下变法成功，而且打造了强大的军队。但是，春秋首霸在与楚庄王的对阵中以苟合结束，而后齐国在与吴王夫差的较量中拱手交出了霸主的地位。一个企业，纵使拥有硕士、博士一大把，干不出活来，就等于没有价值。

"勤勉是企业文化，弘扬它是一定的。但是，勤勉一年没干出活来，然后跟老板说'没功劳，还有苦劳呢'，准确地说应该是'徒劳'。你点灯熬油、费水费电，占尽公司各种资源，却拿不出企业需要的业绩，这种'苦劳'都是低效能的。

"考核'德、能、勤'极容易产生争议，甚至转化为人身攻击，实操性特别差。

"企业应该实实在在评价的'业绩'包含两部分：一是岗位职责的履行；二是重点工作目标的达成。这就是考核应该专注的内容，不要想用一个考核解决所有的问题。我看到很多企业想通过考核解决尽可能多的问题，考核要决定奖金、考核决定培训、考核决定人才的选拔、考核决定薪资调整……都想解决，最后结果是一次考核用十几张表，最好能干脆一张纸解决问题。'不要因为我们走得太远，而忘记了出发的目的'，这句话确有哲理。**管理简单是艺术。**

"企业从管理的角度期望员工展现出什么样的行为，就要在这个方向上激活员工，而不能出现错误的导向。例如，国家评教授、副教授，是为了让教授具备崭新的知识结构、丰厚的理论体系。因此，我们在晋升教授时，学术支撑必须得有著作和论文，这种提法显然是正确的，但是具体做起来错在哪？错在个别教授忙于写书、发表论文，却荒废了教书，最终这个意义就不对了，学生不可能获益，我们的教授一个个著作一大摞，但是讲起课声声'催人睡'，而没有想办法发力如何把理论与实践有效地呈现给学生，让大家学懂，融会贯通并转化成实际运用。

"在企业当中也是一样，给员工设置工龄工资、设置全勤奖项，你提倡的是什么行为？你是要员工的效能，还是要他'当一天和尚撞一天钟'，你是要他解决问题还是要他倚老卖老？"

互联网企业的绩效考核体系

我们以微软举例，微软 CEO 史蒂夫·鲍尔默在位的几年是比较失败的，从桌面互联网方面的王者慢慢被后面的同行追赶上，他们是以"产品和技术为中心"，需要向"客户和服务为中心"转型。后者的典型案例就是小米公司，小米公司可以说是"粗粮"公司，这里"粗粮"的含义是看起来比较粗糙，但是很有营养的食物。小米公司其实是存在绩效评价体系的，并不是没有，只是希望打造一个更轻的人力资源管理模式。

陆可欣："高总，您能否谈谈小米公司的绩效评价体系，我对互联网公司的绩效管理比较感兴趣。"

高总："互联网是新兴的行业，首先行业特点是比较强调个体。比如说乔布斯挽救了苹果，让苹果公司成为全球伟大的公司之一。第一，互联网的特点是尽量去寻找行业内的一流或是超一流的人才，但是对于这些人才的绩效如何考核，是互联网 HR 的一个难点。第二，互联网的绩效比较难量化，我们看到现有的微信和微博这些都是比较成功的产品，在这些产品的背后可能有无数的失败产品。在互联网行业中，失败的产品可能是成功产品的数万倍，产品是否能够成功或是多久才能成功都是很难估计的，这样就更不好考核。成功的产品都是失败的产品堆出来的，这样就给绩效考核出了个难题。尤其是如何去判断一个产品到底是什么原因出现问题，造成失败的原因有很多，可能是设计问题、运营问题等，所以不容易去找角度评价。第三，互联网的特点是注重效率。年初的时候做的绩效考核指标，过了一个季度或是半年再去看，公司可能都不做这些业务了，或是公司的战略发生改变，重点工作进行了调整，这样的话年初制定的考核指标还有什么意义呢？HR 容易陷入为了考核而考核的怪圈，并且工作任务越来越重。这就是小米轻绩效的原因，除了绩效，HR 还可以发挥其他的职能。比如说，战略方面、服务方面以及很多其他的工作可以开展。如果让 HR 死盯着绩效过程和绩效流程，就失去绩效考核的意义了。

"小米的轻绩效管理是符合现有互联网行业特点的，小米的绩效主要有以下几个方面的特点：

"（1）扁平化的组织架构，只有三级的架构：创始人、业务负责人、员工。内部没有 PPT，没有工作报告和年终总结。小米公司一个绩效评估者需要管理的下属人数，少于 10 人。你可以想象一下，如果一个人要负责 100 人的绩效考核，考核者都不清楚这些人的工作表现，有可能连名字都叫不上来，仅凭印象去打分，这样是很不严谨和科学的。常规的操作，应当是有一套职级体系、岗位说明书、能力素质模型后才能更好地进行绩效考核。但是，互联网发展得非常快，没过多久，新的编程语言就出现了，岗位说明书等这些根本就跟不上岗位的发展速度。管理下属数量少于 10 人，可以让你非常清晰地评价几个人的表现，给予更多的注意力关注他们。

"（2）绩效管理扁平，绩效考核的过程中，打分的层级越多，难度越大。如果有很多层级需要打分，当到多层以后，有可能这个层级打分的领导与被评估者没有任何交集，这样难度自然就增强了。举个例子，一家发展比较快的互联网公司，一年的时间从 0 人发展为 5 000 人，人力资源部 100 人，公司的 HRD 连下属的名字都记不清，如何能够谈绩效管理？小米公司这点就做得比较好，绩效扁平化管理，基本上都在二、三层，这样能够清晰地看到下属的日常工作表现。HR 不用去做表格和纸质的材料就可以对员工的能力进行评价，从而非常清晰地看出每个人的表现。

"（3）严格控制招聘。2～3 年的过程中只增长了 800 人，研发部门人员选拔尤为严格，1∶200 的面试成功率，当技术背景和文化背景都非常匹配时，才会考虑让其加入小米。在这样严格选拔的情况下，绩效考核的压力就可以越来越小。

"（4）优化流程重团队。公司的战略非常明确，HR 需要从公司战略梳理，小米公司的核心产品是小米手机、电视盒子、路由器，小米手环和空气净化器这两个方向是并购，从生态链的角度来说，本质上不是小米来做的。小米会每半年或是 1 年回顾一下绩效，实现轻松且简单的绩效管理。

"我们可以看下他们的绩效考核指标：'小米路由事业部考核活跃度，1 台路由器卖出的活跃度是多少，用户是不是真的使用了这些功能，其他的服务如手机维修 1 小时以内完成，配送速度 2～3 天，客服电话接通率 80%。'小米并不把财务指标当成目标和考核指标，而是鼓励员工以客户为中心，客户对产品体验的满意度为标准，用户驱动，及时了解业务痛点，饥饿营销，抢占市场，产品的开发周期以天为单位。"

2.2 绩效管理也是阴阳平衡

陆可欣："高总，现在的很多企业都提倡结果导向，不看重过程，绩效管理到底是过程管理还是结果管理呢？"

高总："绩效管理是过程管理加结果管理，是一个闭环的管理过程，一般分为 4 个环节。第一个环节是绩效计划。制定公司、部门、个人目标，反复沟通达成共识。绩效计划是绩效管理的起点，管理者和员工达成共识，在计划时间内，员工应该做什么工作，为什么要做这些工作，做到什么程度，何时完成以及具体的内容。绩效计划是一个组织对员工的绩效期望并得到员工认可的过程。绩效计划必须清楚地说明希望员工达到的结果，以及达到该结果希望员工未来能够展现的行为和技能。绩效计划非常重要，如果绩效计划是错误的，就算绩效管理手段或工具再先进，实施得再出色也将于事无补。第二个环节是绩效辅导，上下级之间对绩效完成情况、绩效与能力的差距开展讨论的过程。管理者的反馈让员工了解自身的工作进展，辅导是基于反馈基础上的一种双向讨论，着重培养能力和提高绩效水平。第三个环节是绩效评估与反馈，包括组织绩效评估、个人绩效评估，沟通并达成共识。此环节通常在绩效周期的末端，是更为正式和完整的一种绩效反馈形式，管理者通过正式评估形式和谈话，对员工的整个绩效周期表现进行反馈，同时为下一周期的绩效计划做好准备。第四个环节是绩效激励，包括职务调整、绩效改进计划、培训发展以及薪酬激励。绩效激励是根据绩效结果来实施绩效奖励政策，包括薪酬激励、晋升等。同时可以根据评估结果，对绩效欠佳的人员进行分析，并差别化管理，包括在岗培训、岗位调动等，打破这个闭环就会使绩效管理支离破碎。

"很多管理者提到绩效管理通常理解为考核员工的业绩，主要看重的是结果。如果一个员工业绩非常好，但是工作态度有问题并且有客户投诉，这样的员工也不应该被评为优秀。企业既要关注员工的目标即结果管理，也要关注员工的行为即过程管理。如果员工有想要做好员工的理念，就不会做违反公司规章制度的事情，招聘的过程中就要关注候选人是否认同公司的价值观。

"当然价值观很难去打分，不易衡量。比如渣打银行，他们用 12345 代表业绩，用 ABCDE 来衡量价值观。C 是满足公司要求，公司要求员工客户至上、尽职尽责、创新敬业，能够做到这些，并且没有做过公司禁止的事情，就是合格员工。B 是你做了你应该做的事情，并且做得很好。A 是你的工作有一定的影响力，业务精湛，成为某一领域的标杆，大家把你当成榜样来学习。

"再举个万科关于价值观评价的例子，万科的价值观是在跑步中思考问题，管理层奖金的 1% 和员工的健康直接挂钩，如果员工的健康出现问题，会扣管理者的奖金。万科的一项调查表明，管理层中大部分人都没有脂肪肝，身体素质非常好，同时业绩也有一定的上升。万科 CEO 郁亮有句话是跑步管理学的精髓：'没有时间运动，就有时间生病；只有管理好自己的身体，才能管理好自己的人生；不重视员工健康的公司，不是好公司。'在工作空闲时间或是出差，郁亮都会带领员工跑步。按照 ABCDE 的等级标准，员工做到基本跑步要求，属于 C；员工不仅做到了，而且跑得很积极是 B；如果像 CEO 一样跑进了马拉松，属于 A。没有什么特别的理由来说明为什么要这样做，就因为这是企业文化。再比如说华为的价值观是员工要自愿加班，每周需要加班 4 天。加班 4 天的属于符合要求是 C；加班 5 天是 B；加班 6 天是 A。这样的考核指标就是对绩效过程的把控。绩效管理不仅仅是对结果的把控，管理者要从预期出发，对工作流程和工作效率进行把控，将管理绩效考核过程和绩效考核结果看成一个整体。"

2.3 指标压倒一切

陆可欣："很多公司引进 KPI 以后并不成功，KPI 并没有发挥出应有的作用，您是怎么看待这个问题的？"

高总："这个问题问得很有水平，我们需要从 5 个关键问题入手：(1) 绩效考核的目的是什么？(2) 绩效考核从哪里入手？(3) 实施绩效考核的前提条件是什么？(4) 为什么实施 KPI 考评发挥不出效益？(5) 经营人心从哪里入手？我们来逐个分析一下。"

2.3.1 绩效考核的目的是什么

"绩效考核的目的是什么"这个问题可以换为"为什么要绩效考核"。管理层必须明确的是绩效考核是给员工带来动力还是施加压力，这是截然不同的两种管理风格：一是给员工带来动力的方式，推崇的理念就是没有满意的员工，就没有满意的客户；二是给员工压力的方式，推崇的理念就是今天工作不努力，明天努力找工作。管理人员不要轻易引进绩效考核体系，这种体系未必适合公司的当前发展情况以及企业的文化。这就类似于很多公司"迷信"IT 系统一样，总感觉只要把计算机系统建立起来并让信息流动起来，就能帮老板解决很多困扰，抱有这样想法的人往往会失望。决定绩效考核效果的是使用管理工具的人是否真正理解其中的内涵。

2.3.2 绩效考核从哪里入手

1．明确负责人

应从上到下灌输一个理念，绩效考核不是 HR 部门的事情，而是所有管理者的事情。HR 部门的责任只是提供绩效考核工具，并且解答员工提出的问题。HR 同时需要负责对管理者进行绩效沟通、绩效辅导和反馈的技巧培训。HR 部门扮演的角色就是管理者的教练，管理者需要承担起绩效考核的全部责任，顶头上司的责任就是观察管理下属完成工作并对其进行评价。无论给下属打多少分，或是如何评价下属，都是管理者需要承担的责任。其他部门或是其他人的意见仅作为参考，只是侧面辅助验证管理者的想法。在员工眼中，绩效考核只是上级说了算。

2．形成绩效考核报告

绩效考核报告可以包括四部分内容。一是上一年工作任务的完成情况，根据上一年度的岗位职责和工作任务去判断，可以详细用案例提供支持。二是定性分析，对于能力指标进行判断。例如专业知识水平、技术水平、团队合作以及沟通能力等多个维度对员工进行全面的评价，让员工更好地明确自己的差距和需要提升的地方。三是员工个人意见。员工需要对自己的全年表现进行总结，

27

在上级领导对自己做绩效反馈的时候，进一步沟通自己的想法，听取上级领导对自己的综合评价。如果员工有不同的意见会启动越级申诉，管理者最终应当跟员工达成共识，努力做到以理服人。四是下一年度个人发展计划。根据与员工的沟通结果，指导下属制订下一年度的重点工作改进计划，如对哪方面进行提升，参加相关培训等作出明确的规划。

3. 确定绩效考核的频率

很多企业都有前车之鉴，未做好战略管理分析以及绩效考核需求分析就盲目引进复杂的绩效考评体系，进行每月的绩效考核及打分，未必适合公司目前情况，有的甚至严重影响了员工的工作积极性。由于考核时间比较紧张，使员工感觉每天都在围绕绩效考核而开展工作，员工有可能对绩效考核中有的指标认真做，绩效考核中没有的指标就不关心。一旦有工作责任划分空白区域，可能会出现没人负责或是互相推诿的现象。长此以往，这样的绩效考核制度只会让员工变得越来越自私。引入这样的绩效考核体系，部门的工作可能出现大家关注的都是小事情，而大事情没人管。管理者的侧重点也都放在抓考勤、抓纪律上，忽略了如何帮助下属提高工作质量，提高工作效率。最后，可能导致整个团队分崩离析，影响团队团结。

4. 绩效考核体系设置的合理性

针对不同员工群体的特点，分别设置绩效考核体系。技术人员和管理人员的绩效考核的关注点不同，管理白领员工和管理蓝领员工也不完全相同。对于白领员工主要是"管心"，为白领提供一个舒心的工作环境；对于蓝领来说是"管人"，大部分蓝领从事的是体力劳动，需要为其提供一个多劳多得的公平环境让员工努力工作。

2.3.3 实施绩效考核的前提条件

1．岗位说明书

岗位说明书应当包括与其他职能部门之间的工作关系或是跟外部机构的关系。注意避免岗位说明书出现的两方面问题：一是岗位是孤立的，并没有注明与其他岗位的联系；二是岗位说明书并没有明确任职资格，不完整的岗位说明书不利于管理者为员工进行岗位绩效分解。

2．教练模式

企业是否有明确的经理人辅导制度，手把手带领下属工作。教练模式能够让下属更好地认清自己的工作表现，知道自己与管理者期望的下属有多大的差距，从而激发员工的潜力和上进心。下属水平的高低是衡量上司的关键，优秀的管理者能够带动团队的积极性，将下属培育成优秀员工。

3．正直的企业文化

绩效考核是上级根据过去一年下属的综合表现作出的评价，直属上级要负全责。上级要认真对待绩效考核：一是对下属过去一年工作的肯定；二是不公平的绩效结果以及失败的绩效反馈，可能会打击优秀员工的工作积极性，甚至成为优秀员工流失的导火索。对绩效评估结果负责，签字是一种责任，作为管理者应该认清"责权利"对等。

4．严格的行为规范

绩效考核不仅要关注过程还要关注结果。如果公司形成了以结果论成败的氛围，绩效考核的方向有可能偏离正轨，从而起到负面作用。绩效考核标准蕴含着企业战略、文化和行为方式。如果员工意识到公司的文化就是以工作成果作为绩效考核结果，员工会使用各种有可能危害公司利益的方法去换取结果，所以公司必须有严格的行为规范。

5. 科学的薪酬体系

绩效考核结果需要与收入直接挂钩，能够一定程度上影响晋升和薪酬调整，形成公平的激励机制。管理真正的价值在于把员工的利益与公司的利益捆绑在一起，达成一致，促使员工为了自己的利益而努力工作。现在有很多公司实行员工持股，目的就是让员工成为公司的主人而发自内心地努力工作。有一位非常有才的企业家，他推行内部员工创业计划，组织全员参加创意大赛评审，员工投票选出最想投资的项目创意，并且写出希望投的金额，金额高者获胜，同时他的创意项目能够得到公司的注资，员工中投资金额最高者担任新成立公司的总经理，其他投资人成为公司股东。运用这个方法，成功地孵化出了多家资产上亿的公司，员工的积极性充分地被调动起来，员工自己就是公司的主人，自主加班不要加班费。

6. 明确的职业生涯规划

员工是否了解自己的晋升通道，如果自己努力工作，未来 3～5 年能够有什么样的发展路径。我们要让员工看到希望，在公司努力工作能够换来什么，与员工沟通他的个人发展计划。绩效考核需要有一定的激励作用，让员工为了尽快晋升而努力工作，提高晋升速度。

7. 相应的培训体系

绩效考核与培训是无缝对接的，员工在绩效考核中发现自己的短板或是差距，公司能够提供相应的培训，让员工掌握做事的方法、流程和工具，这类培训是以提升员工技能为目的的培训。根据员工的不同类型、不同的发展阶段以及员工的培训需求，结合企业特点，定制化地为员工提供相关培训。

2.3.4 为什么实施 KPI 考评发挥不出效益

很多企业这些年都尝试引入了 KPI 绩效考核体系，希望借助这个工具能够让员工更加努力工作。但是事与愿违，大部分公司都没有达到预期的效果。到底其中的原因是什么呢？KPI 绩效管理需要防止掉链子，关注部门与部门的交接点，也就是可能会成为"三不管"的地方。通过 KPI 将这些交接点连接起来，形成各部门相互配合的团队合作。如果不遵循这些原则，KPI 可能会让大家形成各管各的习惯。从长远角度来看，这样会给企业造成损失。

公司应当慎重使用 KPI 考核方法，KPI 绩效考核方法应该与 360° 反馈搭配使用。跨国公司 360° 反馈是简便实用的方法，管理者在给下属进行年度考评之前，会协同发出 6 份反馈表，分给下属同级别同事 2 份，给下属的下属 2 份，与自己同级别的同事 2 份，从三个不同的维度来观察一个人，这样能够验证自己对于下属的认知或评价是否正确。公司的企业文化应该有导向性，让每个员工都想得到自己上司的认可，在完成自己本职工作的同时，帮助其他人，形成互帮互助的企业文化。

2.3.5 如何利用绩效考核来达到经营人心的目的

绩效考核是为了激励员工，调动员工的积极性，让大家能够发自内心主动工作，能够乐业敬业并且使大家有主人公精神，对于自己从事的工作和公司忠诚。如何去赢得员工对公司的忠诚，需要提供以下 4 个方面的机会：

（1）工作机会，每个员工需要有事可做，而不是人浮于事。每个岗位都有明确的岗位说明书，管理层通过绩效管理，让每个员工都能够明确自己的任务是什么，应该如何做，完成的时间。同时上级通过对下属的沟通反馈，让员工清楚管理者对自己的期望，什么样的员工属于优秀、良好或是只是及格。

（2）培训机会，使员工能够有不断成长的氛围，有不断提高技能的平台，才能留住员工。员工进入公司以后，需要对员工进行全方位的培训。比如商务礼仪、沟通能力、时间管理能力、公司的价值观、行为规范等培训，教会员工如何在企业里面做人做事。培训一方面既可以提高员工的工作能力，又能够达到统一思想的目的，让员工熟悉公司的各种规定和流程，从而能够提高工作效率。另外，培训能够让员工更好地理解公司的战略目标、业务以及产品服务，提高对公司的归属感。

（3）赚钱机会，要让员工能够看到公司良好的发展方向，以及未来的蓝图。比如，万科实行项目跟投制度，对于项目经理和一线管理层，实行强制跟投制度，项目经理必须跟投本项目，一线公司管理层必须跟投所在公司所有的新项目，其他员工自愿跟投，员工初始跟投上限是项目资金峰值的 5%，之后还有一次机会购买获得另外 5% 的额外受让。对于民营企业来说，想要得到优秀的员工，就要开出有竞争力的薪酬。有些管理者对于高薪酬的员工存在误区，他们认为如果给高工资，企业就没有利润了。我们来做个对比，一个月薪 2 万元的优秀销售经理给公司带来的利润有可能是月薪 1 万元的销售经理的数十倍。管理者应当把眼光放长远，不要计较眼前的得失，以合理的价格吸纳能够为公司创造更大价值并且能够适应企业文化的优秀人才。

（4）晋升机会，员工入职公司以后能够看到清晰的职业发展方向，清楚自己需要作出什么样的贡献，掌握什么技能，大概需要多久能够晋升到下一个级别。企业需要关心员工的发展，给员工提供多条晋升通道，科学设计薪酬体系。这样才能够让员工看到希望，表现不错的员工能够每两年升一级，有了这样的晋升机制才能让员工努力工作。

陆可欣：关于绩效考核实操的问题，如何科学合理地设计绩效指标评分尺度和绩效等级分数标准呢？

高总：在绩效考核过程中我们可能会遇到这样的问题，部门和个人的各项评价结果都是优秀，但是将所有指标的考核得分加权求和，得出的绩效考核得分按照绩效等级分数标准和绩效等级评定规则转换的绩效等级却是一般，出现这种情况的原因有可能是绩效指标评分尺度设计不合理或是绩效指标评分方法与绩效等级分数标准不匹配。绩效考核实操过程即：（1）制定考核指标；

（2）确定绩效标准；（3）指标计分方法；（4）采集绩效数据；（5）核算指标实际值或实际完成结果；（6）计算绩效考核得分及评定绩效等级，确定绩效考核指标和指标得分计算方法或得分规则。

2.3.6　如何为职能部门设置绩效考核指标

为职能部门设置考核指标需要注意以下三个关键问题。

（1）设置明确的绩效考核指标目标，尤其是关键绩效指标。绩效考核指标的目标是绩效考核指标的核心内容，它明确了工作的目标以及考核标准，如果没有目标值的绩效考核指标，这样的绩效考核指标就不是绩效考核指标。然而绩效考核目标的制定尤为困难，这主要是因为随着经济的发展，企业内外环境变化越来越快，导致企业面临的外部可变因素越来越多，企业的内部活动日益复杂，企业活动的不确定性也越来越大。由此一来，企业原有的目标难以量化与具体化，这就需要我们制定更深层次的绩效考核目标，即关键绩效指标的制定。关键绩效指标的制定是在公司高层领导对企业战略达成共识之后，通过价值树或者任务树或者鱼骨分析来分解成关键成功因素，先分解为关键业绩指标，再把关键业绩指标按部门和岗位向下分解，是自上而下的用来衡量岗位任职者工作绩效表现的具体量化指标，是对目标完成效果最直接的衡量依据。

关于关键绩效指标的设置我们可以从三个方面入手：一是从公司目标的角度自上而下分解、支撑公司战略；二是与职能部门员工的岗位职责相符合；三是与职能部门不同的工作流程相匹配。

（2）明确绩效考核指标的标准并及时进行记录。对所确定的各项考核指标，设定明确、可依据的考核标准，约定具体的数量、完成时间要求及扣分标准，可以给绩效考核提供依据，在设置绩效考核指标的标准之后对于职能部门员工的绩效数据要能准确清晰地记录。

为了获得直观的指标标准以及工作记录，职能部门可以设计工作日志和绩效评价表格，以实现对每日每人的工作进行数据管理，为绩效考核提供较为客观的支持，在一定程度上减少主观因素对考核实施的影响。工作日志中详细记录员工每日的工作任务、工作成果、实际花费时间、对工作提出的改进建议等内容。同时，可由部门领导对部门员工的日常工作进行评价，对该日总体工作提出表扬或对存在的问题给予改进意见，完成部门领导的评价表格。

职能部门绩效考核指标完成之后，应当遵循同质性原则、关键特征原则以及独立性原则实施，以达到绩效考核指标的目标。具体实施过程中职能部门的工作流程即可以理解为财务主管对公司战略目标的分解，各职能部门对于目标的分解，人力资源部报总经理审批并备案，职能部门个人目标的分解，人力资源部生成文件并备案，考核结束后，个人进行自评，人力资源部进行核算数据，人力资源部组织面谈，人力资源部上报总经理审批，对职能部门人员进行评价，人力资源部下发通知结果，核算绩效工资。

（3）设置恰当的定量绩效考核指标和定性的绩效考核指标的组合，这两类指标考核的内容和侧重的要点均有所不同。具体来说，采用定量指标进行绩效考核，在明确考核指标的情况下，一般是简单明了、较易实施，量化的考评结果可以在个人和组织之间进行比较。但在实际操作中，定量指标往往难以合理、有效和科学确定，要么笼统，要么缺乏针对性。采用定性指标进行绩效考核，可以对整个工作进程进行评价，适用的范围较广。但在实际操作中，定性指标的评价往往会有考核者的主观倾向，准确度易受影响，被考核者对考核结果的认同感和信服感也会受到影响。

那么，对于员工的考核，究竟采用定量指标，还是采用定性指标呢？这需要针对员工的具体岗位，选用合适的定量指标与定性指标的组合。对于管理层来说，因其对公司总体生产经营结果负有决策责任，其工作影响范围往往也是全局性的，因此，适宜采用量化成分较多、约束力较强，独立性较高，以最终结果为导向的考核指标，即以定量指标为主、定性指标为辅。对于职能部门的普通职员来说，其工作基本由上级安排和设定，依赖性较强，工作内容单纯，对生产经营结果只有单一的、小范围的影响，因此，适宜采用量化成分少、需要上下级随时、充分沟通，主要以工作过程为导向的考核指标，即定性指标为主、定量指标为辅。然后，绩效考核指标的设置需要考虑到素质与业绩并用，重素质，重业绩，二者不可偏废。过于重素质，会使人束手束脚，过分重视个人行为和人际关系，不讲实效，而且妨碍人的个性、创造力的发挥，最终是不利于组织整体和社会的发展。过于重业绩，又易于鼓励人的侥幸心理，令人投机取巧、走捷径、急功近利、不择手段。一套好的考核指标，必须在业绩和素质之间安排恰当的比例。应该在突出业绩的前提下，兼顾对素质的要求。素质与业绩的考核在于甄别人才，为人力资源培训、人员配置、晋升等人力资源工作提供指导的依据，是绩效考核的重要方面。素质与业绩的考核是依据员工职位、职能素质进行的考核，考核相对固定，由此可以激励员工提高自身的素质、技能、修养，相应地可增强员工的工作效率、质量。业务专业知识、工作效率与纪律、工作计划以及执行能力、独立工作以及创新能力都是可以测评的指标。

那么何为定性呢？一个企业有预算、没预算是本质的区别；有考核、没考核也是本质的区别，有了考核以后，即使不完美也可以持续改进、不断完善，这个就是定性。主动做饭与否就是定性衡量"模范丈夫"的指标之一。

再说定量，定量可以从以下 6 个角度考虑。

（1）成本 / 费用。生产一个标准产品一定有标准的制造成本和费用，而实际制造成本和费用是多少，二者之间做对比；操作一个项目一定是计划成本、费用多少，然后实际发生又是多少，再将两者做对比。

（2）数量。销售额、现金流、利润、大客户数目，这些都是数量的例子。例如，老公平均一周做几次饭，每顿饭做几个菜这些也是定量。

（3）质量。比如合格率、差错率、次品率等，所谓的六西格玛就是明确了每一百万个产成品只能有两三个次品。

（4）时间。企业生产一个标准的产品 / 服务，一定有"标准生产工时"，然后实际制造花了多少时间，二者做对比。我们操作一个项目，有项目计划截止时间和实际截止时间，还有项目的里程碑。所以，要么是时间段、要么是截止时间点。

（5）安全。生产怕工伤，电脑怕病毒，金融怕风险，组织的核心机密怕泄密，这些都是安全类指标，安全在生产型的企业尤其重要。

（6）人的反应。比如客户满意度、客户投诉、员工满意度等。

现在体会一下，我们说如果考核员工所说的业绩是指岗位职责的履行和重点工作目标的达成，针对每一条岗位职责，每一项重点工作，我们从以上 6 个角度切进去寻找定量考核指标，一定找得到！甚至每个角度都能找到若干个定量考核指标。

2.4 绩效管理也可能剑走偏锋

绩效管理自古就有很多成功案例。在《水浒传》中，有段著名的"梁山泊英雄排座次"的故事。宋江在指挥了几场胜仗之后，认为时机已经成熟，有必要总结一下工作，按照自己的招安思路进行组织建设。可是，如何根据好汉们的绩效贡献来排座次呢？虽然前几位的次序大致可以确定，但后面的排序要想理论个清楚，恐怕就会惹来诸多纷争。如果操作失误，就会造成组织的动荡。这个典型的绩效评价问题，想必是让宋江非常棘手。于是，才有了书中"忠义堂石碣受天文，梁山泊英雄排座次"的一幕。有了这"天书"撑腰，宋江才为这次绩效排序定调子，"众头领各守其位，休再争执，不可逆了天言！"各路英雄也连忙表态，"天地之意，物理数定，谁干违拗？"宋江是这场戏的幕后策划者，他一定是认识到绩效评价是如此之难，所以才巧妙地回避它。既然说不清楚，就让老天爷去定吧，大家也就不好再说什么，这个棘手问题也就算是解决了。

但是现代社会中没有用好绩效管理的企业比比皆是，这些企业失败的原因却惊人的相似。归纳起来主要有 5 个方面的风险。

第一种风险，绩效管理方向与公司战略方向不一致，或是公司战略方向就是错误的。绩效管理的最根本目的就是让战略落地，使公司的战略目标能够层层分解到个人。绩效管理的根本作用是让每个员工能够在正确的方向走得更快更好。如果战略方向是错误的，企业将在错误的方向上越走越远。例如摩托罗拉为什么会失去竞争力，就是因为通信行业的竞争已经进入以用户为导向的阶段，而摩托罗拉还依然以产品为中心。因此，制定绩效管理体系以及绩效考核目标是建立在对公司的战略深度认识的基础上。管理大师彼得·德鲁克曾经谈到战略的七大本质：①战略就是要与众不同；②战略就是理性的放弃；③战略是一种团体的思维；④战略是一套连贯的动作；⑤战略必须简单明了；⑥战略不是可以规避风险；⑦战略需要胆量陪伴。如果不在战略设计之初就考虑人力资源及管理问题，战略很可能从一开始就注定是失败的，再好的人力资源管理可能也无法弥补战略的缺陷。即使有好的战略，但如果组织的人力资源体系无法对这种战略提供支持，战略也往往会由于无法得到真正的执行而落空。组织的成功是由正确的战略以及一群合适的人来实现的，战略和人力资源管理是合二为一的。

第二种风险，过于关注个人指标而牺牲了组织绩效。不合理的绩效管理工具可能会引起组织的效率下降。有些企业推行了绩效管理方法以后，个人绩效提高了，但是组织整体效率却下降了。分析原因可以发现，每个员工关注的都是自己的指标和业绩，对于跨部门合作、组织绩效很有帮助的部门关键事件不关注。解决方法就是在设定目标的时候，需要关注部门和部门之间的衔接点，关注指标之间的联系，同样上下级之间的指标也要有一定的关联性。

第三种风险，绩效管理体系应当与企业文化相匹配。一个组织提倡的是团队共同担当责任的企业文化，但是自从实施清晰的个人绩效考核以后，很多人的理念有所转变，只考虑完成自己个人部分的任务指标。公司以前同甘共苦的氛围，一下就被打破了。绩效是为了解决战略落地的问题，而公司的战略往往是基于公司的愿景以及价值观。可以说有什么样的文化，就会有什么样的战略；有什么样的考核，就会促成什么样的行为。所以说企业文化会影响行为。

美国兰德公司、麦肯锡公司等国际管理咨询公司的专家，通过对全球最优秀的企业研究，得出的结论为：世界 500 强公司能够胜出的原因就是这些企业善于给他们的企业文化注入活力。这些企业虽然各自的企业文化不同，但是都比较注重 4 点：以客户为中心，团队协作，激励与创新，善待员工。凭借着这 4 个关键的企业文化因素，使这些一流的企业保持长久不衰。

海尔的成功是观念和思维的成功。企业发展的灵魂是企业文化，在海尔，可以看到工人在厂区行走的时候，始终是走在厂区路面上的黄线区域内。他们在进入海尔的第一天就经过培训，不能超出黄线区域，这种文化深深植入脑海，员工发自内心地热爱企业。在海尔有这样一个故事，有一个女孩在她 19 岁的时候就入职了海尔，在海尔接受了 3 年的文化洗礼，不幸的是 3 年后诊断患了白血病，将不久于人世，她的遗愿是能够再回海尔看一下工作了 3 年的厂房。我们再看另一个企业文化影响行为的案例，在海尔兼并红星电器厂并进驻其厂的前一个月内，曾发生了一件漏检事件，结果第二天就被公布出来，漏检的这个检查工被罚款了 50 元。谁出错谁罚款，这是一件很正常的事情，在红星电器厂已经被认为没有什么问题。当时，海尔派出的柴永森，作为兼并红星电器厂的总经理，他决定抓住这样一个机会来教育红星电器厂的职工，让他们明白什么叫作企业文化。事情发生后的第二天，在《海尔人》的报纸上，发出了一个大家都可以讨论的话题"出了这样的差错，谁来负责任，是该罚员工还是该罚领导？"围绕这个话题，在红星电器厂展开了非常激烈的讨论，这个质量漏检是谁的原因，是员工复检没有复检出来，还是厂里的检查体系不到位？红星电器厂的人认为惩罚员工是正常的；但是海尔的文化是少数人在制约着多数人，少数人要负多数人的责任，即如果出差错的话，首先领导要承担责任。通过讨论后，结果是柴永森自罚了 500 元，另外就是红星电器厂的各级有关人员、各级领导，每个人都自罚了 1 元。随后，这件事情便在红星电器厂引起了很大的震动，红星电器厂的员工彻底地感受到了海尔文化的特色，即海尔 20/80 原则，就是少数的领导人要负大的责任，这便是海尔人的一种文化理念。公司应当采用适合企业文化以及公司战略的绩效管理方法。

第四种风险，不科学的指标会引起部门内部冲突。举个例子，一个部门负责人在部门年度会议上宣布本年度的考核指标时，其中有一条，绩效考核结果排名前 10% 的员工可以得到 2 倍的奖金，而最后 5% 员工进行淘汰。看起来这个指标奖罚分明，其实不然。排在 11%～20% 很接近前 10% 的员工，想各种办法让自己的排名能够提升，而后 5% 的人千方百计找垫背的，这样就开始了内部恶性竞争。这样强制分布的考核指标，很大程度上不利于本部门员工团结。但是在绩效考核实践中，有使用强制分布成功的案例，如美国的 GE 公司。GE 公司的前首席执行官杰克·韦尔奇提出的活力曲线，是一种典型的强制分布模型，就是按照业绩以及潜力，将员工分成 ABC 三类，A 类占比 20%，B 类占比 70%，C 类占比 10%。GE 公司各部门进行考核时，考核结果要服从"活力曲线"。考核结果将应用到薪酬调整、职位调整、授权调整，同时考核结果最差的员工将被淘汰。GE 的高层认为打造一个优秀的团队非常重要，如果让不适合当下环境的员工继续在公司工作，是对人力资源的浪费。如果哪个部门经理不能很好地执行末位淘汰制，杰克·韦尔奇会通过向部门经理施加压力或轮换经理的形式解决不能客观处理的问题。强制分布指标的使用还是要根据公司自身的特点。

第五种风险，应当避免不科学的绩效管理造成人员流失。引进绩效管理考核体系以后，不能正确区分优秀员工和不优秀员工，最有可能的结果就是优秀的员工得不到认可而离开公司。绩效考核是一个工具，能否用好取决于工具本身是否适合公司情况，使用者是否能够真正用好这个工具。如果这两方面都存在问题，优秀人才流失也在情理中。公司在推行绩效管理的时候，应当结合公司的情况，选择适合的方法，尽量处理好以上的风险点，并对实现公司战略目标提供辅助作用。

2.5 提升篇：要想业绩好，就要承受压力

激励员工有效的方式应该是"拉式激励"和"推式激励"的合并使用，如果单纯强调拉式激励，带的队伍打不了硬仗。所以，激励员工不能单靠拉式激励，必须要有推式激励，应该给员工足够的压力，让员工完成挑战性的工作任务。这才是真正的锤炼，就好像我们自己的孩子一样，为了孩子能成才，做家长的纵有万般不舍，也要创造机会让其经受锻炼。同理，对待我们的下属，应苦其筋骨、劳其心智，以利成长。

2.5.1 压力调动员工的积极性

企业可以根据本身的特点，灵活采用不同的激励机制。例如，可以运用工作激励，尽量把员工放在合适的岗位上，并在可能的条件下轮换一下工作以增加员工的新奇感，从而赋予工作更大的挑战性，培养员工对工作的热情和积极性。日本著名企业家稻山嘉宽在回答"工作报酬是什么"的时候指出"工作的报酬就是工作本身"。工作中意志消沉的人，这些人未必是真正的懒惰，而是看不到工作的意义与自己有什么切实关系。觉得自己的能力被埋没，得不到发挥，看不到未来的希望在哪里。努力工作的激情是可以培养的，明确绩效考核目标，整顿环境，改变工作氛围，调整工作岗位，使员工人人有责，激发员工的工作意愿，物质激励、精神激励、工作激励三者有机结合，全面调动员工的积极性和创造性。

2.5.2 压力激活主观能动性和创造性

很多公司的研发不是在宽松环境下创新出来的，研发创新绝大部分是在压力情况下完成，是被逼出来的。**人无压力轻飘飘，搞研发的没了压力怎么可能有灵感？所以各位搞研发工作的人要记得，只有在压力之下、特别是高压之下**

才会出现绝品、爆品，这就是压力的好处。

美国有一个销售培训师，薛福曼（Schiffman），有一个调查，**销售经理对手下管得越狠，销售人员离职率越高，销售业绩却呈正比增长**。你对手下就得布置有挑战性的工作，各位经理应该培养下属的是"搭桌子、垫椅子、铺垫子、原地起跳、伸展、摸高"，这就是创新，我们的下属不会被有挑战性的目标吓倒的，而是想办法解决。孔圣人说过"知其不可而为之"。管理者应当经常跟属下说："心态决定状态，状态决定行为，行为决定成败。"

现在关于"激励"的理论一大堆，直到今天彼得·圣吉的"学习型组织"，提出了"工作和生活的平衡"，这些理论人性化的比重越来越大。

第 3 章

制订绩效指标遇到难题怎么办

时间悄无声息地流逝，陆可欣在高总的培养下，对绩效管理理解得越来越透彻。有一个这样喜欢培养下属的领导，陆可欣很知足，她觉得每天都在进步。

高总最近在酝酿一件大事情，公司管理层决定对组织架构进行调整，高总请来了国内一家知名的咨询公司为公司做组织架构设计，陆可欣被安排对接咨询公司。高总偷偷跟陆可欣说："这么好的学习机会我可安排给你了，你可要珍惜啊，多跟咨询公司学习整套流程和理念。"陆可欣狡黠地一笑："领导，我什么样您不是最清楚嘛，这样的机会我绝不会放过。"咨询公司的熊顾问最烦陆可欣了，天天就是十万个为什么，还不敢得罪她。陆可欣逮到机会，就开始发问了："熊顾问，我又来跟您请教了，请问您如何对战略转型和组织架构重组中的公司进行绩效考核改革的？"熊顾问叹了口气，心里暗想要把细节讲透了，这姑奶奶找到 1 个问题就能连续追问 10 个。熊顾问清了清嗓子，娓娓道来。

3.1　绩效管理不能包治百病

现代企业老板及管理人员越来越多谈及绩效管理，绩效管理已成为当今最热门的话题，好像现代企业没有开展绩效管理就落伍了，就跟不上时代发展的潮流。其实绩效管理只不过是众多现代化管理工具中的一种，目前管理新理论、新工具和新方法层出不穷，据不完全统计就达上千种，企业应该根据自己的实际情况和不同的发展阶段以及行业特点，有针对性地选择使用，但是有许多企业对绩效管理理解得不透彻，误以为导入绩效考核就能很好地调动员工积极性和创造性，就会产生良好效益，因而迫不及待地使用或者在使用时方式操作不当，导致企业大都以失败或者流于形式而告终，收益甚微，有时适得其反，搞得员工怨声载道，激化内部矛盾，关系紧张，并对这种管理工具失去信心或产生怀疑。扪心自问：今天我们许多从事人力资源管理的同行因为绩效管理被老板及外界的大肆渲染与神话，所以都想在企业推行绩效管理，结果搞得人力资源部门的同行不知所措，同行们都有同感，要想搞好绩效管理是一件比较困难的事情。事实证明，许多推行绩效管理的公司都发生这样的现象，在推行之初大家都赞同，热情高、信心足，然而实施后就事与愿违，暴露出许多意想不到的问题，热情骤减，没有信心和能力开展"持久战"。随着绩效管理制度逐渐地被认识，人力资源部门面临的压力也越来越大，起初是有相当一部分员工抵制对其进行绩效考评，接着还会出现主管层人员也有了不满情绪。总之，由于实行新制度，不少公司出现了怨言颇多的局面，最后要在公司领导的亲自干预下，不断与员工沟通、许诺才能稳住员工，同时责令人力资源部门停止实施新制度，大手笔地修改和完善它。这样所谓的改革弄得人力资源部门不知所措，正如有些推行绩效管理的人力资源从业者半开玩笑半无奈地说："我们得罪谁了，没有功劳也有苦劳啊！"但是在国内做得比较成功的企业也有，例如华为、联想等，然而成功的比例是比较少的。大家可以从你身边接触的企业去了解，看看你们身边到底有几家是成功的。先领导、再中层，最后全面展开；或者先生产、销售部门试点成功，积累经验再扩展到其他部门才能有收益。这个过程要用两三年的时间摸索、完善和提升，不然肯定要交学费，走弯路，如果一下子全面铺开肯定失败，失败的案例就太多了，同行们在自己的企业推行就深有体会，感触颇多。

绩效管理必须与目标管理结合起来使用，但是绩效管理不是灵丹妙药，不能包治百病，不一定能解决企业业绩增长的问题，可能在某些企业有成效，而在另一些企业会失效。戴明早在 20 世纪 80 年代十分明确地告诫："绩效考核，不管称它为控制管理或什么其他名字，包括目标管理在内，是唯一对今日美国管理最具有破坏性的力量。美国可以出口任何东西，就是不能出口美国现在的管理方法，至少不能出口到友好的国家。"现在让我们来看看在发源地的美国绩效考核又是何种情况？美国的部分专家是这样评价的：目前还没有有效的研究证实，某组织实施绩效考核，状况就会更好，更多看到的是，在咨询公司的帮助下，一个企业花费资金和精力建立了绩效考核系统，但是在实施的过程中，就会发现由此产生的弊端和问题，在没有见到绩效考核的效果之前，就已经让企业领导焦头烂额，承认自己曾努力推动的绩效考核与管理的失败，这是一件很多企业领导不愿承认的现实。

绩效考核成功吗？根据蒂莫西•谢尔哈特（Timothy Schellhardt）在《华尔街日报》（1996 年 11 月 9 日）的报告：九成以上的绩效考核并不成功。彼得•斯科尔特斯（Peter Scholtes）怀疑实际上比这更糟。20 世纪 80 年代美国银行（Bank of America）曾一度制定了全美国最有雄心的目标绩效考核与激励制度，以发放贷款的数额决定贷款员的表现，表现最佳者可获得超过中等表现者50% 收入的奖励，结果美国银行得到了他们想要，也该得到的东西——大批的坏账，虽然实现了管理目标，但随后银行却因此遭受了巨大损失。只看贷款数额，而不去考虑深层次看不到的更重要的贷款质量、风险、客户信用等因素，只知道要求雇员 110% 地努力工作，随后再加 10% 的目标要求，如此年复一年是非常愚蠢的管理方法。

3.2 绩效考核体系服务于公司战略

绩效考核系统不仅要符合企业战略和组织要求，还需要与日常经营管理相结合，并且得到管理层的理解和认同才能取得良好的效果。下面通过一个案例详细讲解战略转型和组织架构重组中企业的绩效考核如何进行。

H 公司是一家国有安装工程公司，在技术能力和品牌上都有优势，这家公司现在存在的问题就是实施成本过高，不能有效地把握机会。针对目前的市场情况，公司管理层进行了积极的战略调整，对企业经营管理工作进行了重新定位，提出了"开拓市场，深化主业"的战略目标。开拓市场就是从低端市场进军高端市场，发挥专业优势，在产业价值链中占有较高地位；深化主业，就是做好公司现有的电、暖安装市场，保证利润和现金流，同时进行品牌建设，塑造公司形象。

首先公司进行了组织架构的调整。H 公司长期采用直线式组织结构，以项目管理为基础，公司的职能部门只是高层领导的业务助手，没有管理决策权。项目部处于生产一线，由高层管理者直接领导，进行投标、报价、采购、施工等。这种组织结构的优点是执行力强，公司效率高，项目部可以很好地落实领导层的决策，自主解决很多问题。缺点也是显而易见的，管理过于粗放，不利于整合资源，且难以控制成本。针对组织体系的不足，管理层制定了调整原则：①加强职能部门的管理作用，成为高层领导决策的参谋和帮手，成为专业化的管理机构，同时能够发挥整合资源的优势。②项目部不仅要发挥经营作用，提供利润，还要肩负起培养人才，打造品牌形象的任务。

组织架构调整主要是通过以下三方面：

（1）增设投资管理部、市场管理部以及人力资源部。投资管理部负责项目投标和成本管理，市场管理部负责业务拓展，人力资源部负责员工的选拔和培训。新增设的这三个部门有利于公司资源整合，支持企业的战略转型。

（2）进行职位及薪酬体系建设。落实部门职能以及岗位说明书内容，对部门负责人的责权利进行界定，部门负责人的绩效考核指标与部门绩效考核指标挂钩，保证公司战略目标能够层层分解到个人。

（3）加强项目部与职能部门的沟通协作，职能部门建立相关制度并加以落实。比如投资管理部负责投标的资格审核，投资的各方面制度的制定和实施。安全生产管理部负责质量管理及安全生产相关制度的制定和实施，在落实制度的基础上强化业务指导。市场管理部帮助项目部提供行业竞争动态，为项目部开拓市场提供支持。

3.3　阴阳调理，优化绩效考核体系

H 公司以最新的组织架构、部门职能和职位责权为依据建立新的绩效考核体系，把绩效考核与日常的经营管理结合起来，以过程管理的方式落实到每个人，并且将考核工作的各个环节整合。

3.3.1　优化绩效考核体系的 5 步法

绩效考核体系的优化设计主要围绕 5 个方面：

（1）调整了考核的目的。原有的绩效考核体系只关注个人目标，事后考核，考核的目的主要用来发放奖金和评价员工。组织架构重组之后企业的考核重点是适应企业战略转型的需要,将企业的战略目标分解为各部门的考核指标，通过绩效责任书的签订，明确责任主体，在公司战略转型的过程中改进和提升企业效益。

（2）丰富了考核指标。一方面之前的考核是根据过往经验，考核结果主观性比较强。新绩效考核体系侧重于员工的企业文化价值观、员工的工作态度和行为方式的考核，并作为通用指标考核员工；另一方面是专业指标主要根据部门和岗位的特殊性进行设定，体现个人对公司的价值。通用指标和专用指标搭配使用，从不同的维度来评估员工和部门的业绩。

（3）明确了绩效考核评估者权责。原有的考核机制是 360°绩效反馈方法，绩效考核的评估者是上级、下级以及同级。虽然 360°绩效考核体系能够多方面收集信息，但是考核结果的成本比较高，各方面的评估工作量比较大，有可能成为员工发泄私愤的途径，影响评价的公正性。在实施 360°绩效考核

时，如果培训和运用不当，可能会在组织中造成紧张的气氛，影响组织士气。360°绩效考核侧重对被考核者各方面的综合考核，定性考核比重大，定量的业绩考核比较少。新的绩效考核制度下，员工的绩效考核由直属领导考核，增强了考核的针对性。

（4）建立了个人与部门绩效考核结果挂钩机制。原来的绩效体系只体现个人的业绩，个人的业绩好坏不与部门的业绩挂钩。新绩效考核体系进行了调整，员工考核成绩不仅同自己的工作成果相关，而且受到部门绩效得分的影响，从而将个人绩效考核指标和部门的绩效考核衔接在一起。

（5）改进了绩效考核结果运用的方法。原有的方法采用所有员工大排名的方式，缺乏科学依据，同时工作量繁重。调整后的方法是，将员工分成 3 组，管理层员工、职能部门员工以及项目部员工，分别进行排名，考核结果作为奖金发放和工资调整的依据。在推行新绩效管理体系的过程中，遇到了很多问题，比如工作难度大的项目绩效考核成绩不如工作简单的项目，有经验的大项目部经理绩效考核成绩排到了刚入公司没多久的新员工后面。项目部和职能部门的排名同比历年的成绩颠倒，以前的考核成绩是项目部一直排在职能部门之前。

3.3.2　验证绩效考核体系合理性的 3 个维度

新的绩效考核体系是否合理，实际效果如何，不同层级反映的意见各不相同，主要体现在以下几个方面。

1．项目部的意见

项目部的整体成绩以及部门内部员工的成绩相比去年下降很多，项目部的员工对考核结果意见很大。部门经理是这样陈述的：

首先，绩效考核指标没有问题，但是不能把项目的客观环境和其他情况描述清楚，重点项目和小项目之间没有区别。指标大方向没有问题，但是不够深入，每项指标的考核标准不明确。其次，不同人的打分尺度不一样，打起分来有差异，项目经理之间都不了解，没办法进行互评。同样，职能部门对我们的业务和工作内容更不熟悉，他们如何考核我们？考核的方式太复杂，太烦琐，一堆项目需要打分，有很多人都是随意打的分数，这样的态度就是对考核工作的不负责，绩效考核就失去了意义。培训不够充分，很多管理者对打分方法还不熟悉。

2. 管理层的态度

绩效考核中并没有将经营指标落实，考核的内容中并没有涉及。绩效考核对战略目标的执行程度不够，没有围绕公司的战略目标。职能部门对项目部门的工作不熟悉，他们给项目部打分容易出现偏差，直属领导对项目部门进行评价会更合适。之前项目少，领导对每个项目都有所了解，项目负责人互相之间也比较熟悉，但是随着公司的业务拓展，项目的全面铺开，领导没有足够的时间对所有项目全面了解，就造成了打分上主观的因素较强。职能部门要发挥监督管理的作用，项目部的日常施工、安全质量等问题，可以让职能部门去检查、监督。让职能部门考核他们熟悉的工作，才能使考核体系更加合理。考核结果应该真实地反映部门一年的工作成绩，并且能够从结果排名和反馈中看到项目的不足。但是同样一个项目之前考核排名在前三，今年排倒数几名，这样的结果未免偏差太大。

3. 员工的想法

员工的想法是在这么短的时间内规划好一年的工作比较困难。人员变动比较快，跟着项目走，有时候一个月就换一个项目。这样的工作性质，根本就写不了整年的绩效计划。大家年初写好的绩效计划，平时都没有人重新看。有很多人都不认识，但是还需要给他打分，不清楚他到底工作成绩是好是坏，干脆统一打分中等。公司费这么大劲才制订好的绩效考核计划，最后绩效考核结果也不给大家看，员工也没有动力。

我们给他们公司总结了以下几点主要的问题：①如何将公司的战略指标层层分解到个人？②绩效考核的评估者到底应该如何设置才合理？

3.3.3　5 个方面入手改进绩效考核

绩效考核由两个基本环节构成：一是把企业整体绩效目标分解为员工考核指标；二是对员工考核指标的实现情况进行考察评价。因此改进绩效考评工作的基本思路，围绕明确考评指标与理顺考评关系展开，但由于不同企业的成员不同，对于考核工具有不同理解和期望，在两方面的要求侧重点上有所不同。H 公司的情况应该从以下 5 个方面入手：

（1）从战略出发，做好绩效考核规划。让包括一把手在内的高管、中层和员工重视绩效考核，必须从战略执行的角度开展绩效考核，从战略目标中提取绩效考核指标，吸引管理者的注意力到绩效考核体系中，才能发挥绩效考核的战略导向作用和价值。

（2）责、权、利对等。需要完善组织结构、部门职责、岗位职责流程为绩效管理实施奠定基础。在实施绩效管理之前，组织应当对岗位职责、岗位设置、部门职责等进行梳理。

（3）持续的绩效反馈。目标需要与激励相对等，例如研发部门需要对应研发奖金；年度目标对应绩效工资、利润分红，目标和激励需要相匹配。

（4）指标明确。对战略目标进行分解，在战略目标的基础上提取考核的关键绩效指标。战略指标明确后，接下来是确定绩效考核指标，使绩效考核指标与企业战略紧密结合。进一步明确绩效考核指标以及衡量的尺度标准，抓关键和重点指标，形成个人绩效考核指标。

（5）定期进行绩效辅导。在绩效目标和指标的基础上，上级保持对下级的高绩效辅导和沟通。绩效辅导，是上级和下属针对绩效考核指标进行的持续沟通，目的是帮助下属深入理解绩效考核指标的内涵，帮助员工整理工作思路、形成工作计划，提供工作方法和工具、协调资源、提供支持，引导员工将行为和思想统一到绩效考核上来，将个人的绩效和组织绩效进行有机结合。

3.3.4　HR 如何为管理者赋能

一是绩效管理应着眼于前瞻性，过度追求量化，容易使我们陷入为考核而考核的陷阱，使绩效考核成为追究员工过失的工具，以考核的结果来对员工过去的表现做出判断，这起不到任何作用，毕竟绩效考核是为了帮助员工提高能力和绩效水平，而不是找员工的麻烦。所以，我们在操作绩效管理的时候应该着眼其前瞻性，前瞻性地规划员工的工作，对可能出现的问题和障碍进行有效地预测，帮助员工主动积极地完成工作，获取更加优秀的业绩。

二是绩效管理应着眼于传达一种观念，与其说绩效管理是一种方法、一种工具，不如说它是一种观念、一种哲学。绩效管理更多的是向企业经理和员工传达基于绩效而管理、基于绩效而发展的观念。绩效管理的意义除了对员工的表现做出科学的评价之外，更多地在于它能帮助经理掌握管理的技巧，养成科学的管理习惯，帮助员工提高工作效率，最大程度地开发潜能，从而促成企业的战略规划得到有效的落实。从这个认识出发，企业管理者应该把绩效管理作为企业的一种管理哲学，所有的管理决策和实践都应从绩效出发，再回归到绩效，一切管理都应围绕绩效管理开展。所以，企业有义务对员工传达绩效管理的观念，让员工心中都持有绩效的概念，以便他们在工作中能更加科学地规划工作，更加高效地为完成绩效目标而努力，与企业共同发展。一定要做好观念的宣传工作，通过各种方式将绩效管理的观念传达给员工，必要的时候，可以采取研讨会的形式，经理与员工坐下来，共同学习和研讨，使绩效管理的观念深入人心，为以后企业开展绩效管理工作争取更多的人气，获得更广泛人员的参与，创造更加良好的管理环境。当员工真正理解了绩效管理的内涵，真正意识到实施绩效管理不是专门为了找员工的麻烦，而是帮助员工在工作中获得提高，帮助企业的管理水平获得提升，他们才会打消疑虑，才会真正愿意维护企业实施绩效管理的初衷，与企业一起共同做好绩效管理。经理们都习惯了原有的管理模式，习惯于听命于上级领导的安排，甘心做领导的"打工者"，而不是自己业务范围的经营管理者和主人。除了完成上级领导安排的任务和对员工下达命令之外，他们很少对自己所管辖的工作做有效的规划，很少对员工进行有效的辅导与帮助，他们更多的是与员工一起应付各种事务，而忽略员工的能力开发与职业发展，经常性地与员工一起制造平庸而不是追求超越。与现在经理们所习惯的惯性管理相比，绩效管理就完全不同，它对经理们提出了更高的要求。绩效管理要求经理把下属的绩效发展当成自己的一项职责，经理必须把员工的绩效提高纳入管理工作的日程表，在忙于完成上级安排的工作任务的同时，还要考虑如何管理好员工，如何发挥员工的潜能，经理要清楚地知道，为提高管理水平，自己应在哪些方面做更多的努力。

三是绩效管理应着眼于建立经理和员工之间的合作伙伴关系。再成功的经理都离不开得力下属的辅佐。在绩效管理的框架下，经理已不再仅仅意味着权威，而更多地在于你是否受到部属的拥戴，是否能够带领部属获得持续的成功，是否能与部属一起共同创造更加辉煌的业绩。在这一点上，企业会考核你，员工也在关注着你，这个时候就看你是否意识到了这一点并做出相应的转变。无论从哪方面，你都得适时做出调整。作为经理，首先必须获取员工的信任，然后才能获得他们的支持与帮助，你必须与他们"站到同一条船上"，唯有如此，才能带领你的团队创造更大的辉煌。所以，你必须放下经理的架子，把经理的权威收起来，与员工成为工作和事业上的伙伴，与员工建立建设性的合作伙伴关系，凭着你的智慧和员工的努力，带领员工共同获取更加卓越的绩效。

四是绩效管理应着眼为员工建立绩效档案。忙于管理的经理们可能无暇顾及员工的表现，喜欢坐在椅子上听取汇报，发号指令。在绩效管理中，这一套已经行不通了，因为你已经和员工就绩效目标有了约定，而且也承诺在他们表现好的时候要对他们进行奖励，而且你还和员工们约定了相关的处罚措施，如果员工的表现不佳，你同样要行使你的权力。但是，只是听汇报，不足以保证全面获取有关员工绩效进展的信息，经理不能仅仅凭自己的印象给员工的绩效做出评价。一旦这样做了，麻烦就来了，因为经理没有掌握足够的证据来支持自己的判断，是无法说服愤怒的员工离开你的办公室的，这会使你的心情很糟糕，也会把你用心与员工建立的工作关系彻底地破坏，使你陷入尴尬的处境。所以，作为绩效管理的一项重要内容，经理必须为自己的员工建立绩效档案，以记录他们的绩效表现——好的表现、不好的表现都要记录在案。记录绩效档案最大的好处是为以后的绩效考核提供真实的依据，保证你所做出的绩效评价是基于事实而不是主观判断，保证绩效考评的结果是公平与公正的。当然，也不能为了记录而记录，记录更大的目的在于对员工的绩效目标实现的过程进行管理，随时与员工保持密切联系，随时对员工进行反馈，帮助员工改进绩效状况。所以，我们不但要记录，还要反馈，要将员工的绩效表现及时地反馈给他们，使员工不断地做出调整，更好地完成绩效目标。

管理者应当在以下几个方面加以强化。

（1）关注员工的目标管理。绩效管理实施的最好方式是目标导向，即采用"目标+沟通"的管理模式，而不是任务导向。绩效管理要求以目标为导向，将目标管理贯穿于整个绩效管理的过程中，从目标的设立、执行、调整到考核、再调整的整个过程进行全程控制。这就要求经理在绩效目标的制定上多下些功夫，结合员工的职位与企业对员工的要求，有针对性地为员工设立绩效目标，同时，在工作当中，经理应抽出更多的时间对其目标中的承诺进行跟踪，促使员工更加高效地完成绩效目标，达到企业的要求，提升员工的能力。

（2）关注员工的职位管理。尽管员工都有一个职位名称，在公司的管理树上也都有一个位置，但员工的实际工作似乎与其职位要求并不匹配，最普遍的表现是员工的责权利通常不相匹配，要么工作职责界限混淆不清，要么付出与回报严重不符，这些基础性的管理问题为员工创造高绩效制造了诸多麻烦，设置了诸多障碍，使他们不能很好地释放自己，从而使员工积极性的发挥受到了限制。所有的问题都与职位管理不到位有关，很多企业并没有对职位管理的重要性引起足够的重视，没有非常明确的员工的职责权限，对职位的工作内容描述不够详尽，职责权限划分得不够清楚，从而使工作陷入混乱的状态，使得有些人无事可做，有些事情无人去做，形成管理真空，这些工作的不到位导致了经理在管理上无从下手，使管理异化为任务导向，也养成了员工遇事推脱，不愿承担责任的不良习性。为此，作为绩效管理的基本要求，经理应重新审视员工的工作，对员工的职位给予足够的重视，做好职位分析，更加清晰地为员工明确职责权限，明确工作标准，确定员工的岗位说明书，并在工作当中加以使用（注意，这一条很关键。有一些企业也花费了一定的时间和精力，制定了员工的岗位说明书，但遗憾的是，他们仅仅把这个工作当成是人力资源部的工作，以为完成人力资源部的安排交差就算完成了，就不需要再去管了，于是，那些可怜的岗位说明书就只能和一堆其他文档作伴，被长时间地搁置起来。要做到人手一份，随时参阅，并在以后的工作当中加以改进和完善，使之真正发挥基础性作用，以此来不断强化员工的职位管理，为绩效管理奠定坚实的物质基础）。

（3）注重与员工的沟通。沟通是绩效管理的关键词之一，绩效管理的每一个环节都离不开沟通，一定意义上，绩效管理的成功是经理和员工沟通的结果，经理和员工沟通的成败决定了绩效管理的成败。好的经理能把任何绩效工具使用好，而差的经理则无法使任何好的绩效工具发挥作用，这两者之间的差别就在于他们的沟通方式和沟通技巧上。经理必须强化自己的沟通意识和沟通技巧，与员工保持持续不断的双向沟通，使绩效管理的成功成为可能。

（4）关注对员工的辅导力度。对于什么是管理这个问题，个人认为"管理就是经理与员工一起，并通过员工完成工作"。所以，一定程度上，员工的绩效表现代表着经理的水平，经理的绩效来自于所有员工的努力，这应该不难理解。既然绩效管理是经理和员工共同完成的事情，经理就不能坐等，而是要行动起来，走出办公室，更多地和员工在一起，注意观察他们的表现，在员工需要帮助的时候及时出现在他们身边，对员工进行有效的辅导与帮助，做教练型的经理，与员工一起获取成功并分享成果。

3.4 扶正固本，建立有效的绩效考核制度

通过 H 公司的绩效考核改革经验可以看出，从对绩效结果的评估向为达成绩效目标而进行的全程管理模式转变，尤其重要的是要准确地抓住绩效目标的关键绩效指标，并予以过程控制，才能确保个人绩效的达成，进而实现组织目标。

3.4.1 建立完善的绩效考核体系的意义

绩效考核体系是企业人力资源管理中的控制调节系统，起到监督、控制、反馈、辅导、激励并最终提高企业绩效的作用。因此，除了在绩效考核的具体操作方法上对其进行优化和改进外，还必须在整个绩效评估的体系设计上予以完善和整合。换言之，绩效考核体系既要解决绩效评估的具体方法问题，还要解决与日常管理活动的有机结合的问题。

3.4.2 闭环绩效评估体系的 4 个阶段

一个完善的绩效评估体系是一个循环往复不断推进工作进展的管理控制系统，主要包括以下 4 个阶段：

（1）绩效管理策划。在本阶段，主管和下属一起来讨论为完成部门或团队的关键绩效，下属应当承担什么样的工作任务以及责任和义务，下属需要什么样的帮助、指导和培训。同时签订个人业绩承诺书予以书面的承诺，作为努力工作和绩效评估的依据。

（2）实施和辅导。主管督导下属朝着承诺目标努力工作，随时监控工作进展情况，发现异常及时予以纠正，发现有环境制约的问题及时予以疏导清除，有时需要提供必要的帮助和培训。当然在企业环境变化导致上级目标变化时，要及时与下属商讨修改下属的个人目标和绩效承诺书。在实施和辅导的过程

中，要对重要的绩效贡献点和工作事实予以必要的记录，作为辅助材料为绩效考核提供依据。

（3）绩效考核。结合一定的考核评估工具和流程方案，主要是就下属的个人业务承诺和实际完成的情况进行比较、分析和判断，确定下属的绩效状态，并将考核结果应用于奖惩和激励。

（4）反馈、诊断和改进。直属领导将考核结果与下属进行沟通，不仅通报结果，同时就为什么会得到这样的评估结果进行解释和说明。在双方统一思想以后，帮助下属分析诊断问题的根源，进而对症下药制定改进方法和改进目标。这 4 个阶段构成了一个循环，随着这个循环不断地往复和推进，个人和企业的绩效就会不断提高。完善的绩效评估体系，将管理模式转向绩效的全过程，解决了只注重绩效结果而忽视绩效过程的问题。因而绩效考核只是年终的一个总结观念被打破，消除了员工的工作绩效只能依据年终考核一次评价。同时，由于被考核者参与自己绩效目标的制定过程，企业的业绩压力可以有效地传递到组织的每个岗位，主管和下属将要共同面对压力。由于绩效管理纳入工作日程，对可能出现的偏差未雨绸缪，及时采取措施防止偏差的产生，帮助下属提高处理问题的能力，扫除工作过程中的障碍，率领下属努力完成目标。完善的绩效评估体系明确了在绩效管理过程中管理者的责任，使得管理者能够勇于承担考核下属的责任，从而消除了怕得罪人的"和事佬"现象以及对绩效考核结果不负责任的讨价还价。完善的绩效考核体系有绩效机制的有效支撑，使得绩效评估的结果与个人收入、职位升迁和发展直接挂钩。

3.5 望闻问切，确定关键绩效指标

关键绩效指标体系的建立和完善，明确地阐述了组织目标、岗位目标及其关系，并为考核体系的设计明确了方向，能很好地解决"组织目标不明确导致盲目设计考核体系"这一系统问题。同时由于设立关键绩效指标体系，能够将

组织目标和岗位目标的关键成分从复杂的各类目标中区分出来，进而集中力量对其重点管理和控制，确保实现岗位目标和组织目标。因此，能很好地解决考核项目和指标面面俱到、主次不分、重点不突出的问题。

3.5.1 关键绩效指标定义

关键绩效指标是组织内部某一流程的输入端、输出端的关键参数进行设置、取样、计算、分析，衡量流程绩效的一种目标式量化管理指标，是把企业战略目标分解为可运作目标的工具，是企业建立完善的绩效评估体系的基础，是管理中的计划、执行、评估不可分割的一部分，是反映个体与组织关键绩效贡献的评价依据和指标。关键绩效指标是用于沟通和评估评价者绩效的定量化或定性化的标准体现，定量的关键指标可以通过数据来体现，定性的关键绩效指标则通过对行为的描述来体现。

3.5.2 关键绩效指标的重要作用

关键绩效指标要求个人、部门和企业目标之间保持一致，要求传递市场压力，工作聚集，责任到位，成果明确。它是以责任成果为导向的企业管理体系，使所有下属相互合作，集中在共同成果上。当企业、部门乃至职位确定了明确的关键绩效指标体系层级后，企业总的发展目标或阶段性目标在企业的各层级分解以及各层级的绩效输出对企业总目标的贡献就清晰了，从而在企业的各个层级形成一个绩效层层贡献的目标导向。在一个企业的价值创造过程中，存在20/80 定律，即 20% 的关键人才创造了 80% 的价值。同样在每个员工身上也可以使用 20/80 定律，80% 的工作任务是由 20% 的关键行为来完成的，木桶理论也被认为少量的评价因素或行为起决定性作用。因此抓住属于关键或是瓶颈的少量绩效因素，就能抓住绩效考核的重点，从而总揽全局。绩效指标设定出现偏差，会最终影响公司业绩。

举个例子，某制药企业决定在公司内部实行目标管理，根据目标实施和完成情况，一年进行一次绩效考核。之前在销售部门制定奖金分配体系的时候使用过目标管理方法，公司通过对比实际销售额和目标销售额支付销售人员相应的奖金。销售人员的实际薪资包括基本工资和一定比例的个人销售奖金两部分，根据这样的考核方法，销售量大幅度提高了，但是生产部门完不成交货计划，销售部抱怨生产部不能按时交货，影响与客户的合作关系。总经理决定为所有部门和经理以及关键员工，建立一个目标设定流程。为了实施这个新方法，同时上线了绩效考核系统。生产部门的目标主要包括按时交货和库存成本两个部分。我们为他们提供服务咨询，指导管理人员设计新的绩效考核系统，并就现有的薪资结构提出改进建议，他们大部分的咨询费都用在了修改基本薪资架构，包括岗位说明书和工作描述。还让我们参与了奖金系统的制定，绩效考核体系与年度目标紧密联系，我们指导管理人员进行组织目标设定的讨论和绩效反馈的技巧培训，总经理对业绩的提升抱有很高的期望。你猜结果是怎样的？业绩不但没有上升，反而下滑了。部门间的矛盾加剧，尤其是销售部和生产部。生产部埋怨销售部的销售预测不精准，销售部抱怨生产部不能按时交货，每个部门都指责其他部门。利润下降的同时客户满意度也同时下降，这家公司的失败原因就是目标不全面，每个部门只专注自己的重要指标，不同的部门之间目标也没有联系。

3.5.3　建立关键绩效指标的程序

1. 确定工作产出

工作产出是设计关键绩效指标的基础，可以是有形的产品，也可以是一种作为结果的状态；可以是针对某个员工，也可以针对某个团队。工作产出通常是以企业级关键绩效指标或部门级关键绩效指标为导向，以业务流程为方向。在分析工作产出时，需要区分和界定被评估对象是组织内外部哪些客户，必须提供哪些产品和服务，这些产品或服务在被评估对象的工作中所占的比重如何。

2．评价指标

关键绩效指标主要有 6 种类型：数量、质量、成本、时限、安全和人的反应。可以使用这 6 种类型的关键绩效指标描述和评价工作产出。

3．设置评价标准

评价指标解决的是需要评价什么问题，而评价标准解决的是做得怎样、完成多少的问题。评价标准应结合企业的预算规划、下属技能情况和管理水平来定。

4．审核关键绩效指标

对关键绩效指标进行审核的目的是确定这些指标是否能够全面、客观地反映评估对象的工作绩效，以及是否适合操作。经过这一系列测试，以确保关键绩效指标的客观性、相互的兼容性。

3.5.4　建立关键绩效指标词典的方法

1．根据公司战略目标，建立关键绩效指标体系

关键绩效指标是实现公司战略目标的重要方法和工具。绩效指标体系的建立，一般包括建立公司战略地图、战略主题说明、战略主题相关识别、战略主题分解、关键成功因素提取、目标分解及关键绩效指标提炼等环节。

2．分析关键绩效指标体系之间的结构关系

通过全面分析公司关键绩效指标体系，建立各关键绩效指标之间的层次结构关系，梳理公司战略目标的实现路径和指标支撑关系，全面管理公司到部门再到岗位的关键绩效指标体系，抓住公司战略目标的关键和重点，确保其顺利实现。如建立公司级关键绩效指标结构关系图、业务职能关键绩效指标关系图、部门岗位关键绩效指标结构关系图等。

3．设计关键绩效指标词典模板

设计一套规范统一的关键绩效指标词典模板，可以提高建立关键绩效指标词典的工作效率。关键绩效指标词典的要素结构一般包括指标基本信息、指标计算方法、指标责任主体及指标相关信息等方面。根据公司的实际情况，从关键绩效指标词典的指标要素中，选择适合本公司需要的指标要素设计出关键绩效指标词典模板。另外，需要将所有关键绩效指标词典装订成册，即关键绩效指标词典手册，一般包括封面、使用说明、目标、指标结构关系图、指标词典正文等。

4．收集与分析关键绩效指标全面信息

从关键绩效指标词典的要素内容来看，它几乎涵盖了与绩效指标相关的所有信息。因此，在正式开发和编制指标词典前，需要收集与指标相关的全面信息并综合分析。这些信息包括与绩效指标相关的战略主题和目标分解、业务流程和关键点、部门 / 岗位职责、工作规范和数据记录过程、相关责任人及关联关系等。

5．开发与编制关键绩效指标词典

关键绩效指标词典的开发与编制大致分为建立公司关键绩效指标体系、编制单个关键绩效指标词典及将所有关键绩效指标词典整编成册三个环节。第一

个环节的主要工作是根据公司战略目标和经营计划，建立公司关键绩效指标体系；第二个环节的主要工作是根据关键绩效指标体系中的所有指标，收集和分析这些指标的所有相关信息，再按照关键绩效指标词典模板逐一编制关键绩效指标词典；第三个环节的主要工作是将所有关键绩效指标词典按照一定规则整编成册。

6. 审核、修订与发布关键绩效指标词典

关键绩效指标词典初稿完成后，需要经过相关人员或小组领导审核，审核通过后才可正式发布实施。在绩效考核工作过程中，凡是涉及指标相关的内容，如绩效合约或 KPI 责任状中对指标含义的界定时，都必须以关键绩效指标词典为依据。同时，关键绩效指标词典因公司的发展战略而存在，也必将根据公司战略目标的不断调整而完善，需要根据公司战略重点的变化与调整进行动态完善。一般而言，公司的战略目标、业务流程、组织结构及经营计划等发生重大变化时，关键绩效指标词典也随之调整和修订。

3.6　定量、定性兼顾“气血两补”

对绩效管理中的工作成果特征进行分析时，我们是以两个结论作为基础，绩效结果论和绩效外部论。绩效是工作结果，而工作行为或人员素质是形成结果的重要因素；绩效存在于内外客户，是战略经流程和组织分解而产生的。

第一种定量分析，它的重点在于对成果的可衡量性进行分析，难点在于有人的主观、测量成果、时间延迟和系统结果等多种因素影响。我们经常说，无法衡量就无法管理，绩效指标设计要遵循 SMART 原则做到尽可能客观和准确。但同时必须认识到：由于工作成果创造或评价均由人主观给出，并且人是有局限性的，因此对工作结果进行绝对客观、精确量化的评估十分困难。明茨伯格曾经指出：仅靠数字管理是一种浅薄的管理，而厚重信息是有丰富的细节和色

彩的，是无法量化和汇总的。

在绩效管理中，曝光率最高的一个词可能就是"量化"。作为一个企业组织，无论规模大小，没有量化考核肯定不行，纯粹的量化考核也不行，在运作过程中，一不小心就会陷入量化考核的误区，以为一切都可以量化考核。如何走出误区是值得人们去考虑和反思的。设定恰当的考核指标，是绩效考核体系得以成功实施的前提。即使对情况类似的企业，如果机械地采用同一套考核指标，也会产生不同的结果，给企业造成不同的影响。这其中存在一个如何把握考核指标的量与度的问题，也就是如何平衡量化与非量化之间关系的问题。考核指标可分为定量指标和定性指标两类，这两类指标考核的内容和侧重的要点均有所不同。具体来说，定量指标用于考核可量化的工作，而定性指标则用于考核不可量化的工作；相对而言，定量指标侧重于考核工作的结果，而定性指标则侧重于考核工作的过程。采用定量指标进行绩效考核，在明确考核指标的情况下，一般是简单明了、较易实施，量化的考评结果可以在个人和组织之间进行比较。但是，在实际操作中，定量指标往往难以合理、有效和科学地确定，或者笼统，缺乏针对性。同时在设定量化指标时还有许多技巧，例如：对销售员进行销售额考核，要把销量分为"存量"和"增量"两部分才是比较科学的，"存量"是去年同期的销量，是由市场基础决定的，不是由业务员当期工作决定的，是维护市场的结果。"增量"是当期业务员有效工作的结果，是业务员真正的销量。业务员在某市场去年的销量是 600 万元，今年是 800 万元，则今年的销售"存量"是 600 万元，"增量"是 200（800-600）万元。在设定量化考核指标时就要考虑"存量"与"增量"的含金量不同，我们要加大销售"增量"的比重，因为"存量"只是保住了去年的销量，"增量"是提升的销量，它需要付出巨大的努力才能获得，因此在设计量化指标上就有讲究，销售"存量"按 0.2% 的比例提成，"增量"按 0.6% 的比例提成，则业务员的年收入为 2.4（600×0.2%+200×0.6%）万元。

采用定性指标进行绩效考核，可以对整个工作进程进行评价，适用的范围较广。但是，在实际操作中，定性指标的评价往往会有考核者的主观倾向，准确度易受影响，被考核者对考核结果的认同感和信服感也会受到影响。

那么，对于员工的考核，究竟采用定量指标还是采用定性指标呢？需要针对员工的具体岗位，选用合适的定量指标与定性指标的组合。对于管理层来说，因对公司总体生产经营结果负有决策责任，其工作影响范围往往也是全局性的。因此，适宜采用量化成分较多、约束力较强，独立性较高，以最终结果为导向的考核指标，即以定量指标为主、定性指标为辅，包括销售或生产部门通常情况下也可以采用这种方式。对于职能部门的普通职员来说，工作基本由上级安排和设定，依赖性较强，工作内容单纯，对生产经营结果只有单一的、小范围的影响。因此，适宜采用量化成分少、需要上下级随时、充分沟通，主要以工作过程为导向的考核指标，即定性为主、定量为辅。即使是同一个岗位，也可能因为公司处于各个不同发展时期及业务战略需求不同，或者因为公司倡导的企业文化不同而采用不同的考核指标。例如，对于一线的操作工人来说，主要从事重复性高的机械劳动，在公司处于扩张期、追求数量与规模时，可能以考核其产量和效率为主，采用较多的定量指标；在公司处于稳定期、追求质量与创新时，可能以考核其工作能力、规范和态度为主，采用较多的定性指标。

不要过度迷信量化指标。有些企业在追求绩效考核量化的程度上可以说是达到了极致，为了达到量化的目的，企业宁愿将更重要的管理沟通工作放置一边，抽出专门的人力物力进行研究设计，自己研究不出来，就请咨询公司帮忙，让"外来的和尚念经"，有不把绩效考核量化到底誓不罢休的架势。其实有些职能部门的工作是不能完全量化的，如对研发部门的知识型员工就不宜采用定量考核，而是以定性为主、定量考核为辅的方式。众所周知，产品开发周期长，有一定风险，不是每个开发的项目就一定能成功，常规情况来说有 60% 的成功率就相当不错，所以我们认为能量化是最好的，但太绝对化就得不偿失，不能量化的工作可以定性考核，也可以设定目标。在业界，关于绩效量化的研究也一直在进行，比如 360°评估、KPI、平衡计分卡等。企业对绩效管理的兴趣更多地放在绩效考核上，而对考核的关注则更多地在于如何量化指标，量化考核。但是路易斯·郭士纳（Louis Gerstner）就不抱这样的幻想，他在《谁说大象不能跳舞》一书中非常肯定："人们只会做你检查的，而不会做你期望的。"

量化什么指标，员工就关注什么，并全力去做；不量化、不考核，员工未必会尽力去做，因为员工只要做好上级重视量化的指标就能得到奖励，其他不关注的没有做到，也不会受到处罚，这就是目标量化的结果。况且量化的指标在实际考核操作中也会存在问题。例如，A、B 分公司都是配置 5 名销售员，A 公司去年销售额 1 000 万元，而 B 公司是 500 万元，如果这时候两公司都配备 4% 的费用，则 A 公司当年费用预计 40 万元，而 B 公司只有 20 万元。同样的人员配置，而 A 公司的费用是 B 公司的 2 倍，因此 B 公司的员工就有动力到 A 公司，而不愿意留在 B 公司。如果将公司的费用比例进行调整，A 公司调整成 3%，B 公司调整成 6%，这时候两公司的费用预期都是 30 万元，看起来是实现了公平。但是，由于当年的销售额是动态的，如果 A 公司完成 1 200 万元，B 公司完成 700 万元，则 A 公司实际上有 36 万元的费用，B 公司有 42 万元的费用，这样分配起来仍会带来新的问题。这种量化考核方式是科学合理的吗？

似乎除了量化，绩效管理再没有别的什么东西值得关注，似乎只要做好量化，绩效管理就能成功了，绩效考核就可以公平公正了，果然如此吗？恐怕没有那么简单。如果倡导绩效管理量化的人对这种管理工具理解不深，掌握不透，即使量化了，绩效考核在运用中也会出现许多意想不到的问题，上述所举的案例就是最好的说明，只要在企业中运用过就能深有体会。量化只是企业做好绩效管理的第一步，必须坚持以定性和定量指标相结合。绩效管理还要企业有一个良好的管理基础平台，如信息化建设、企业文化、战略导向和组织建设。

量化作为科学管理的一个重要特征，的确值得我们关注，而且我们在绩效管理中也一定要把绩效考核指标的量化作为重点加以研究。关注量化本身没有错，但过度强调量化的重要性就违背了绩效管理的初衷，对绩效管理来说，我们所要做的工作不只是有量化一项，除了量化，还有许多非量化的工作值得我们去关注。包括沟通、指导、改善和提升，同时还有其他更重要的工作要做，充其量，它只是其中的一个方面而已。如果把过多的精力放在考核指标的量化上，势必会误导我们努力的方向，破坏绩效管理的整体性和系统性。

"可量化的才是可考核的"这句话的意思是，如果你在绩效考核中没有做到把指标量化，那么你是做不好考核的。思考一下，这句话准确吗？如果掉进量化一切的怪圈，最后只会前功尽弃。现在很多企业都十分注重量化，为了量化绩效考核指标，经理们可谓煞费苦心，终于做到把所有的指标都量化了。等到考核实施的时候才发现，原来费了那么大的精力搞出来的东西效果不佳。

为什么会出现这种状况呢？因为这些量化的指标只是考核了工作的某一个方面，而所量化的方面是比较浅层次的。举一个例子，一个 400 客服中心的客服专员主要工作是接电话，解答顾客的疑问。我们知道，这个工作是不太好量化的，因为接电话的质量是考核该员工的重点，而这个质量是无法精确描述的。那为了做到量化该怎么办呢？考核她们接电话的及时性，比如"电话响 3 声之内就接起"，这个因素是可以衡量的，也是可以观察到的，因为一旦电话响数声还没有被接起，那作为经理，可以观察到员工的表现，所以这些数据你很容易获得，也因此很容易衡量员工的工作。再深入思考一下，这样的考核标准能公正衡量一个客服专员的工作吗？一个每次都在 3 声之内接起电话的客服专员，工作绩效就一定是好的吗？如果这个客户专员接了电话，总是三言两语就把顾客打发了，甚至在电话中和顾客发生了争吵，致使顾客流失，那么能说这样的员工绩效是好的吗？但是，如果按照上述量化的考核标准，这就是一个绩效优秀的员工。如果按照这样的考核标准，而且都比较容易达到，那么在汇总考核结果的时候，让你烦心的事情就发生了。你就会发现，原来大家的考核成绩都比较高，甚至大家都是满分，绩效考核没有把员工的绩效区别开来，这种情况正常吗？因为我们知道，正常情况下，绩效目标需要努力才能达到，也就是说要比实际水平或者过去的绩效水准要提高一些。在这个理念下，一个优秀的绩效考核系统能把绩效优秀的员工和绩效较低的员工区分开来，而这种量化的操作手段却并不能达到这个目标。作为企业的管理者，看看自己的企业是否有类似"电话响 3 声之内就接起"这样的考核指标，如果你是量化理论的支持者，公司难免会存在这种指标和标准。比如招聘及时率、差错率等。这些及时性类的指标只要动动手、动动腿就能完成，而报表的质量、报告的质量要想得到一个好的成绩，是需要动脑筋的。

绩效考核，其实只是绩效管理系统的一个环节，只有做好了绩效管理，才能做好绩效考核。而绩效管理又要求经理完成绩效计划、绩效辅导、绩效考核和绩效诊断 4 个环节，在这 4 个环节中，绩效计划的作用在于确定考核指标和衡量标准；绩效辅导的作用在于帮助员工清除障碍，提供支持，帮助员工在绩效的轨道上运行；绩效考核的作用在于对前期绩效执行情况的总结，注意，是对前期绩效指标执行情况总结，而不是打分，不要把打分看得那么重要，重要的是总结，经理和员工一起对前面双方共同确认的工作进行总结，并找出其中存在的不足，以便后面加以改善；绩效诊断的作用在于帮助员工制定绩效改善计划，作为上一绩效周期的结束和下一绩效周期的开始，连接着整个绩效管理循环，使之不断循环上升。

绩效考核并不是大家所认为的那样，量化一下指标，打一个分数就完成任务。如果那样做，最终会走到我们前面说的路子上去，就是大家都一样，考核和没有考核一个样。那这样岂不是浪费时间和资源？我们并不是排斥量化，那些可以量化的指标还是要去量化，比如公司利润指标、应收账款、人工成本等，这些指标容易量化，而且是被考核工作的重点，那么这些指标就是要做到量化。

经理需要对自己的打分负责，打分打得低，要跟员工说明原因，总结如何提高；打分打得高，需要继续激励员工。考核标准可以按尺度评价法，比如 1～5 分之间打分，在考核打分的时候，经理按照自己对员工的工作质量的感觉，进行打分，给出一个分数，当然这个分数要和员工沟通。

员工可能会有疑问："主观评价很容易，人人都会做，而且，这样的主观打分容易造成人为的低分或人为的高分。"这样的理解是有偏差的，主观评价一个人的工作并不低级，相反却是很高级的，而且很有难度。你要做出一个合理的考核结果，并且能说服员工，那么，管理者要做的工作并不少。你要在绩效周期内和员工沟通，与员工保持联系，并记录员工的表现，在考核之后，还要把事实和理由讲给员工听，让员工认同。绩效考核的准确性除了要有容易衡量的指标之外，还要求经理具备高超的考核技能，经理的考核技能从哪里来？是后天的培养和经验历练出来的。经理要想提高考核技能，就要不断地修炼绩效考核技能，提高对工作感觉把握的准确性，和员工形成更好的默契。作为企业也要舍得投入培训，舍得花一些时间和成本让经理适应和提高考核技能。

3.6.1　设定指标需要规避的几个误区

1. 指标和标准相混淆

绩效指标并不是考核的所有内容。在员工绩效考核中，很大一部分工作是需要对标准进行考核的。我们日常的工作通常可以分为两类：一是项目性工作，即有时间限制、讲究明确的结果、完整独立的工作；二是程序性工作，即按照流程讲究效率、正确性的工作。对于项目性工作可以用指标考核，而流程性工作可以用标准考核。项目性的工作有间断性、工作结果经常变化、结果具有不确定性，比如业务类和研发类的岗位工作。对于这些工作而言，本月的工作重点、工作产出可能与下月并不完全一样。这时需要设计极端型的目标进行考核，而下一阶段考核指标可能会改变。程序性、辅助性的工作，周而复始，主要是按照工作规范或工作流程来开展，这样的工作每天、每月、每年都一样，比如司机、操作工等，这样的工作就不能硬性规定汽车每天行驶里程，每天打扫几遍，每天打印多少页文件。这时可以确定工作标准和规范，让他们遵照执行就可以了，这样的标准或规范不需要每月都变，甚至很长一段时间都不用变。有些岗位是"标准＋指标"一起考核的，如财务管理部的经理工作，票据的出错率、账务及时性等，属于每天都必须完成的工作范畴，可以用相应的指标考核，而提交财务报告、筹款额等是阶段性的工作。

2. 绩效指标过于详尽

许多企业设计的指标繁杂：德、能、勤、绩、廉，工作习惯、劳动纪律甚至"五讲四美三热爱"，样样俱全，每部分都占一定的比例。这样的指标看似详尽，能全面反映一个人的真实表现，实际上是眉毛胡子一把抓。指标数量过多，不仅会使员工失去工作重心，而且容易出现无所谓的不良心态。因此，在设计指标的时候，要突出关键性，向重点倾斜。关键绩效指标通过对岗位关键成功要素、关键职能产出的分析，得出企业的 KPI，同时让员工更好地抓核心和重点。一般来讲，要保证指标能够涵盖 80% 的工作，绩效指标设置 5～8 项就可以了。关键绩效指标要在整个指标中占有绝对的权重，这样才能保证公司的主要工作能够顺利完成。

3. 指标没有进行动态管理

指标设计完成后一定要经过检验，这样才能避免执行过程中的推诿和冲突。首先，指标是否有相应的资源支持。许多企业喜欢定大指标，超前指标，比如说本年度目标是冲进行业前三，领导层描绘的蓝图很美好，但是做起来无从下手。其次，指标是否符合 SMART 原则。

目标管理由管理学大师彼得·德鲁克（Peter Drucker）提出，首先出现于他的著作《管理实践》（*The Practice of Management*）一书中，该书于 1954 年出版。根据 Peter Drucker 的说法，管理人员一定要避免"活动陷阱"（Activity Trap），不能只顾低头拉车，而不抬头看路，最终忘了自己的主要目标。目标管理的一个重要概念是企业战略规划不能仅由几个高管来执行，所有管理人员都应该参与进来，这将更有利于战略的执行。另一个相关概念是，企业要设计一个完整的绩效系统，它将帮助企业实现高效运作。由此，可以将目标管理视为价值管理（Value Based Management）的前身。

3.6.2 制订目标的 SMART 原则

制订目标看似一件简单的事情，每个人都有过制订目标的经历，但是如果上升到技术的层面，经理必须学习并掌握以下 SMART 原则。

（1）目标必须是具体的（Specific），指绩效考核要切中特定的工作指标，不能笼统。

（2）目标必须是可以衡量的（Measurable），指绩效指标是数量化或者行为化的，验证这些绩效指标的数据或者信息是可以获得的。

（3）目标必须是可以达到的（Attainable），绩效指标在付出努力的情况下可以实现，避免设立过高或过低的目标。

（4）目标必须和其他目标具有相关性（Relevant）。

（5）目标必须具有明确的截止期限（Time-based），注重完成绩效指标的特定期限。

无论是制订团队的工作目标还是员工的绩效目标都必须符合上述原则，5 个原则缺一不可。如果指标不清晰，员工理解有偏差，在考核中就很难达成一致。再次，指标是否上下贯通？上级主管的重点工作是否都在员工指标上有所体现，是否被列为下属的重点工作？如果上下指标出现错位和不一致，就会导致指标与结果之间出现偏差，甚至南辕北辙。

可欣心得

不能量化的工作可以细化、转化和流程化。绩效管理的根本目的是改善员工的绩效，而不是把每一个人的工作量化，更不是单纯地考核。

3.7 提升篇：部门经理"两条线定义团队的业绩"

职业经理人会主动告诉老板：自己到年底拿出什么样的指标达成情况和重点工作目标完成情况，即部门绩效，在这样的前提下老板会给自己怎样的奖金，而且双方形成协议，也就是《绩效军令状》，这才是"挣钱有道"。所谓"两条线定义团队的业绩"，其中一条线是考核指标线，部门经理要告诉老板和管理团队到年底用哪些指标衡量自己团队的业绩成果，部门考核指标的确定必须反映出部门职责的履行、对公司当年预算目标的支持以及对公司长远战略规划的关联。另一条线是重点工作目标线，首先，为支持公司实现当年预算目标及配合公司的年度重点工作，我部门有哪些支持协动性的工作；其次，根据我部门职能战略规划，我今年计划要开展的重点工作；再次，根据公司长远战略规划的要求，我部门今年要做哪些准备和铺垫的工作；最后，我部门工作的持续改进和职责的拓宽，要求团队今年要着力提升的工作……一言以蔽之，为了达成部门的考核指标，所以我要采取的重点行动和举措是什么！这就是所谓的"两条线向下分解"。

美国一家 500 强的企业霍尼韦尔，其前任 CEO 兼总裁拉里·伯西迪（Larry Bossidy），他出了一本书，一经出版就非常畅销，翻译成中文叫《执行》。

有一次拉里·伯西迪去欧洲区参加该区域年度预算会议，当地刚刚履新的营销副总裁一看集团公司各位常委都在，而且核心领导 CEO 也在，心想"我今天得露脸"，他当众宣称："现在霍尼韦尔在欧洲区市场占有率排名第五，经本人努力两年将位居第二。"拉里·伯西迪喜出望外，当即吩咐下属："去杀鸡买酒，跟这位壮士歃血盟誓，两年以后就拿这个市占率第二名为你庆功。"然后他接着问道："小伙，你具体有什么办法从第五到第二？"小伙说："臣下雄心有，办法还没想。"拉里·伯西迪听完，心里拔凉拔凉的，嘴里这口血差点儿就喷小伙儿的脸上，"给你两个礼拜时间，我们几个飞回来，就听你给我们讲如何从第五到第二。"

　　拉里·伯西迪是在告诉我们，他追求市占率第二，但他要看到实现这一目标的具体举措，也是"两条线定义团队业绩"！

第 4 章

推行 360° 评估遇阻力怎么办

陆可欣每天有忙不完的工作，天天想着各种方案计划，来解决员工关系，每解决完一件事情，成就感就增加一点。每天进步一点点，感到特别充实和满足，不断为自己的目标努力奋斗。陆可欣想成为一名资深的人力资源专家，看着形形色色的人，在自己的舞台上扮演着不属于自己的角色，她希望为管理者提供解决方案，帮助他们了解真实的员工，帮助员工找到合适他们的舞台。怎样才能成为不可代替的人？只有专业才是在公司安身立命之本。

天蒙蒙亮，陆可欣没了睡意，爬起来看公司的数据，A 公司不断扩张，全国已经拥有 500 名员工，这样的员工规模需要有人才管理做支持。

上班以后，陆可欣将自己的想法告诉 HRD，"高总我仔细思考了下，现在公司的规模不小了，需要关注人才发展，比较适合引入相关的管理工具。"

高总："陆可欣你说得很对。我已经将人才测评和领导力发展列入了人力资源部工作的重点，并邀请咨询公司一起探讨如何应用 360°评估，为公司选拔一批优秀的人才，同时对现有的管理层进行领导力素质测评。由你来对接咨询公司的肖顾问。"

陆可欣和咨询顾问做了简单介绍后，肖顾问先介绍 360°评估的基本理念："各位下午好，360°评估最早是美国英特尔公司提出并加以实践的。主要是指从与被评估者发生工作关系的多个主体获得被评价者的信息，对被评价者全方位、多维度的绩效评估过程，包括自身、上级、下级、平级。早在20 世纪 90 年代，《财富》杂志公布的最受赞赏的 32 家公司中，有 20 家应用 360°评估。现如今，有接近 98% 的财富 500 强企业在使用 360°评估，比如 IBM、摩托罗拉、诺基亚、福特、迪斯尼、美国联邦银行等将 360°评估用于人力资源管理和开发。各企业对 360°评估褒贬不一，国内的学者指出，当 360°评估服务于员工发展时，评价者所做出的评估更加客观公正。如果将 360°评估作为员工晋升和提薪的参考时，由于情感因素和对个人利益得失的考虑会渗透到评价中，从而使评价很难做到客观公正。"

4.1　360°评估用于人才发展还是绩效考核

高总："A 公司的现状是公司处于快速扩张时期，公司一直保持良好的业绩增长，通过投资并购，在全国范围内不断壮大，同时也建立了丰富的人才库。公司的高层已经意识到，企业持续发展的前提是增加企业的创新能力，而创新能力的提升关键在于人才。如何建立完善的领导力评估体系满足人才发展战略，将重心放在发展、保留和培养公司的核心人才上？"

肖顾问："需要根据公司的战略和核心价值观建立领导力素质模型，进行 360°评估。360°评估最突出的优点在于其方式与绩效评估的最终目的相一致，即帮助被评估者实现自我发展，从而提升组织绩效，也是有效的管理工具。它的优点在于：

"第一，360°评估是针对管理者的工具。由于上下级多个层级人员都需要参与到 360°评估中，让参与者发现认识自己的优势，在一定程度上是对管理者的关注。

"第二，建立有效的沟通方式。从员工自己、上司、直接下属、同级同事甚至客户等全方位的角度对被评估者的绩效做出评估。在沟通的过程中，减少误解，赢得信任。

"第三，构建优秀绩效的胜任力模型。通过编制 360°评估调查问卷，更容易推行构建和精细化胜任力模型。

"第四，对现有管理者进行诊断，找到不足。举个例子，我们在给一家企业做360°评估的时候，发现中层管理人员普遍存在缺少创新能力以及决策能力。公司管理层对这个结果很惊讶，他们觉得已经给予中层管理人员相应的责、权、利，并且鼓励创新和变革。如果没有通过360°评估，未找出中层管理人员的缺陷将对公司造成严重的后果。

"第五，360°评估中，发展是贯穿始终的目的，如果能够形成评估及改进计划的闭环管理，将促进组织内部的学习氛围。

"以上是360°评估方法的优势。360°评估同样也存在以下的缺点：

"第一，评价目的不明确，对于不同的评价目的，评分的可靠性和准确性会产生差异。尽管360°评估重点是应用于人才发展，但是由于应用者希望用于更多的方面，而且参与评估者往往也会认为评估可能会用于绩效考核等其他方面，因此即使写明了评价目的，也难以真正让参与者有统一的理解和认识。

"第二，评价前的评估者培训是难点。由于参与评估的人员数量比较多，往往难以安排比较充分的培训，因此会影响参与评估者对评估工作的重视程度以及对评估指标的理解，由此会造成有些评估者不认真对待评估工作，甚至出现评分全部给出最高分或者随意评分的情况，难以反映被评估者的真实情况。

"第三，需要反馈。经过充分的沟通反馈，才能将评估结果传达给被评估者，同时保证被评估者愿意接受评估结果或对评估结果产生质疑或问询，使过程更加透明。

"第四，成本比较高。如果是采取传统的调查问卷方式进行评估，开展起来比较简单，但是要做印制和发放问卷、手工录入和统计分数等工作，当然也可以通过互联网和评估软件完成此项工作，无论何种方式都需要大量的人员参与此项工作。

"第五，文化因素的影响。在中国的集体主义文化下，企业强调群体，注重人与人之间的关系，还有彼此之间的'面子'等问题，会在评价的过程中从'关系'角度出发，影响评价的准确性和公正性。此外，上下级之间的评价真实性会因为上级权威受到影响。

"举个例子：Z 公司是互联网行业的私企，已经创立 8 年，初具规模。公司总经理是一个喜欢接受外界新鲜事物、勇于尝试的人。人力资源部张经理，有多年绩效管理方面经验及实践。他入职以后，经过对公司 1 个月的了解，发现公司绩效考核方面没有系统的工具和方法，所以向总经理提交了 360°绩效考核方案，很快就获得审批通过。张经理首先组织了高管沟通研讨会，邀请部门经理以上级别人员参加，会议内容主要是就此次 360°绩效考核的意义、如何设定考核指标以及主要的流程进行了研讨。公司总经理由于有重要商务活动外出，没有参加研讨会。各位公司副总、总监、部门经理的参与度和积极性不高，会议期间经理们时不时地发邮件、打电话，有些老总干脆就没出席这次研讨会。研讨会结束之后，张经理在公司紧锣密鼓地开展了 360°评估，等拿到各部门评价结果以后，各部门像已经商量好一样，几乎交的评价结果都是满分。您觉得案例中的这个张经理失败的原因是什么？"

高总："首先可能公司的现状就不适合使用 360°评估；其次管理层对这次考核不重视；再次各部门的参与度不够高，没有正确认识 360°评估的价值和意义。"

肖顾问："您分析得很到位。有以下几方面失败的原因：

"第一，选择绩效管理方法应该根据公司的现状。一方面，应该对公司进行深入了解，从公司的经营现状、组织架构、运营模式、未来发展战略、职业经理人的管理水平等多个维度进行衡量。另一方面，对于绩效管理方法的选择，不要盲从于大公司，要选择最适合本企业的方法。目前用得比较多的绩效管理方法是 KPI（关键绩效指标）、MBO（目标分解法）、BSC（平衡积分卡）、360°考核。张经理刚加入公司不久，对于公司的整体情况了解不够，公司的管理团队水平有限。在这种情况下，张经理贸然提出 360°考核方案，失败的可能性比较高。

"第二，绩效管理的第一责任人是总经理。绩效管理目的在于促进组织绩效的产生，而组织绩效是一把手所要直接关注的重点。绩效管理作为一把手工程，需要一把手亲自参与体系的制定，并对各种理念和工具熟练掌握。只有这样，这一管理手段，才能在组织中自上而下地运行起来。本案例中，总经理对绩效管理的重要性不够重视，在没有充分论证的基础上就批准了360°绩效考核方案，同时也没有参加非常重要的高管沟通研讨会，在两个关键环节都没有把好关。

"第三，各级经理处在公司高管和普通员工之间，起到承上启下的作用。在绩效管理中，部门经理担当着极其重要的角色，关乎成败。部门经理不仅是公司绩效计划的参与制定者，同时部门经理还是公司绩效计划的执行者。本案例中，相当一部分公司副总、总监、部门经理没有认真参加绩效管理方案的研讨，让重要的研讨会变成了走过场，各级经理没有就绩效管理理念、工具和方法达成共识，因此也就对360°评估敷衍应付，造成360°评估结果完全反映不了真实情况。

"最后，公司对360°绩效考核未进行系统的培训，公司内部缺乏统一语言以及评价标准，部门经理对员工的评价主要根据主观臆断，缺乏客观性。"

高总："您认为我们公司目前将360°评估作为绩效考核的方法是否可行？"

肖顾问："不建议您这样使用360°评估工具作为考核手段，主要考虑有以下几点：

"第一，由于360°评估的特点决定，上下级互评，同级互评，可能会造成同事之间的不公正评分，形成小团体抱团的现象，考核的权利也可能被滥用，最后可能为了绩效考核结果而互相排挤。例如，一名外企人力资源总监在推广360°评估应用到绩效考核当中的亲身经历，与他业绩和实力相近的候选人，其他分数都处在差不多的水平上，就在双方互评的环节，同事给他打的分数很高，他本人给对方打的分数很低，最后他自己得到了晋升的机会。事后这个同事觉得考核结果不公正而愤怒地离开了公司。他很内疚，也在反思到底错在了哪。错就错在不应当将 360° 评估作为绩效考核的工具。

"第二，考核的角度不佳。最佳的绩效观察者是员工的直属上级。作为绩效考核应当选择最佳的观察角度者作为考核者。下级、同级或是客户的评价只是在一定层面上反映了员工的信息，可以作为参考。员工的上级是直接对下属安排工作，划定员工的权责，了解工作的进展。最直接的沟通是通过上下级的沟通。由此可以看出，员工的直属上级是最佳的绩效考核者。

"第三，违背了考核的基本原则。很多公司在推行 360° 评估的时候，并没有跟员工沟通考核的维度，员工在不清楚如何做才是符合绩效考核要求的情况下开展工作，员工并没有清晰、明确的目标。此时的考核管理者带有强烈的主观色彩，是违背倡导什么考核什么的基本原则的，这样的结果是考核并没有实现让员工的绩效有改进，是无意义的。

"第四，360° 评估需要耗费大量的时间和精力。组织大规模的 360° 评估耗费了员工和经理的时间和精力，从一定程度上来说，是变相地增加了企业管理成本。"

高总："确实存在这样的问题。但是 360° 评估更能使员工参与到评价之中，使员工能够对工作有控制权，从而更加促进部门目标的达成和个人工作目标达成。员工能够参与和监督管理，提高了员工的自主权。首先，公司目前跨部门的合作越来越多，公司内部已经存在项目型组织结构或矩阵式组织结构，员工的上级可能是多个。员工的表现不只局限于在本部门内的，而是要服从于多个项目组或者受到矩阵式管理，最好能够全方位、多角度地收集对员工的评价，从而更好地了解员工的工作表现。其次，员工有一定的话语权，能够使管理者更好地重视与下属的沟通，员工并不是被动地被上级评价。这样也能够一定程度上避免评估者'个人偏见'等传统考核中比较容易发生的偏差。最后，我们公司希望采用 360° 评估，是想让员工知道，公司非常重视员工的满意度以及员工的反馈，让员工参与到评估过程中。我们还是想将 360° 评估应用到绩效考核当中。"

肖顾问："采取何种绩效考核方式一定要与公司的战略目标、业务发展情况相匹配，一定要聚焦于公司目前要解决的问题，您这方面是如何考虑的呢？"

高总："公司目前的情况是这样的：第一，公司扩张速度非常快，公司的战略目标是实现在重要省市成立项目分公司，管理人才数量短缺并且公司没有完整的绩效评估体系；第二，公司将人才发展战略作为一项长期的战略，将公司的重点放在发展、培养公司核心人才上面；第三，新晋升的员工胜任力不足，成熟度不够，没有完善的培养体系；第四，管理者和员工关系紧张，同级之间频繁发生冲突。"

肖顾问："根据您提到的几点现有公司的战略目标、业务发展情况以及存在的问题，现在的时机很适合推动 360°评估项目。公司可以根据自身的发展情况，对公司的管理者能力总结出素质指标，有两方面作用：一是建立这些指标以后，通过这些指标发现潜在的管理者；二是对现有管理者来说，这些指标在一定程度上是对他们的工作指引和有效评估。建立合理的领导力素质模型，应用于领导力发展，并对管理层进行评估，建立长期的人员发展计划。"

4.2 启动 360°评估人才发展项目计划注意事项

高总："启动项目前有哪些需要注意的事项？"

肖顾问："第一，明确 360°评估的目的。360°评估最合适的应用方向就是个人的发展以及自我认知，了解别人眼中的自己到底是什么样，自己的长项和自己的短板在哪里。反馈和发展是一个长期的过程，需要员工不断地实践，尝试发展自己、完善自己、改变自己。持续不断地评估、反馈的发展计划才能实现个体的提升发展。

"第二，360°评估应当是自上而下推行的过程，需要得到高层的支持，才能保证活动的有效开展。如果只将 360°评估作为人力资源部的重点工作，各部门没有引起重视，敷衍了事并且高层未参与到整个过程中，最终可能导致参与者觉得这是人力资源部的工作，给员工增加工作量，不能充分重视 360°评估的作用。

"第三，在 360°评估的过程中，HR 的角色定位非常重要。人力资源管理要从传统人事管理转型为战略人力资源管理，需要人力资源工作人员向价值增值性工作倾斜，要提高工作效率，特别是传统人事管理工作的效率，将时间更多地用于能够创造更大价值的工作。人力资源工作从对事的关注向对人的关注转型，从关注招聘、培训、薪酬、绩效等事务性工作，转变为关注人才盘点、领导力测评、员工职业规划等人才发展工作。所以需要现在的人力资源部不仅是人力资源服务的提供者，还要成为企业经营的战略伙伴。人力资源部需要在企业发展的各个阶段提供强大的保障和支撑作用，推动企业战略落地、组织变革和文化变革。HR 在 360°评估活动中的定位一定要清晰和恰当，HR 是整个活动的组织者、推动者以及协调者。很多企业实施 360°评估的误区就是，人力资源部把自己定位为警察，强制各部门完成评估工作，命令各部门的员工参加测评，不能保证测评结果的公正性。HR 在 360°评估中的角色应当是评估体系的设计者，评估工具的提供者，评估流程的监督者，评估数据的汇总者，评估过程的组织者，评估问题的解决者。

"第四，项目铺开得过大，过程失控。如果刚开始就在全公司层面推行 360°评估，容易因为针对性不强导致最终结果差强人意。最好能够在一个小范围内进行试点，我们建议先在公司总部中层范围试行，因为公司总部的中层管理人员还是相对稳定的。如果他们能够抱着公平、公正的态度接受 360°评估，将会为公司全面推广奠定坚实的基础，这是其一。其二是下属在 360°评估的过程中也获得了进行评估的机会，他们能够更好地了解 360°评估的过程和内容，当自己作为评估者时也能够理解他们的下属是如何进行评估的，从而消除对 360°评估的疑虑，直接感受 360°评估的价值，提高对这项工作的支持度与重视度。

"第五，保证 360°评估是匿名的评估。组织 360°评估的初衷就是希望营造一个公平、公正的氛围，让大家能够没有负担地评估。其他企业在推行360°评估过程中也遇到这样的问题，员工存在疑虑，如果我真实作答，会不会影响自己和被评价者之间的关系。如果被评估者知道以后，如何与其继续共事，是否还能继续和睦相处。我们也曾经做过调查，将匿名的评估和非匿名的评估结果对比。当我们与匿名小组成员做访谈的时候，提到如果评分情况会被公开，他们会不会改分数，超过一半的人员给出了肯定的答案。所以在 360°评估的过程中，尽量保证匿名，以及严格保密所有评价者的反馈。"

之后高总又与肖顾问探讨了几个问题以后，结束了今天的会议。

高总将陆可欣叫到办公室，问道："陆可欣，听完咨询公司的介绍，有什么感受？"

陆可欣挠了挠头说："高总感觉 360°评估直接推行的风险挺高的，如果用不好可能会造成人员的不稳定。您是想要大刀阔斧，冒这个险吗？"

高总："是比较难，但是不是不可以做。主要咱们公司总经理认为其他企业用 360°评估的效果非常好，迫切想要在公司推行。公司还没有成熟的绩效考核体系，现在是希望试用 360°评估，对公司中层进行摸底，看看大家的各方面能力如何，将 360°评估用于发展，同时可以提拔一批管理人才，撤掉一些无作为的中层管理者，更换血液。我想参考企业现有的对于德、能、勤、绩、廉等方面的综合评估方案，制定简单易行的评估方法，你也跟咨询顾问深度沟通下，讨论出来一个实操性强、适用广的解决方案。"

4.3 720°评估方案

陆可欣和肖顾问研究了几天以后，拟定了一个 720°评估方案给高总。

陆可欣汇报道："高总，根据这些日子与肖顾问的潜心研究，我们设计了一套 720°评估方案，您过个目。"

高总："你这回又有创新，来给我解释下 720°评估方法到底有哪些改进和完善？"

陆可欣："顾名思义，720 是 360 的 2 倍，意思就是连续进行 2 次 360°评估。侧重于对绩效改进过程的关注，提供过程反馈，促使员工自己能够主动地完成目标。这样就解决了 360°评估法中员工对自己考核目标不清晰，无法评估辅导效果。720°评估法通过连续进行两次 360°评估弥补员工获得反馈信息不足的缺陷。员工可以获得三种类型的信息，包括前期反馈、中期反馈以及后期反馈。"

720°评估法包括三个阶段：第 1 阶段是实施第 1 次 360°评估。第 2 阶段是与员工持续地沟通，建立长期的互动反馈。第 3 阶段是实施第 2 次 360°评估，获得反馈。具体包括以下 10 个步骤：

（1）根据公司需求，明确 360°评估的目标，成立项目小组，明确责任分工。项目小组确定工作时间表及结果产出表。

（2）设定员工本人、上司、下属、同事以及客户等方面的评估关系。

（3）编制问卷，问卷的内容对专业度要求较高，可与第三方顾问公司合作或是自行编制问卷。其中不可或缺的环节是与高层管理者与中层管理者进行访谈，研究公司资料，通过多轮讨论，最后确定问卷初稿，继续与管理层和员工代表沟通，共同修订问卷，直到最后定稿。如果公司内部已经有比较成熟的胜任力模型，可作为参考材料。

（4）组织启动会，阐明此次评估的意义和价值，取得公司高管、中层以及员工对 360°评估目标的理解和支持，这项工作是项目能够获得成功的保证。详细阐述使用的胜任力模型维度，评价的维度。这也是对评估者的一次培训，明确如何进行评价以及时间节点。

（5）发放问卷，组织进行第 1 次 360°评估。问卷调查是通过评估者对被评估者在问卷题目上的打分而进行反馈的一种形式。这部分的工作量相对较大，最好有线上的收集工具。需要不断地提醒催促，提高问卷的回收率。

（6）计算结果进行分析。人力资源专业人员，将更多的精力转移到前期的动员以及后期的反馈过程中，将计算的工作交给信息系统。

（7）第1次反馈结果，直线经理对员工有一个清晰的认识，给予反馈和辅导，并开展一对一访谈，以帮助下属更清楚地认识到自己的现有水平与直线经理对自己期望之间的差距。在直线经理与员工深度沟通的基础上，对绩效指标达成共识，并制定行动计划，比如哪些能力需要提高，需要参加哪些培训。

（8）与员工长期互动，反馈信息。720°评估的理念就是鼓励员工在实现绩效目标的过程中需要直属上级帮助的情况下，主动寻求直属上级的指导。管理者应当跟员工了解工作中所面临的实际情况，双方寻求可以达成目标的解决方法，保持持续的沟通和反馈。

（9）直线经理主动定期抽查员工实现绩效目标的情况。同时获取员工发展的信息，管理者可以在定期的互动过程中，收集到大量的员工实现绩效目标的信息，这些都可以作为员工需要参加哪些培训的依据。人力资源部与各部门沟通员工的培训需求，开展相关的培训，更有针对性地为员工的个人发展和能力提升提供帮助。

（10）进行第2次360°评估，发现员工的各方面进步情况。同时衡量哪些目标的达成与管理者所采取的措施有直接的联系。如果效果不明显，有哪些改进的措施。同时作为下一次720°评估的前期反馈信息。

高总："陆可欣，你的这个理念非常不错，也很新颖，不过我们公司还没开展过360°评估就直接上720°评估，难度比较大。我们总经理的想法是直接在公司中层推行360°评估用于绩效考核，并且与中层人员的薪酬和职务调整挂钩。你再修改一下方案吧。"

4.4 360°绩效评估

第二天，陆可欣抱着一沓文件来到了高总办公室："高总我回去仔细思考了，对于我们这样尚未搭建绩效体系的公司，可以采用将 360°评估结果应用到管理人员的晋升。但是 360°评估以后还需要对评估结果进行校准，召开圆桌会议让表现突出和排名比较落后的管理人员进行全年工作汇报，这样能够很好地核实 360°评估结果的真实性和有效性，对于一些有偏差的结果可以进行一定的调整。"

高总："这个主意不错，不过评价的维度你是怎么设计的？"

陆可欣："市面上的领导力维度都比较相似，比如央企和国企一直提到的德、能、勤、绩、廉，或是领导力、适应性、人际关系、任务管理、培养下属、自我培养、沟通等。我同时参考了 Google 的 7 个最重要的管理者特性：

"第一，做一名好的导师。调查问题是我的经理给我哪些可行的反馈意见，帮助我改善绩效表现。

"第二，在职业发展方面助力团队。调查问题是我的经理是否与我就过去6 个月的职业发展情况进行过有意义的探讨。

"第三，具备重要的技术技能，可为团队提供建议。调查问题是我的经理是否具备高效管理团队所需的专业技术能力（技术部会编写代码，财务部懂会计学）。

"第四，给团队授权，不随便插手下属工作。调查问题是我的经理会不会随便插手我的工作，介入不应该由其负责的细节问题。

"第五，表达出对团队成员的成功和个人幸福的兴趣和关心。调查问题是我的经理是否会从人性角度出发体谅我。

"第六，高效结果导向。调查问题是我的经理会不会使团队将注意力集中在最重要的目标结果或工作成果上。

"第七，对团队清晰的愿景和战略。调查问题时我的经理会不会明确向团队说明目标。

"根据我的研究以及与咨询顾问的沟通，我们设计的领导力评价维度包括4 个方面：一是业绩，业绩包括目标完成度、工作质量、工作方法、创新能力、业绩增长；二是能力，能力包括领导能力、应变能力、执行能力、判断能力；三是品德，品德包括人际关系、协调性、进取心、个人修养、权威性、对公司态度；四是学识，学识包括管理常识、专业知识、一般知识、发展潜能。每个评价的内容都分 5 档，分别为优秀（5 分）、良好（4 分）、一般（3 分）、较差（2 分）、差（1 分）。"

高总："360°评估的 4 个维度相对比较全面，那么这次评估工作的整体安排是怎样考虑的？"

陆可欣："这次 360°评估工作主要包括以下内容：

"（1）明确此次 360°评估的目的。我们这次是要将 360°评估用于总部中层管理人员的绩效考核和人才选拔。

"（2）确定评估对象。我们先在公司总部试点，评估对象是总部的总监、部门经理和部门副经理。

"（3）确定评估关系。评估人员包括管理人员的直接上级、同级、下属以及自己，需要据此确定评估人员的具体名单。

"（4）设计问题试卷。根据评估的 4 个维度，我们已将评价内容转化为40 道问题，便于理解和评估。

"（5）召开启动会。让公司自上而下理解 360°评估的逻辑和用途，接受这种绩效考核方法。

"（6）问卷发放、作答回收。根据不同的被评估人和参与评估人的数量，印制不同的评估问卷，并组织作答和回收。

"（7）整理分析数据。根据 360°评估的数据，选出评分在前 20% 和评分在后 10% 的中层管理人员。

"（8）撰写个人和团队评估报告。根据 360°评估的数据，撰写被测评人员的个人评估报告以及整个中层管理人员的团队评估报告。

"（9）召开评估结果校准会。在评估结果校准会上，听取有关中层管理人员的述职，并最终确定中层管理人员的评估结果和公司的调整意见。

"（10）进行评估结果的反馈。由各级直线经理对中层管理人员的 360°评估结果以及结果运用情况进行反馈。"

高总随后与陆可欣详细沟通了各个环节，并推进完成了 360°评估工作。但最后推行的结果并不理想。主要体现在以下几个方面：

"（1）大家的评估成绩未拉开差距，大部分领导敷衍了事随便打分。

"（2）不积极参加评价。人力资源部发过 4 次邮件催促相关人员答题还有 20% 的人未能在规定时间完成。

"（3）形成评估结果以后，直线上级并未主动与自己下属沟通反馈，结果没有得到有效应用。

"（4）领导对于评估结果差的人，未采取任何行动。人员流失率增高，公司出现多名中层员工离职现象。"

以下是销售部高经理的真实案例：

高经理是公司入职 5 年的销售经理，经过 360°评估，他的评价分数很差，公司决定高经理没有晋升区域销售总监的机会，而这是他足足等待了两年的职位。高经理的 360°评估报告着重指出了他在管理上的几个问题：不善于与下属沟通，未有效阐明区域销售战略等。对此，高经理深感意外，因为评估报告中着重指出的几个管理问题他自认为全部是子虚乌有的，他认为这样的评价很不公平，感到既迷茫又委屈，对自己在公司的前途也产生了怀疑，他随即提出了辞职。

陆可欣面对这样的结局，虽然早有预期，但很长时间也是闷闷不乐。她切实感受到了推行 360° 评估确实不是一件容易的事，真的是要慎之又慎。即使公司总经理很支持开展 360° 评估，也不是简简单单就能成功推行的，毕竟影响到公司的上上下下和方方面面，而且 360° 评估应当应用于个人发展，最好不要跟薪酬调整、绩效奖金等挂钩，这样才能够得到比较客观的评价结果。

4.5 如何为下属推开职场的第一扇窗

高总最近为陆可欣配了一个助理，从重点大学招聘来的小美。陆可欣看见小美就想起自己初入职场时的样子，冒冒失失，大大咧咧，为此高总没少为陆可欣操心，还好陆可欣善于总结反省。最近公司招聘了一批应届毕业生，陆可欣给他们做了一场大学生向职场人转变的培训，指导他们快速进入角色。

陆可欣开始了她的培训。

大家知道选择工作的时候需要考虑哪些因素以后，我们来聊一下今天的主题，大学生如何向职场人转变，主要是两方面的转变，一方面是从索取到贡献的转变；另一方面是不可以随便犯错，要仔细、仔细、再仔细。我们来分析下大学生和职场人之间的区别。

第一点是承担的责任不同。学生的角色允许犯错和依靠他人，而作为职场人要承担责任并且减少犯错的概率。作为学生，考核你的主要是学习成绩，你可能会因为粗心大意或者学习不努力而得不到高分，但是只要考试及格就可以毕业。在职场上，有些工作失误可以弥补，而有些工作失误是无法弥补的，甚至有些工作是容不得丝毫失误的。

第二点是面对的环境不同，作为学生，你的生活环境基本上是寝室、教室、图书馆、实验室、食堂，相对比较简单。然而作为职员，你已步入社会，需要面对复杂多变的工作环境。

第三点是人际关系不同。对于大学生来说，你每天面对的主要是你的授课老师和同学，人际关系是简单而单纯的。步入职场后，你要面对复杂而多变的人际关系。在学校面对的是学校的氛围，到了企业面对的是企业的文化和氛围。

4.5.1　初入职场，适者生存

角色转变还是有路径的，只要你努力做好以下几点：

（1）增强独立生活的能力。学会照顾自己，安排好工作和平时的生活，偶尔奖励自己加顿餐；约上朋友看场电影，调剂一下生活，也可以周末享受独自一个人的生活。

（2）建立良好的人际关系。人缘好可以在很多地方对你有帮助，同样办一件事，人缘好的人可能是其他人工作效率的几倍，你可以快速找到能够帮你解决问题或是给你提供帮助的人，所以不要小看人际交往。

（3）要有良好的心态和心理承受力。如果你是比较积极的心态，就算你身边发生了很多不顺利或是比较坎坷的事情，总有一天你会发现，这些不幸都是为了更好的你准备的。要时刻保持积极向上的心态，有一颗感恩的心，这样即便是同样的世界，在你的眼里会更美好。

（4）努力成为复合型人才。学习各种知识，在各方面都有一定的能力，不只专注于某方面，要全面发展，提升自己的整体素质。现在的你们几乎跟其他人在同一起跑线上，但是通过你自身的努力，不断地学习。十年以后的你可能成为让别人仰视的人才。

（5）明确自己的角色。在公司里把自己的身段放低，抱着我是来向大家学习的心态，即使被安排的是最基础的工作也认真完成。每个工作都有它的价值，只是看你如何对待了。同样是为你的领导贴报销的票据，有心人能够通过这个工作准确地掌握公司的主要客户、领导的用餐习惯等，这些细节都有可能成为让领导赏识你的理由。

4.5.2　如何快速进入角色

（1）了解企业的文化，这样有利于你快速融入同事和团队中去。如果公司的企业文化是狼性的，需要极度敏锐、迅速反应、不屈不挠、奋不顾身的精神，那你就不要以小绵羊的姿态处理问题。如果很不幸你是误入狼群的羊，只有两种途径：一是披上狼皮在狼群中装狼；二是成为狼，其他的途径最后只会被淘汰。如果知道自己是羊，就不要送自己入狼口。

（2）从小事做起。小的事情做好了，才能逐渐取得领导及同事的信任，交代给你更多的事情。

（3）适时地表现自己。注意关键词是"适时地"，这点很重要。不适时地表现自己，那叫错位、炫耀。抓好机会并且掌握好"度"很关键，持身勿轻，用意勿重。要敏锐地发现领导给你创造的表现自己的机会，并且做好准备，模拟好场景，有的放矢。

（4）正确地对待批评。如果领导批评你，那说明他关注你，想培养你。对于领导建设性的批评，大家要多思考，不断提高自己。如果是人身攻击，那就另当别论了。仔细分析下领导的出发点和平时的工作风格，跟好一个领导，同时要学会如何管理上级。想领导所想，从被动的工作向主动工作转变。推荐大家找时间看下电影《穿普拉达的女王》，讲述了天真的女孩安迪如何机缘巧合在著名的时尚杂志社任职，从职场菜鸟蜕变成时尚达人的。

（5）善于向别人学习。要有模仿和举一反三的能力，之前我是做 PPT 的菜鸟，同事中有一个人特别擅长做 PPT，我就经常向他请教如何做 PPT。最后我总结了两点：一是做 PPT 最主要的是有个好模板，可以自己做也可以下载；二是注意布局、颜色搭配、图表和表格，再加上简约的风格，分分钟做好。如果别的同事没时间带你，就多注意观察学习，总结核心技巧。

4.5.3　抱怨毫无意义

下面要聊的是工作中应该具备的心态。

（1）先要明确，到底工作是为了谁？要想清楚这个问题。大部分人都答对了，是在为自己工作。通过工作，你会得到相应的劳动报酬，会提高自己的本领。

（2）不要天天想着把公司当成跳板。大家换位思考一下，假设你是领导，遇到一个天天把跳槽挂在嘴边的下属，你会重用他，好好培养他吗？答案是否定的，因为没准几个月他就可能离职了，你在他身上付出的心血都成了别人的嫁衣，你会愿意吗？

（3）不要总是感叹怀才不遇。如果你有这样的感觉，先重新评估下自己，自己有哪些地方没做好，为什么自己有能力却受不到重用，是自己没有平台发挥，还是给了自己过高的评价。

（4）停止喋喋不休的抱怨。抱怨和不抱怨都要把工作完成，那为什么要抱怨呢？控制好自己的情绪，不要让情绪左右你。

推荐大家读一读《不抱怨的世界》，书中的例子都是我们身边经常碰到的。人生不如意十之八九，这句话虽然大家耳熟能详，但是真正能够看开的人却并不多。有的人会很明显地表现出来，影响到自身的情绪和行为；有的人虽深埋心底，却也同样被这种心理左右了自身的行为；而对于相对豁达的人来说，其实也往往或多或少地存在一些抱怨，甚至不为自己所知道，只是一种潜意识的抱怨，这也同样一定程度地影响和左右了他们的思想和行为。对天灾人祸的抱怨，对贫富差距、生活际遇、背叛行为、工作不顺、感情不和等多方面的抱怨充斥在人们的生活之中。其实天下只有三种事：我的事，他的事，老天的事。抱怨自己的人，应该试着学习接纳自己；抱怨他人的人，应该试着把抱怨转成请求；抱怨老天的人，请试着用祈祷的方式来诉求你的愿望。这样一来，你的生活会有想象不到的大转变，你的人生也会更加的美好、圆满。世界首富比尔·盖茨这样说道："人生是不公平的，习惯去接受它吧。"

4.5.4 阿甘的成功源于自励的目标

对于初入职场的人来说，确定人生目标是你的重中之重。你对自己的人生是怎样规划的？例如将来想成为年薪百万的咨询公司高管，或是实现经济自由后在某地定居养老。有一个明确而且能够通过努力来实现的目标很重要。

《士兵突击》中的许三多师哥是典型的"一根筋"，而许三多就是凭借着这股"傻子精神"实现了许多人可望而不可即的东西，他的执着和坚定不移的精神感染了每一个人。他坚信活着就要做有意义的事，做有意义的事就是好好活着。许三多成为好兵最初的动力来源于班长的一句话："只要你进步了，班长就进步了；班长进步了，就不用退伍了。"许三多给自己设置了一个目标，自己成为好兵，班长就不用退伍。他就本着这一信念，拼命地训练，最后成为特种兵老 A 的一员。

同样，美国电影《阿甘正传》，一个智商只有 75 的阿甘却成为一名成功的企业家，整部电影表达了美国人的成功理念："成功就是将个人的能力发挥到极限"。"阿甘精神"就是不去计较地付出和努力，为了自己的目标奋斗到底，成功的人往往是那些拥有梦想的人。

美国哈佛大学曾经做过一个著名的实验。1970 年，学校对当年毕业的一批学生进行了一次关于人生目标的调查：3% 的人，有清晰而长远的目标；10% 的人，有清晰但比较短期的目标；60% 的人，目标模糊；27% 的人，没有目标。1995 年，哈佛大学再次对这批学生进行了跟踪调查，结果是这样的：3% 的人，25 年间他们朝着一个既定的方向不懈努力，现在几乎都成为社会各界的成功人士，其中不乏行业领袖、社会精英；10% 的人，他们的短期目标不断实现，成为各个行业、各个领域中的专业人士，大都生活在社会的中上层；

60% 的人，他们安稳地生活与工作，但都没什么特别突出的成绩，他们几乎都生活在社会的中下层；剩下 27% 的人，他们的生活没有目标，过得很不如意，并且常常在抱怨他人、抱怨社会、抱怨这个"不肯给他们机会"的世界。

人生规划永远都不算晚，它是人生成功的第一步。用你的勤劳、真诚、智慧去实现自己的人生规划。最后用威廉·亨利的一句话结尾："无论我将穿过的那扇门有多窄，无论我将承担怎样的责罚，我就是我灵魂的统帅，我就是我命运的主宰。"你自己的命运掌握在你自己的手中。

4.6 提升篇：怎样激活团队活力

创新是指独特而新颖的思维，继而发生行为的改变，以带来团队更加优异的业绩。《孙子兵法》中，孙武以虚实、迂直、利害、弛缓创造了奇正相生的"诡道十二法"，依然令今天的职业经理人高山仰止。

职业经理人的职业生涯开始走下坡路的一个重要标志就是他坐在以往的功劳簿上，大肆挥霍自己可怜的一点点"舒适区域"，天天沉浸在自己当年的"辉煌成就"中，后知后觉甚至是不知不觉中，落后于世界，这种做法实为不智。

有的部门经理能把自己的团队带向更上层楼，也有人却把自己部门的职责做到了萎缩，最后被迫并入其他部门，或经理人自己黯然退场。

部门经理塑造有创新活力的团队，必须做好以下 4 件事：

（1）建立有效的系统，时时检讨自己部门的工作效率能否进一步提高。

（2）建立有效的系统，时时关注企业的发展动向，以及在企业新的战略发展态势下对自己部门的现在以及将来有哪些新的要求。

（3）系统性地寻找团队创新的机会，比如，一条职责的精细化，工作范围的深化或拓宽。小小的变化，日积月累，则大大的不同。

（4）培养下属的"冒险精神"，经理人要做到"进不抢功，退不避责"，保护下属敢于创新、开拓、进取的劲头。

可欣
心得

一个部门经理如果不能拓宽自己团队的职责领域，反而呈萎缩趋势，这是天大的"罪过"，因为你不只断送了自己的前途，你还埋葬了下属的未来！

第 5 章

工作不止眼前的苟且，大胆尝试目标管理

　　高总对陆可欣说："前阵子你加班挺多的，这阵子少加班，好好约会。你有空研究一下目标管理怎么结合到绩效管理里面，给我出个方案。我的一个朋友是给 MBA 学员讲授绩效管理的专家，听说他最近在咱们公司附近的大学里排了课，你去听听。"

　　陆可欣立马满眼放光："高总我正愁自己在网上研究材料的知识不系统呢。"

5.1　上下同欲，目标管理是员工目标与企业战略的协调一致

　　陆可欣沿着鹅卵石铺成的弯弯小路向前走去，湖面波光粼粼，清澈见底。重新走进大学校园，久违的气息扑面而来。陆可欣在阶梯教室占了一个前排的座位，马老师开始了一天的讲解：

　　我们通过目标管理，把企业的管控和员工个人努力方向实现了对接。也就是经常说的，从企业战略分解到公司的年度预算，然后再逐级分解到部门，再到员工，这些工作目标也就是所谓的重点工作，目标管理的英文是Management By Objectives，即通过目标进行管理，目标管理理论最初的创始人是彼得·德鲁克，他在 1975 年的时候提出了这种观点，他借用了道格拉斯·麦格雷戈的一些理论观点，后者写过一本书叫《企业的人性面》，道格拉斯·麦

格雷戈作为美国组织行为学的专家，提出一个观点，难道劳动者和雇主之间的矛盾真的不可调和吗？自此以后西方学者开始认真地研究如何管理员工。

在管理上，马克思的观点是，资本家是"榨干"员工的每一滴鲜血，看得很透彻。古典管理学之父泰勒写过一本书叫《科学管理原理》，泰勒后来也在企业当中任总经理，也做管理，他是最早研究通过管理提升业绩的人，他是找到搬运工，把这些搬运工分成两组，第一组只是把任务下达给搬运工去完成，第二组他交代了，搬得越快给的工资越多，休息的时间越多。随后，泰勒把两个组的业绩进行了对比，结果第二组生产效率大幅攀升，因而管理学界公认他是最早研究业绩以及激励和业绩的关系的人，但即使是泰勒在他所管理的企业当中，后来也出现怠工乃至罢工。在后来的现代企业管理的研究过程中，学者们把越来越多的人性化的东西糅合到了管理中，甚至有人提出了"以人为本"的说法。

目标管理在企业实施的基本流程是，首先制订这个公司的长远战略，制订下来之后部门经理结合着公司长远的战略和预算，开始制订本部门的工作重点，自己部门的预算是什么，然后拿着这些规划跟下属员工传达，你们应该干什么，以配合部门，继而配合公司。这就是常说的目标分解的过程。

现实中，很多公司这种战略的沟通传达工作做得不到位，可以问问一线生产员工，今年每个月预计的产量是多少？也可以问问办公室的白领，公司战略重点是什么？多数情况下，员工居然不知道。如果公司要做战略执行，在组织的沟通方面要有最起码的保证。假如连组织的沟通都做不好，怎么可能奢望一个组织的执行能到位。

部门经理回来和自己的员工做传达，传达完之后下一个步骤是让每个员工自己去思考，你计划应该做什么工作配合部门，继而实现对公司的配合。这个步骤往往是经理们不得要领、经常犯错的时候，往往大部分管理人员都做不到"耐心"，通常情况下经理都是直接告诉下属，我希望你去干什么工作、怎样去干。部门经理这个行为习惯其实最要不得！我们如果总是这么做，时间长了以后，你的员工对你的依赖就太重了，任何一个工作出现了，员工总是在期待我的上级能否告诉我这个活应该怎么干；任何一点状况出现，员工都是等着自己的"老大"，"老大"不给指示就不知道该干啥、怎样干，这样日久天长，不利于对员工能力的培养。

很多管理人员都经常有一种错误的习惯做法，就是总跟自己的下属吹嘘自己的当初，老是习惯性地说当年我们做这个工作有多难，我们当初取得了多么优秀的业绩，不管是在开会、办公，哪怕是出去大家聚餐一起喝酒聊天，自觉或不自觉就抬高自己的身份，这种做法会有什么不好？其实你是对下属工作自信心的一种打击，这就是为什么中国教育培养出来的孩子对比外国人经常表现得自信心不足，不敢下手去解决问题的原因，外国人教育时鼓励孩子，你一定要有跟我不同的想法，你不一定照着我的法子去办，如果严格按照我的这个法儿去答题，你最多就是及格，如果在此基础之上你有自己的想法，你的得分就高，哪怕你的理论是错的我都鼓励你。外国的小孩工作当中表现出来的自信对比下来真是不一样，而且外国的小孩敢说话、敢招呼，原因都与教育的模式有关系。

将来别在手下面前表现出来自己是一个业内高手，你应该鼓动你的下属，小伙子你去考虑，你来告诉我这个活儿应该怎么干，你甚至可以跟他说，这活我不会干，你教给我，因为你是专家、你是专业人士，让他说出自己的思考。

这样做，时间长了，经理就能培养下属的优良工作习惯，你是在逐渐启发他的过程当中，让下属自己思考："老大"现在谈的工作任务是什么，面对这个工作现在我可以拿到的数据、信息、事实都有哪些，基于我所采集的信息，我可以做出什么分析，其中有哪些主因能够导致这个任务的完成，然后基于这个主因的分析，我拿出一些尽可能多的备选方案，备选方案越多这个工作任务完成的创意性就越高，拿到这些备选方案以后，我对它们做出评估，然后我选择一个最佳的给"老大"提出建议。如果经理带着自己的下属，年复一年，多次经历这个循环，这些下属将来帮助你解决问题的实战能力一定很强。

我们在给下属布置工作的时候，即便我们知道正确答案，暂时也不要说出来，如果我们把这个正确答案直接告诉下属，不利于对他战斗力的培养，时间长了他对你产生了过多地依赖。

如果我们想让他自己去琢磨干点什么工作配合我，下属不一定那么有天分，他们不一定想的正如我们所愿，这个时候怎么办？提出正确的问题，引着下属找到我们所期望的、正确的答案，这就是引导。而这个引导的过程恰恰又是培养他如何解决问题的过程，如此两三年之后，手下员工的战斗力就大不相同了。

5.2 善弈者谋局，实施目标管理的步骤

第一，设定目标的时候，应该让我们的员工有一定的协动、协调、配合意识，所以在企业当中最好是先定前线部门的目标，然后再定后线部门的目标，确保后线职能对前线的支持。

第二，往往别人给你的支持和配合永远是你争取到的，绝不是白给的。你在公司里面想去做 ISO 9000 认证，作为公司战略规划部想上 ERP，作为公司的财务想上用友财务软件等，你在公司里边要求其他部门给你配合、给你支持的时候，着重想想如何赢得大家的支持。

可以肯定的是，上级交给其他经理的预算任务同样艰巨、繁重，所以，你需要人家的配合而委托给他的工作任务一定是在他自己同样拥有的、长长的工作任务单的最下面，如果你想把这个工作协调好，应该是找到其他的部门经理，拜托恳请大家，我今年要把用友财务软件系统上线，是我一大任务，公司已经决定了。围绕这个工作我大概做了一下项目规划，跟各位做个汇报，然后也需要大家给我一些配合，看看您的时间跟我这个计划是不是匹配，如果您那边忙不过来，我这边可以做出什么调整，如果我实在不能调整的话，恳请各位"老大"能不能将就一下，这个工作就能协动起来了，所以目标的设定必然是协动。

第三，上级对下属的工作有最终的决定权，原因就在于信息不对称，这里

没有任何的贬义，但是下属真的是客观地处在一个"井底之蛙"的环境下，他看到的就是自己的这一片天，为什么？首先是企业自身的信息沟通不通畅，再者，我们没有也不可能把下属摆在这么高的位置看全局，所以你对他要有帮助，给他提供足够的信息，上面信息的传达、横向的打通，下面的信息上传，使员工有机会站到高处。

第四，假如这个工作的想法是源自员工自己的，员工对它的责任感、使命感就会是最强的，也就实现了目标管理当中的所谓自我管理，就是前面提到的"既不以任务为重心，又不偏于以人为中心，而是二者的一种融合"。

5.3 齐勇若一，设定目标是战略分解的结果

前文说过，企业战略通过两条线进行分解。一条是战略决定流程，而流程决定组织架构，继而明确了岗位的职责，针对职责在考核下属时，应该是标准的指标，任何人来从事这个岗位的工作都一样。为什么？流程是标准的，这条线分解下来的考核是绝对绩效。但是，另一条线则是相对绩效，即战略分解为预算而拆分下来的重点工作，或者说在目标管理当中它叫工作目标，这个重点工作是因人而异，怎么讲？刚毕业的年轻人，我们给他分配的重点工作对于他本人来讲当然是要有挑战性的，但是这个工作相对于另外一个在公司已经工作了五、六年，工作能独当一面的老员工来讲可能很简单，那么给这个老员工定的工作目标要更具挑战性，所以它是因人而异的。但是再怎么因人而异，一定相对于员工个体，要求这个员工必须要"原地起跳""伸展"，再"摸高"，这种挑战性的重点工作因人而异，所以说绝对公平几乎是不可能有的。

5.4 设定工作目标的重要性，谋定而动

给员工设定工作目标，目的就是要告诉他，这个考核周期内要求他干的是什么，最后工作做完要带来什么结果，针对工作将来如何考核他，工作目标设定的主要的目的是把员工个人工作的努力方向跟企业近期的工作重点乃至公司长远的战略重点能够紧密地协调在一起，而且如果我们考核员工的时候，是用这种客观的业绩来进行考核，它的说服力最强。

怎样才算给员工设定了一个好的工作目标？好的工作目标就是根据大家都知道的"SMART 原则"设定的目标。

那么为什么要给员工设定他的工作目标呢？绩效管理的重点是基于企业的战略规划制定当期的经营预算，并把战略和预算分解成相互关联的必须采取的重点举措，以保障预算的达成和战略的实现，而且所有的考核指标、经营数据分析等必须与战略和预算相对应形成关联性；所有战略的落地，其实到最后都是奖金的设计，所以奖金设计规则合理，会助推预算和战略的实现，而一旦相互之间没有了衔接，所有员工的工作就会出现盲从。

企业在设计最后的考核与奖金的时候，会有一些常见的错误。首先，指标过高难以达成。马老师曾经给一间快消品企业做业绩管理咨询，这家企业在上市之初，曾经为公司中高管人员设计股票期权激励，但是因为指标设计过高，所有员工都认为没有信心达到相应的绩效标准，也就拿不到相应的期权激励，导致这个激励变成了一张废纸，甚至变成了员工茶余饭后的笑谈。

其次，奖金设计必须尊重各个方面的科学性要求和严谨的逻辑。话说2011 年，有一家公司在设计奖金时没有进行精确的测算，最终导致某销售员工在年底能拿到 200 多万元的奖金，在这样的情况下，老板做出了更加错误的选择，他居然从总部飞到这个分公司跟员工谈判，最后双方达成了一个比原奖金一半还要低的协议共识，从此这个故事在公司里流传，可以想象它的负面作用有多大。

再有就是领导者过于简单粗暴。马老师还经历过这样的一家企业，老板过于相信自己的魅力以及对员工的影响力，在奖金的规则公布之后，兑现奖金时却一句话推翻所有规则，或者无限期延迟奖金的兑现，所以这个公司只要谈到激励，所有的关键员工都是在低头无奈地"苦笑"。

在一个公司，绩效管理如果想切实落地，最根本的还是在 PDCA 整个循环中，在规划这一环节把规则讲清楚，最后到兑现承诺时，一定按照既定的规则执行。

5.5 每个工作目标须具备的因素——SMART 目标

一个好的目标必须有具体的行动，有明确的目的、明确的责任划分、按照优先顺序排列、明确的考核时间和标准，也就是 SMART 原则。而这几个英语单词在逐渐发生着变化，相信大家一定在过去的工作或培训当中都接触过 SMART 原则，但是请注意它的一些变化。S 指具体的，M 指可以考量的，这两个含义没变，但是 A 过去说的是 "Achievable，可以实现的"，而现在强调是 "Ambitious/Aggressive，极具挑战性"，所以各位部门经理平时在带队伍的时候，一定要把下属培养成极具战斗力、勇挑重担的"战士"。这样你带出的队伍善于打硬仗，善于打攻坚战。

你要培养的就是下属勇挑重担的习惯，而这个习惯会有助于各个经理完成自己的预算任务，这是你的"老大"无论如何都会交代给你的，而且必定是艰巨而繁重的！

整个公司做预算的时候，肯定预算任务极具挑战性，而这个极具挑战性的预算分解到各个部门同样是极具挑战性，各个部门经理必须把这个预算分解到你的下属，如果这个时候说我的下属不容易嘛，自己是一个心慈手软之人，所以给下属不要制定那么艰巨而极具挑战性的任务，到年底你的手下各个考核都是高分，唯有你的整个部门没有完成公司下达给你的任务，这就是你作为一个不称职中层领导的悲哀。

所以，平时下大力气培养下属良好的习惯，勇挑重担，而经理人自己也要有这个习惯，勇挑重担。为什么？预算肯定有挑战性，客观上一定是你接也得接，不接也得接，所以外国人经常会说这样一句话，"要么高高兴兴把活干了，否则哭天抹泪您也得把活给我干了"，那何苦不选择高高兴兴迎接挑战。

如果公司给你定的目标看得见、摸不着，建议你搭上一张桌子、垫上一把椅子，站在这把椅子上面原地起跳、伸展、摸高，距离那挑战性的目标就八九不离十了。跳下来之后为了安全，铺好安全气垫，本质上这些垫子、桌子、椅子是什么？是创新！就是重复着过去的成功经验，同时结合"与以往不同的重点工作"，二者的融合作用，使这个可望而不可即的目标变成了现实。

几千年前孔子提出"知其不可而为之"。当初惠普公司前任 CEO 卡莉·菲奥莉娜提出"没有不可能的事"，她有这种气魄和雄心，原因一定是她克服了一个又一个挑战。作为管理人员，上级给你的挑战躲也躲不掉，除非别干管理，那怎么办？把自己的手下培养成能征善战的人，这是唯一的选择，所以平时要把下属的工作标尺调高，对他们的工作给予足够的冲击。

过去讲 R，大家肯定知道是 Realistic，意思是"相关性"，现在讲 R 是 Result-oriented，意思是"重在结果的达成"，没有达成结果就要对此承担责任，现在所有的公司都已经完全明白这个道理，包括这些大的央企、国企一样，华润的前"老大"宁高宁空降到中粮，他就把这个理念也带到了中粮，要求所有的人"重在结果的达成"，也就是人常说的"结果导向"，打造了粮油全产业链。

5.6　设定工作目标应该涉及的内容

每个目标一般都包括以下内容：

（1）目标的陈述，这个重点工作是什么。

（2）对目标的详细描述和说明，这个重点工作是要干什么，特别要说明的是这个重点工作和预算及部门的工作重点相互之间的关联是什么，员工的这个工作目标会对此做出什么样的贡献。

（3）然后我将来要做这个工作的话，计划分几步走，会采取哪些具体的措施，打算怎么做，能够把目标最终实现，也就是大家常说的设置项目节点，或称作里程碑。

（4）围绕这个工作目标将来需要用哪些考核指标来衡量。

（5）达成这个工作目标所需要的支持，即人力、财力、物力和信息等几方面需要哪些支持。

每年给员工做目标设定向下逐级分解的时候，其实是很耗时的，它都是从预算启动的时候就已经开始酝酿，到预算最后定稿的时候可能目标的设定还没有完全搞定，所以在很多公司会历时 3～4 个月，甚至 5～6 个月时间，从上一年度 10 月份开始一直到新年度 1 或 2 月份才完成，耗时较长。

下面介绍这些里程碑怎么设定。

（1）如果要是把这个工作都做完，应该采取的是工作分解。也就是说，想要完成这样一个工作任务甚至一个大型项目，就往下拆分成需要做的第一层级的几件大事，每一件大事再继续拆分，为了完成它还需要做下一层级的哪些工作，一直分解到什么程度为止呢？记住 40 小时法则，也就是说这一项工作分解开来的具体任务需要一周的工作时间。请注意，这就是不折不扣的项目管理了。

所以真正目标管理的目标分解，实际上是很细腻的。

（2）时间的估算。把工作分解完后，针对每一项工作做出时间的估算，这些时间的估算，有助于员工最后预计整个重点工作目标需要多长时间能够完成。

（3）厘清各个目标相互之间的工作关系（工作关联）。哪项工作必须先做，哪个可以后做，哪些可以同时开展，把这些问题搞清楚。企业内往往几个工作、几个项目、几个流程同时都在运转，它容易发生冲突，把握住这个关联，就是组织的协调动作。

（4）根据上面各个分解任务相互之间的关联性，绘制"工作目标时间表"。

（5）基于工作分解，每一个工作大概需要的成本及费用是多少，就可以相应计算出来，即针对这个工作所需要的人、财、物的预算，而围绕这些工作量是否需要一个团队共同去完成，往往这些重点工作必是一个项目，如果有的项目比较大，就必然需要一个团队，甚至是跨职能的团队，一旦有了这个团队，基于工作的分解、组织结构、检查节点，就可以做出责任的划分，安排相应的人员负责对应的具体工作。比如公司想上线 ERP 系统，往往牵头人必是战略规划部和 IT 部，但仅仅依靠这两个部门是不可能把整个 ERP 系统顺利运行的，这需要市场、营销、研发、生产、物流、财务、人事等所有相关的部门配合着采取相应的行动，所以才需要有责任的划分，最起码每个部门经理，为了上线 ERP，要把自己的职能、自己部门的流程重新梳理一遍。再比如，人事部门也要利用自己职能的专长，帮助公司进行整个组织针对 ERP 的宣传与使用，而 ERP 要上线涉及生产、物流、研发以及销售相互之间的协作，所以它必有一个责任的明确划分，与此同时要进行风险管理，而这里所提的风险管理也是大家需要密切关注的问题。

5.7　衡量标准，考核"六韬"

绩效考核的两大分类：一是定量；二是定性。定量的考核指标往往从以下 6 个角度设计。

（1）数量。例如，销售额、利润、现金流、大客户数目、战略供货商数目等，这些都是数量。

（2）质量，也就是合格率、差错率，这些都是质量。摩托罗原来做的六西格玛是每 100 万个产品当中允许有 2 ～ 3 个次品，实际上就是次品率，这要求整个设备、流程、人员都需要做出调整。

（3）成本或费用。比如，生产标准的 1 瓶水，标准产品的标准成本及费用是多少，然后对比实际生产，实际发生的成本及费用是多少，二者做对比。或者，企业操作一个项目，计划或者预算它的成本及费用是多少，实际的发生是多少，二者做对比。

（4）时间。比如，生产一个标准的产品，标准生产工时是多少，这是"时间段"的概念；另外，截止到某一个时间点为止，需要完成的工作是什么，所以把一个时间的节点画出来，有时候像财务报表也一样，是截止到某一个时间点要完成。

（5）安全。比如，生产要防止工伤，电脑要防止病毒，金融要管控风险。

（6）人的反应，就是客户投诉、客户满意度，也包括员工满意度，这些都是人的反应。请各位读者记住，员工满意度决定团队的生产效率，团队员工满意度越高，团队生产效率越高，这是管理学上不争的铁律。

前面提到过考核的内容是业绩，业绩里面包括两个：岗位职责和重点工作，岗位职责的考核指标是标准的，而重点工作的考核指标可以因人而异。现在，每一条岗位职责和每一项重点工作都从上述这 6 个角度切入，找定量的考核指标，一定找得到，而且每一个角度都有可能拎出好几个量化指标。

所以，不管是前线岗位或是后线岗位，考核指标量化一定可行。

量化是考核指标的外在表现形式，指标单位是 PAIR，含义如下：

P 指 Percentage，百分比的意思。比如市场占有率 11%，是百分比，员工流失率控制在 5% 以内，也是百分比。

A 指 Absolute Value，即绝对值。比如，现金流就是绝对值。

I 指 Indices，即指数。比如，客户满意指数，员工满意指数。

R 指 Ranking，即排名，比如，公司市场排名是第几。

R 还有一个含义，即 Ratio（比率）速动比率。

R 也可指 Rating，用某一个行动或行为出现的频率打分。正好取了这几个单词首字母，就是 PAIR，"一双一对"。量化指标的外在表现形式就是这些。

陆可欣听完马老师的课程，敏锐地察觉这个课程很适合管理层提高对目标管理的理解。高总也很赞同陆可欣的想法，于是邀请马老师为公司的经理及以上人员进行目标管理的培训。通过培训，管理者学到了管理的本质就是目标管理，以后在工作中应当关注管理实践，注重目标管理和自我控制相结合，向着同一个目标和愿景努力。同时也学到了如何设定目标，如何将目标管理融入日常的工作中。

5.8 提升篇：目标管理你用对了吗

回到公司，陆可欣将马老师的培训内容给人力资源部做了内部分享。高总总结道，常听到有些经理人对下属说："别给我解释过程，我不听原因，我只要结果，这叫目标管理。其实这是对目标管理的曲解。"

彼得·德鲁克在提出目标管理理论的时候，特别说明了这一点，即"加强对原因 10% 的控制，有助于结果 90% 的达成"，所以目标管理虽然强调结果的达成，但更注重的是控制过程以保证业绩成果水到渠成。

管理者不能错误地认为把工作委任给下属，定好了指标和具体的行动目标，一切就会变成现实，"放权绝不等于放羊"，而是应该加强对过程的监督、控制、指导和支持。

一个智慧型的职业经理人一定会建立有效的业绩监控系统，把预算变成执行。通常包括下列典型做法：管理例会（或者是定期报告）、指标跟踪系统、定期及不定期的员工业绩沟通、上级对下级的辅导、业绩纠偏计划等。

第一，业绩型职业经理人手中必须握住管理例会这把"利剑"，有效会议16 字诀：有会必议，有议必决，有决必行，有行必果。所以在管理例会上不要追求一团和气、报喜不报忧，只要能对事不对人，在例会上可以有争吵，充分暴露问题，以求效益性解决问题。其实职业经理人只要掌握"有效"会议的方法，一年下来在会议上投入的总体时间至多也就是 1～2 个月的时间，但是它的回报是显著的。

第二，在指标跟踪系统中确定衡量团队业绩的关键指标，建立指标库，然后时时更新指标数据，并相应做出分析和应对，而且利用现代手段实现指标的网络化，方便时时跟踪，即使是在出差的途中也可以跟踪。

第三，团队的业绩信息应该有明确的渠道定期以众所周知的方法传递给团队成员，方便大家在充分了解的前提下知晓各自应该跟进的行为是什么。

第四，在员工个人出现业绩偏差时，上级应该及时对下级进行必要的辅导，帮助下属业绩回归到期望的标准水平。

第五，当员工出现恶性持续业绩偏差且屡次辅导不见成效时就要发布最后通牒，这时候一定不能"姑息养奸"。

当然业绩监控的具体手法还有很多，这里就不一一列举了。

可欣心得

业绩监控是组织战略变成落地执行的、必不可缺的重要保障系统之一。

第 6 章

绩效反馈面谈，给我一杯忘情水

6.1 白天不知夜的黑，绩效考核引发的哭诉

年底是绩效 HR 最头疼的时间段，绩效考核结果出来以后各部门负责人陆续在进行绩效反馈，各种各样的问题就找上了陆可欣。陆可欣刚开完 3 个小时的会，还没来得及喝口水，销售部的崔阳阳愁眉苦脸地就把她拽到了小会议室里。

崔阳阳开启了话匣子："陆经理，我感觉这次绩效考评一点都不公平。您评评理，我在咱们公司工作五年了，年年不是 A 就是 B。今年空降了个部门老总李总，给我评了个 D。我这一年里面有几天是正点下班的？我这一年的工作量快赶上之前三年的总和。我这加班加点的，签不下来单子不是因为我不努力啊，方方面面原因，好几个单子都是到最后签合同的时候，政策有变化，影响我业绩了。您说给我评 D 是不是不公平？太欺负人了！"崔阳阳越说越委屈，眼泪忍不住掉了下来。

陆可欣没有打断她，一直静静地听着，不时递过纸巾给她擦泪水。崔阳阳说了快一个小时，慢慢地平静了下来，停止了抽泣，对陆可欣说："陆经理，您最了解我，可得给我主持公道啊。"

陆可欣安抚道："崔经理，李总和您做过绩效反馈了吗？"

崔经理答道："那倒还没。李总还没和我聊，我只是听部门同事告诉了我的绩效结果，李总肯定是对我有偏见。"

陆可欣如释重负："您的绩效结果未必是 D。您怎么能听小道消息呢？最终还是以李总跟您沟通的结果为准。如果沟通完还有问题，可以随时找我。"

"好的，谢谢陆经理，今天不好意思，耽误您的时间了。"崔阳阳说完，就快步离开了小会议室。

陆可欣立刻给李总打了个电话："李总，崔经理通过其他渠道知道自己的绩效考核结果是 D，结果有点出乎她的意料，情绪比较激动，她可能稍后去找您沟通，您做好准备。"

陆可欣陷入沉思，这么多的绩效反馈问题出现，说明管理层对于绩效反馈存在经验不足或是方式方法不恰当的情况。陆可欣决定向高总集中反馈下情况："高总，最近绩效结果刚出来，各部门都在进行绩效反馈。有个别部门员工对绩效结果有异议，与部门经理发生争执。咱们组织一次绩效反馈的研讨会，把管理层聚集在一起，探讨下如何与员工进行有效的沟通，有哪些需要在绩效反馈过程中注意的事项，您看如何？"

高总点点头说："陆可欣，你说得对，现在的情况，是对绩效反馈培训比较好的时机。大家可以就遇到的问题进行探讨，还能在工作中继续演练。你去组织下吧，培训一天的时间，上午讲一些绩效反馈的方法及注意事项，下午进行角色扮演。上午开场的时候我来做导入发言，强调下绩效反馈的重要性，让管理层重视此次培训。"

"好的，高总。"陆可欣风风火火去安排协调绩效反馈专题培训了。

6.2 借我一双慧眼吧，绩效反馈的意义

周五的早晨天空晴朗，万里无云。24 名管理人员分成 6 组，围坐在公司

的培训教室里。高总首先进行了导入发言，接下来是陆可欣对各部门负责人进行绩效反馈的培训。

陆可欣很重视此次培训，连续三天准备培训材料，根据 HRD 提供的框架，陆可欣补充内容，修改了很多遍，以保证符合公司的现状。陆可欣身着深黑色的职业套裙，还特意化了淡妆，在调试好笔记本电脑、投影仪和翻页器后，开始了绩效反馈的培训。

陆可欣："大家好，我是人力资源部负责薪酬绩效的经理陆可欣，很高兴能够有此次机会跟大家一起探讨如何做好绩效反馈。首先，请大家来思考一下什么是绩效反馈，大家踊跃参与答题哦，每答对一道题可以在我这儿得到一张扑克牌作为本组的积分奖励，最后 6 个组中，分数最高的组为获胜组，获胜组的每个人都将会获得一个精美奖品。"

几个部门负责人跃跃欲试，纷纷举手回答问题。陆可欣把话筒交给刘总，刘总回答道："我认为绩效反馈是比较正式的面谈，将绩效结果反馈给下属员工，员工从而有绩效的提高。"

陆可欣："好的，感谢刘总。我们说**绩效反馈**是指管理者通过正式的面谈，告知下属员工绩效考核结果，管理者肯定员工成绩的同时，帮助其找出工作中的不足并加以改进，管理者与员工最终共同讨论达成一致的过程。那我们请刘总来抽一张牌。手气真好，K，13 分。"

陆可欣继续讲解："目前很多大企业都推行了绩效考核，但是绩效考核的效果却达不到预期，主要原因是绩效反馈的不到位或是不做绩效反馈，管理者主动辅导和培养下属的意识不强，使用的绩效反馈方法不得当，从而造成绩效反馈过程中沟通不顺畅，甚至管理者与员工产生冲突。"

陆可欣接下来给大家分享了一个案例。

管理学之父亨利·法约尔，曾经做过这样一个实验，他在工厂里挑选了

20 名技能水平相似的工人，分为 2 组，每组 10 人。在相同的环境下，让他们同时进行生产。每隔一小时，亨利·法约尔就会回去检查一下工人生产的情况。对于第一组工人，亨利·法约尔只是记录他们各自生产的产品产量，但是并不会告诉工人他们的生产进度情况。对于第二组工人，法约尔不但对生产的产品数量进行了登记，并且告诉每个人他们自己的工作进度。对于第二组，每一小时记录完，法约尔都会根据评价的结果，在生产进度最快的 2 名工人的机器上各插一面小红旗；速度居中的 6 个人，每人插一面小绿旗；对于最后 2 名工人，各插一面黄旗。通过不同颜色的旗子，第二组工人很容易判断出自己的生产速度如何。最终实验结果表明第二组工人的生产效率，远远高于第一组工人。

分享完案例，陆可欣讲道："通过这个案例，我们可以发现有效恰当的绩效反馈对实现绩效目标很重要，这正是绩效反馈的意义。具体来讲，绩效反馈可以发挥以下 4 个方面作用：一是能够使员工了解自己的工作表现如何，更好地认识自己的成就、优势和不足在哪些方面；二是通过双方的沟通，员工和管理者对绩效结果达成共识，分析原因，找出需要改进的地方；三是制订绩效计划，协商下一个绩效周期的绩效目标和绩效计划；四是能够让员工认识到自己的潜力，为员工的职业规划和发展提供信息。"

6.3　绩效反馈的内容和类型

陆可欣点到下一张幻灯片说："了解了绩效反馈的意义和作用后，我们接下来讨论绩效反馈的内容到底需要包括什么。给大家 5 分钟时间，每组写出 3 点。"

6.3.1 绩效反馈的内容

5 分钟过去了，陆可欣说："好的，各组都已经写好了，大家的答案已经比较全面了。那我们总结一下，绩效反馈的内容一般包括以下几个方面：

（1）员工对绩效评估周期内工作表现的自我评估；

（2）员工的绩效评估结果；

（3）员工对绩效评估结果的看法；

（4）肯定和鼓励员工有利于绩效达成的行为，分析员工不足和需要提高改进的方面，制定绩效改进计划或相应的培训计划；

（5）绩效结果的奖惩标准；

（6）使员工明确公司对部门的要求以及对其个人的要求，了解员工下一个绩效周期的计划，并给予各方面的支持和帮助。"

陆可欣走到会议室中间，讲道："我们刚才一起总结了绩效反馈的内容。下边我们来讨论下绩效反馈的类型。简单来讲，绩效反馈可以分为正面反馈和负面反馈。我们首先来说说正面反馈，正面反馈就是对员工正确的行为进行反馈，我们需要注意什么呢？"

陆可欣将话筒递给销售部的李总。销售部李总答道："我感觉有两点比较重要：一是需要肯定员工的进步；二是每次员工进步时都能够及时地给予反馈。"

6.3.2 正面反馈与负面反馈

陆可欣接过话筒说道："好，请坐，感谢李总提供的两点。大家还有什么补充吗？李总的这两点很到位。**正面的反馈**，我们应当遵循以下 4 点原则：

（1）对员工的进步及时给予反馈；

（2）称赞员工时应当具体到事件和行为；

（3）对于员工的进步，要使用正面积极的话语给予肯定和认可；

（4）正面反馈所肯定的行为应当包含促进部门绩效，乃至组织绩效达成的行为。"

陆可欣继续讲道："可能大家要问了，正面的反馈比较容易，让大家头疼的是**负面的反馈**需要怎么来沟通呢？"台下几名经理若有所思地点点头。

陆可欣徐徐道来："其实负面的反馈其目的是对员工的错误行为给予反馈，使员工能够了解自身存在的问题，明确正确的行为，以及认识现有的工作状态与目标之间的差距，从而纠正错误行为，提高绩效。负面的反馈可以使用两种反馈技巧：第一种是**汉堡原理**，为什么叫汉堡原理呢？大家可以想象一下，面包是对对方的肯定和表扬，中间夹的肉馅是批评。我们看下汉堡的结构，最上面一层是面包，中间是馅料，最下面一层是面包。根据这样的结构，我们可以猜到，汉堡原理就是先对工作业绩或成绩给予表扬和肯定，然后提出需要改进的部分，最后以肯定和支持的方式结束。我看到有几位经理已经跃跃欲试，想具体应用下汉堡法了。好的，我们看一个案例。公司财务部的一个员工，近一个月一直迟到，作为财务部门的经理，你会如何对她进行批评指导？"

陆可欣停顿了 30 秒，给大家思考的时间以后继续讲道："我们来回忆一下，刚才讲到的汉堡法第一步是什么？第一步，给予真心的肯定并表扬特定的成就。那么作为直线经理我们可以这样开场：'小张，最近报表做得很仔细，勾稽关系很清晰，对于部门进行进一步数据分析很有帮助。'

我们说这样是不是已经达到第一步的效果了？第二步，提出需要改善的特定的行为或表现。我们最爱用的转折词是什么？"

大家齐声答道："但是（But）！"

陆可欣微笑道："答对了。财务经理继续问小张：'但是这段时间好像迟到 5 次了吧，其他部门的同事想找你办理报销手续，找了你好多次，都没找到，耽误工作了吧。是什么原因呢，看我能帮上你吗？'小张抱歉地苦笑道：'最近在写半年财务审计报告加班比较晚，到家一般都晚上十一二点了，所以早上好几次都没爬起来。'

"第三步，以肯定和支持来结束。经理答道：'小张，加班到这么晚，你家距离公司一个半小时，如果需要加班到 10 点以后，就让办公室给你安排在公司附近住下。这样也能保证睡眠。以后有这样的困难早点说出来，别自己扛着。'

"小张满心欢喜：'谢谢经理，我会继续努力工作。'

后来小张跟经理很交心，遇到难处及时跟经理沟通。大家说，汉堡法是不是很有用？"

讲完了第一种方法后，陆可欣接着介绍了第二种方法，称为 BEST 反馈，又称**"刹车"原理**，就是管理者指出问题，描述问题会产生的后果，然后听取员工的想法，以聆听为主，适当时候"刹车"，让员工充分地表达自己的想法，积极鼓励和引导员工寻找解决方法，最后鼓励和肯定员工的改进计划。此方法可以灵活应用到绩效面谈的各个环节，不过在负面面谈的过程中使用，效果尤其突出。

BEST 是 4 个词组的首字母组成，分别是 B（Behavior Description）描述行为，即描述干什么事情；E（Express Consequence）表达后果，即表达干这件事情的后果会是什么样；S（Solicit Input）征求意见，即以问题的方式引导员工思考改进方式；T（Talk about Positive Outcomes）着眼未来，这与汉堡原理中的最下面一层面包含义一样，以肯定和支持的方式结束谈话，员工提出的改进方案，管理者可以给予一定的肯定和鼓励。

负面反馈还需要关注 4 点：一是从员工的角度出发，换位思考，理解员工的出发点，聆听员工是如何看待问题，了解员工的想法；二是描述而不判断，摆事实讲道理，而不是直接贴标签，直接对员工做出负面的评价和判断，这样会伤害员工的情绪，打消工作积极性；三是告知而不指责，管理者应当客观准确地告知员工工作中存在哪些不足或问题，而不是管理者借此发泄对员工的不满，打击员工；四是共同商量改进计划，与员工一起探讨改进方法，并形成书面材料。

6.4　明明白白我的心，绩效反馈面谈的准备

陆可欣接着说："接下来聊一下绩效反馈面谈的准备。有些管理者可能会说，我都是直接谈，想聊什么就聊什么。这样的绩效反馈面谈是不一定能达到比较好的效果的。"

陆可欣随后从管理者和员工两个角度分别介绍了各自对于绩效反馈面谈应该做的准备工作。

作为管理者需要做一些前期准备：一是对员工过去的工作表现进行一番梳理，收集整理员工工作表现相关的数据或资料作为辅助；二是提前规划好面谈的计划以及时间安排；三是选择好面谈的时间段，最好是提前与员工协商好的时间，高效利用和把握时间；四是提前选定面谈的地点，尽量选择安静不受打扰的舒适并且较为隐秘的地方；五是面谈前通知员工也做好相应的准备，提前做好自己的工作总结和进行自我评估。

作为员工需要进行哪些准备呢？一是对自己的现有工作进行梳理，整理面谈中需要的信息资料；二是提前安排好个人工作，准备好专门的绩效反馈面谈时间；三是整理目前工作中存在的问题；四是提前考虑下一周期的绩效计划。

6.5　就这样被你"征服"，绩效反馈面谈的策略

陆可欣说道："接下来谈谈绩效反馈面谈的策略。谈到绩效反馈面谈策略，我们首先要了解员工，需要对员工进行归类，针对不同类型的员工采取不同的策略。当然分类的方法有很多种，大家一般采用哪种分类方式呢？针对不同类型的员工应该采取哪种绩效反馈面谈策略呢？请大家在各个小组内就这两个问题讨论 10 分钟。"

随后，陆可欣走到各个小组听了听大家的讨论，大家对陆可欣提的这两个

问题非常感兴趣，各个小组讨论得很热烈。有人说可以按照德与才两个维度来分类，将员工分为德才兼备、有德无才、有才无德和无才无德 4 种类型。有人说可以按照聪明和勤奋两个维度来分类，将员工分为既聪明又勤奋的、聪明但是懒惰的、愚蠢又懒惰和愚蠢但很勤奋的 4 种类型。有人说可以按照工作意愿和工作能力两个维度来分类，将员工可以分为高意愿高能力、高意愿低能力、低意愿高能力和低意愿低能力 4 种类型。针对不同类型的员工，大家也提出了各自的绩效面谈策略。

10 分钟的讨论时间很快就到了，陆可欣回到会场中央，拿起话筒，开始讲道："刚才，我听到大家有很多很好的分类方法和策略建议，应该说是仁者见仁，智者见智。这里，我给大家也介绍一种分类方法。我们可以通过两个维度，一是工作业绩，二是工作态度，将员工分成 4 种类型：贡献型员工（好的工作业绩 + 好的工作态度）、冲锋型员工（好的工作业绩 + 差的工作态度）、安分型员工（差的工作业绩 + 好的工作态度）、后进型员工（差的工作业绩 + 差的工作态度）。那么对于这 4 类员工，我们采用什么样的沟通策略呢？"陆可欣随后介绍了针对各种类型的员工，分别可以采取的策略。

（1）贡献型员工（好的工作业绩 + 好的工作态度）：根据公司激励政策，给予一定的奖励和激励并且对其提出更高的目标和要求。

（2）冲锋型员工（好的工作业绩 + 差的工作态度）：这种冲锋型的员工分两种情况：一种是员工的自然本性，员工喜欢用批评的眼光看待周围的事物，并且带着情绪工作；二是管理者和员工沟通不顺畅。对于冲锋型员工，沟通很重要，只有通过良好的沟通建立信任，了解员工的兴趣点和需求，分析工作态度差的原因，辅导员工改善工作态度。

（3）安分型员工（差的工作业绩 + 好的工作态度）：沟通的重点在于识别员工的能力水平，让员工清晰地认识到自己与岗位要求的差距。制定明确、严格的绩效改进计划，并辅助相关培训，严格按照绩效考核办法给予评估，继续保持良好的工作态度。

（4）后进型员工（差的工作业绩＋差的工作态度）：这类员工一般会想尽办法为自己辩解或找其他的理由。作为管理人员，应对这类员工应当强调工作目标，让员工更好认识到自己的工作成果和部门工作要求的差距，并鼓励其不断进步。要真正了解员工的思想动态。

陆可欣最后总结了针对不同员工的面谈策略。对于贡献型员工给予奖励，提出更高的目标和要求。对于冲锋型员工要沟通辅导，了解原因，改善态度。对于安分型员工，制定明确的绩效改进计划。对于后进型员工，重申工作重点。

6.6 绩效反馈面谈的技巧

讲完绩效反馈面谈策略，办公室的马总举手示意道："陆经理，你讲的绩效反馈面谈的策略很重要，但还是有些抽象，能否再给我们讲一些绩效反馈的实用技巧，能够在反馈的过程中用上。"

陆可欣回答道："马总的建议很好。绩效反馈的技巧很重要，接下来我要和大家分享的内容就是绩效反馈的几点技巧。第一点技巧是你们和我们的区别。大家可能会问，这有什么区别？称赞时多用你或你们，大家来感受一下。你的工作中还存在很多问题。如果说成我们的工作中还存在许多问题，是不是更容易被接受。使称赞成为个人的事情，使批评成为非个人的事情。这样的说话方式会比较委婉，易于接受。第二点技巧是使用第二手的称赞。例如称赞财务部的小张，听人力资源部的陆经理说你上次帮了他一个大忙，能够灵活地解决问题，很不错。根据研究表明，如果员工听到这样的表扬，相当于从自己的主管领导那得到 20 次的直接表扬。员工能够意识到就算主管领导不在场，他的表现也能反馈到主管领导那里，自己会更加努力。第三点技巧是寻求员工的建议，不断地引导员工自主的思考，如何发现问题，分析问题，解决问题。帮助员工提高解决问题的能力，激励员工不断成长。"

在介绍完三个技巧之后，陆可欣给大家分享了绩效反馈面谈应该注意的几个细节。

1. 以事例和数据说话

当你认为员工的绩效表现不能满足预期时，给出具体的例子或是相关的数据。如果没有数据的支持，你的论点是不严谨的并且是失败的。不要模糊地谈某个问题或某个领域需要改进，而不提供支持结论的数据，主观意识比较强。这样很容易被员工贴标签为你对他本人有意见。

2. 避免与其他员工相比较

管理和培养员工与培养小孩有相似之处。小孩最不喜欢家长拿别人家的小孩来跟自己对比。我们最好不要说："你是咱们团队中绩效考核最差的，新来的小明都比你的业绩好。"绝对不要拿一个员工与另一个员工比较，这样做会影响同事关系，只会制造出令人难堪的情绪，培养出不健康的竞争。最好的办法就是拿员工的表现和绩效标准做对比。如果一个员工已经达到预期目标，但是在团队中的业绩是最差的，有两种可能性：一是整个团队的目标设置比较不合理，太容易实现；二是整个团队都很优秀。无论是哪种情况，已经完成了目标，就要将注意力集中在超越预期上面，设定不容易实现的目标，继续激励员工不断进步。

3. 不要轻易承诺

有效的绩效考核应该通过多种渠道分享发展与改进计划，评估绩效考核时间段内的工作表现，并且着眼未来。作为管理者，当你给员工反馈的是"可能"的时候，员工很有可能理解为"肯定"。我们作为聪明的管理者要学会管理下属的预期，确实不能兑现的，在反馈的过程中就不要提。如果你之前说的"可能"的事情没有成为"肯定"的事情，也要让员工清楚并且说明具体原因。

陆可欣清了清嗓子，说道："刚才我们初步了解了绩效反馈的意义、内容，以及策略和技巧等理论内容，那我们接下来应用到案例中。"

6.7 绩效面谈案例分析

陆可欣随后给每人发了一份书面的案例，案例如下：

人物：安总，某互联网企业人力资源部总经理；小亮，某互联网企业人力资源部副总监，分管培训和薪酬绩效。

安总到小亮的工位上，自言自语道："小亮刚才还在啊，怎么现在找不到人了，你们看见他了吗？"

看见大家摇头，安总给小亮打了个电话："喂，小亮啊？你现在在哪儿？到我办公室来一下。"

小亮匆匆忙忙跑进安总办公室，气喘吁吁地问道："安总，什么事情这么着急？我这工作安排得挺满的，这个月培训计划需要调整。我这正和事业部姚总商量如何调整呢，看您着急找我，我就赶紧跑来了。"

安总向小亮招招手："培训的事情先不用着急，来来，先坐吧。小亮，干工作不要急于一时，慢慢安排。你看咱们部门自己定的考核截止日期也快到了，这个工作是咱们部门牵头做的，不按时完成，都没办法去催其他部门，你说呢？"

小亮满不在乎，答道："不就是绩效考核嘛！反正我做的事情您都知道，您看着给评呗，肯定不能让我吃亏的。"

安总皱眉回答道："确实你的工作和贡献我心里有数，但是绩效反馈这程序还是要走一下的，这样，你把你上个月的具体工作再给我汇报一下。"

小亮不耐烦答道："我上个月就把月度工作总结给您了，不用再汇报了吧。"

安总开始翻他的一堆杂乱无章的文件，继续说道："等我找找看吧，我怎么不记得你给过我。找到了，但是你这个总结也太简单了吧，你还是详细讲一下吧！"

小亮："安总，您看我事前也没做准备，要不我用这个总结给您汇报下。在领导的支持和帮助下，我基本上完成了月度的 KPI 相关指标。您看我工作总结上有数据，也有相关说明，要不您自己看吧。除了我自己的本职工作，您临时交办的其他工作我也做了很多，并且每天都满负荷工作。我承认失误也是有的，主要是因为本人思想上不重视、工作能力有限、主动性差。我这个月正准备继续努力、发扬优点、改进不足，争取不断进步。安总，我还是那句话，反正我的工作您也是知道的，我就不多说了。"

安总有点急躁："小亮，虽然你的工作我确实看在眼里，并且你的长处我也能体会到，但是，你的缺点也太多了。我给你举个例子，上次咱们人力资源部组织去事业部召开季度会，姚总就跟我反映他们事业部上个月的培训计划一直都没收到。由于没有培训计划，事业部不知道该组织培训，最终导致这一个月都没有安排培训，这是你的责任吧？"

小亮提高了语调："这件事情我早就跟您解释过了，之所以没提供培训计划，是我平时太忙了，手头有好几个事情需要协调，最后忙忘了，这并不是我故意没做培训安排，这您是清楚的。我手头那么多工作，都协调不开时间，忘记了也是能理解的吧？这样的事情我下次记住就是了，您在以后的工作中也多提醒我下，不再产生这样的失误不就行了，您还总提这件事情，好像我犯了多大错误似的。"

安总点点头道："不管怎么说，你要多注意类似的事情，我可不想再听到你这样的理由了，下不为例。这件事情我们先暂且不提了。但是，你的岗位说明书上明确规定，你的重点工作是组织实施绩效管理工作。这个工作虽说主要是由绩效薪酬专员做，但你作为副总分管这块，有责任把薪酬绩效这部分工作安排好，但是你看看咱们部门情况，最近绩效考核的工作开展得很不顺利，很多部门都没按照规定的时间提交绩效考核结果，初步看来绩效考核的进度肯定是会被拖后了，并且你做的绩效分析也非常马虎，有好几个特别明显的错误，这肯定是你的责任吧？"

小亮说："最近绩效考核工作是开展得不好，这又不是我一个人的责任，是各个部门的经理不严格执行制度，故意拖延，我也催过，但是效果不理想，我也拿他们没有办法。"

安总说："这个我清楚，不过我好像要求过你吧，需要你全程参加绩效考核，并且旁听考核面谈的过程，做详细的记录，最终形成书面报告给我，但是好几个月都过去了，我连初稿都没看到，而且我听别的部门老总说，你每次参加其他部门的考核面谈的时候都是露个脸就走了，一点都没走心，你说你这样的表现，是不是应该给你 KPI 扣分？"

小亮辩解道："领导，您要这么说我，我也没有办法，毕竟您是领导，您说怎样就怎样。"

安总语重心长地说："小亮啊，你要认清你工作上的缺点和不足，工作上有失误要多分析原因，不要推卸责任嘛。不过你的成绩我也是能看到的。这个是月度考核，别这么认真，就是走个形式。主要看你下个月有没有明确的改进计划。"

小亮说："领导，您倒是给我一个方向。您的工作方向都没确定好，我这怎么去开展工作？"

安总看了看手表说："小亮，你看这样吧，今天我们就先谈到这。咱们也聊了很长时间了，谈得差不多了。我会综合评价咱们整个部门的绩效情况。我这边还有些急事，今天就到这吧。但是，我提前告诉你一声，你这个月的绩效奖金肯定会受影响哦，做好心理准备，别说我没跟你说。"

小亮摔门而出，吼道："随你便吧。"小亮愤愤不平："安总怎么可以这么草率评价我呢，我这些日子没有功劳还有苦劳呢，他太敷衍我了。这工作没法干了，受累不讨好。"

看到大家都看完了案例，陆可欣问道："我们大家看完这个案例，有什么感受？"

接下来，我们详细分析下问题出在哪里。刚才跟大家分享的案例是我们经常遇到的绩效面谈场景，同样很多其他企业在做绩效面谈的时候也或多或少会遇到同样的情况。首先我们要明确面谈的目的主要是帮助员工怎样有效地改善绩效。那在这个案例中，安总的绩效面谈是否达到了这个目标？很显然，安总并没有用好绩效反馈，同样这样的绩效面谈没有帮到员工，而且引发了员工负面的情绪。那么造成这样对立的局面的原因是什么呢？我们结合今天所学和这个案例实际情况来分析一下：

1. 准备工作没有做好

小亮是正在忙着手头工作的时候，被领导的电话突然打断，找到领导之后才知道，要紧急进行一场绩效面谈，事情比较突然，小亮根本没有准备，但是领导为了完成任务，坚持要马上进行面谈，这是没有计划的表现，双方都准备不充分，这为面谈埋下了一个隐患的种子。

2. 没有说明面谈的目的

安总解释面谈的原因时说，是因为绩效面谈规定的截止期限快到了，必须得做了，所以今天要面谈。这个解释让员工感觉到应付和完成任务的心态，没有感受到帮助自己改善绩效的态度，所以会比较抵触，这给员工的心理增加了负担。

3. 负面反馈多于正面反馈

整个面谈过程，安总都没肯定小亮的正面表现。对于小亮工作比较好的方面都是一带而过，没有重点强调，反倒在员工表现不好的方面指责太多，直接把面谈引导向了对立的局面，最终导致了局面失控，双方不欢而散。

4. 面谈者技能不足

安总在整个绩效面谈的过程中都是泛泛而谈，没有深入分析，更没有启发员工思考，帮助其认识自己的不足，显示了面谈者在绩效面谈技巧方面存在很多不足。

我们结合案例再回顾下如何能够做到绩效面谈成功，要想使面谈成功，面谈者要在以下几个方面做好准备：

1. 程序准备

所谓程序准备，是要了解整个绩效面谈的程序，做好面谈布局。大致我们可以将整个面谈进程分成 4 个步骤：开场（Open）、澄清（Clarify）、讨论（Discuss）、结束（Close），也就是 OCDC 法则。首先是开场寒暄，不要目的性太强，上来就直奔主题，要给员工心理缓冲的时间，简单寒暄几句和主题无关的话题，缓和一下气氛，帮助员工平静心情。寒暄不是目的，寒暄是为后面做铺垫的，所以寒暄之后就进入了澄清环节，把面谈的目的和程序告诉员工。比如，上面案例中安总可以这样说："小亮，根据前面我们讨论的计划，今天下午我们用 1 小时左右的时间，对你上个月的绩效表现进行一个面谈，面谈的目的是帮助你改善绩效，这个过程中我会问一些问题，更多的时间是听你的想法，希望你不要保留，有什么想法都可以说出来，我们来讨论，我们的目标是一致的，就是帮助你改善绩效，当然，好的方面和不足的方面我们都会谈到，最后我们还会制定一个改善计划。"之后就进入了正式的讨论环节，这个环节包括：确认绩效目标值及衡量标准，讨论各个指标的完成情况及原因，提出改善计划，确认后期跟踪方式。最后是总结，摘要概括整个面谈过程中达成的共识，表达对员工的信心，整理面谈记录，请员工签字确认，别忘记感谢员工的时间和投入。

2. 技能准备

了解整个面谈的程序，管理者还需要注意积累和提升绩效面谈技能。其实，绩效面谈中用到的技能是非常多的，下面将重点介绍正面反馈和负面反馈相关技巧。

6.8 正面反馈技巧

正面反馈的关键词是"具体"。凡事就怕具体，一旦要求具体地说明一件事情，很多人就犹豫起来，甚至开始左顾右盼了。很多时候，经理在反馈时并没有做好准备，就直接把话说出去了，这种做法会降低反馈的效果。以"小张的财务报表"为例：

笼统反馈："小张表现不错，非常敬业，最近连续加班，工作很卖力，辛苦了，接下来好好休息一下，调整调整。"

具体反馈："小张，你最近工作很投入，为了编写财务分析报告，连续加了一周的班。现在你的报告在开会之前完成了，而且质量相当高，整个报告思路清楚，框架清晰，结构完整，特别是公司业务财务数据分析和未来财务部发展部分，紧密联系公司的实际，提出了相当棒的分析思路和解决办法，而且使用了几个实用有效的分析工具，这对我们下一步的财务条线的总结会起到了很大的帮助作用。我想这个工作对你个人的发展也是相当有帮助的。最近两天，别闲着，写个总结，提高一下自己。"

第一种说法会有一些效果，小张会感激领导对他的关心，觉得领导不错，但这种感觉不会持久，过后就忘记了。

第二种说法才是小张期待的，对工作本身的反馈才是员工愿意听到的，也是对员工最有帮助的。员工愿意听到概括性的表扬，更愿意了解经理对自己工作上的看法，当经理对工作的具体内容提出了针对性的看法时，员工才会真正受到激励。毕竟贡献不能停留在表面，所以正面反馈的时候，"具体"是一个关键词。

我们再回顾下正面反馈的步骤：

（1）具体地说明下属在表现上的细节；

（2）反映了下属哪方面的品质；

（3）这些表现所带来的结果和影响。

6.9　负面反馈技巧

负面反馈的关键词是"描述而不判断"。关于负面反馈，举个例子："小张醉酒"。

判断式反馈："小张喝醉了酒来上班，还酗酒滋事，闹得公司鸡犬不宁。"

描述式反馈："小张喝了酒，满身酒味，走路东倒西歪，碰倒了桌子，文件撒了一地，说话声音很大，引起了很多人的关注。"

这两种说法是一个意思吗？是。显然，第一种是判断，小张喝了酒，至于醉没醉，谁也不知道，而且生活经验告诉我们，喝了很多酒的人最烦人家说他喝醉了，即便一个人已经喝得东倒西歪，我们还要夸他海量呢！第二种是描述，相比较而言，第二种反馈比较容易接受。

关于负面反馈，我们再回顾下 BEST 法则：

B 是描述行为。明确清楚地告诉他到底做了些什么，利用实际的例子，不是简单概括，用客观和明确的词语描述行为。

E 是表达后果。直接地表达感觉或对状况的反应，用平和的语气去表达，并询问对方的感觉或反应。

S 是征求意见。询问员工的意见或提出认为应该继续的行为或要更改的行为，建议要具体，是针对个人的行为而非其个性。

T 是以积极的方式结束。向员工指出该行为改变后的积极效果，对个人带来什么好处。

例如一名员工在准备一份提交给客户的资料时弄错了一个数据，经理发现了，打算给一个负面的反馈，经理该怎样做呢？

首先，向员工描述错误行为的事实。B："小张，你做的这份资料里有一个数据错了，这个数据应该是什么？"

其次，向员工阐述这种行为可能带来的不良后果。E："提交给客户的每一份文件都是客户了解我们的窗口。如果你是客户，你想想看，你发现公司给你的资料有错误，你会对这家公司形成怎样的印象，所以说我们的每一个行为都会影响我们在客户心中的形象。"

接下来，征求员工对于改正错误的意见。S："小张，你说说这件事该怎么改进？"

最后，鼓励员工的改进措施对于公司的价值。T："对！如果我们每个人每时每刻都能这样做，这对于公司是非常重要的。"

灵活运用 BEST 法则，管理者能指出问题所在，并描述问题所带来的后果。在征询员工想法的时候，管理者就不要打断员工，以聆听者的姿态，听取员工的想法，让员工充分发表自己的见解，发挥员工的积极性，鼓励员工自己寻求解决办法。最后，管理者再做点评总结即可。

负面反馈的要点：

（1）具体地描述下属的行为。要求：耐心、具体地描述相关的行为（所说、所做），对事不对人，描述而不是判断。

（2）描述这种行为所带来的后果。要求：客观、准确、不指责。

（3）探讨下一步的做法。

6.10　提问技巧

绩效面谈中，如何提问也是很重要的，高效的经理通过提问题，帮助员工思考，让员工自己找到答案。下面是一些提问的技巧：

1. 当你没有准备好听取回答的时候，不要提问

有时候，人们在提出问题时只愿意听到他们心中的理想答案。比如，如果你确实不愿意听到别人说你是个不好的经理，那么就不要问："你认为我是个好经理还是个不好的经理？"当你问一个问题的时候，必须要愿意尊重所得到的任何回答，并且不要有过激反应。

2. 以"为什么"开头的问题容易让人产生防御心理

这只是语言中的一个怪异的现象而已。你可以用不容易引起防御心理的说法来代替"为什么"这个词。比如，与其说："为什么你经常迟到？"倒不如试试："是不是在来上班的路上发生了什么特别事情，使你不能准时到达？"后者让人更容易接受。

3. 不要用问题来间接表达你的意思

这是父母对孩子经常用的一种技巧，因此被认为带有操纵性，还给人屈尊的感觉。比如，"你不觉得自己应该更加勤奋地完成工作吗？"这是反问句——貌似问句，而实际上起到了陈述句的作用。听话人对这句话的理解是"我想要你更加勤奋地工作"。用来起到陈述或要求作用的问句会引起员工的不信任感。

4. 避免复合问句

复合问句包含几个部分，实际上是几个问句合在一个句子里。复合问句很让人迷惑，并且容易得到低质量的回答。比如，"你为什么周五经常迟到，而周三经常早退呢？"这就是两个问题，而且你不可能两个问题都得到很好的答案。把几件事情分开，让问题变得简单详细。

5. 对方在回答问题时，不要打断他

这是一个总的原则，但也有一些例外。如果对方的回答过火了，完全离题

了，或者带有侮辱和污蔑性语言的时候，你就可以打断他，并重新调整谈话的重心。打断对方的时候态度要友善，调整谈话重心的时候不要表现出失望情绪。

6．资料准备

资料的准备比较简单，主要是卜期员工绩效考核表，包含员工的绩效表现记录、面谈过程中的沟通记录、员工的总结、员工的职位说明书等，绩效面谈之前要确保这些资料都在桌面伸手可及的地方，不要像马总一样需要员工提醒，再去翻找，那样会让员工感到自己不受重视，影响面谈的效果。

7．心理准备

所谓心理准备，即面谈者要充分考虑面谈对象的性格特点，预估面谈过程中可能发生的状况，做好应对的心理准备。心理准备充足了，面谈过程将更加可控。这就要求面谈者要在面谈之前在心理做一些预演，对各种情形都加以考虑并做好应对措施。

简而言之，绩效面谈的最终目的是帮助员工改善绩效，经理的价值是帮助员工成长，明确了这一点，面谈就成功了一大半，剩下的都是技术性的东西，只要用心积累，不断提升，把绩效面谈做好并非难事。

6.11　吐槽小会

我们接下来再看一个案例：

某房地产公司是一家大型国有房地产企业，具有国家一级房地产开发资质，公司品牌价值达数十亿元，在业界具有很大的影响力。在完成股份制改造后，公司开始实施全国化战略，加强专业化运作，连续实现跨越式发展。在公司快速发展之际，公司内部管理逐步出现了一些问题，上级管理人员安排下属一些工作任务，下属很卖力地去完成工作，花费了时间和精力，但结果却是上级要求的工作内容没有做到、标准没有达到，或者是与上级所期望的最终效果有所偏颇，导致员工是常常抱怨费力不讨好，而上级是常常不满意，认为员工理解力太差、工作不认真，员工很冤枉，上级很恼火，总之是双方谁也不认为谁错。这样，在每次考核打分时，上级都认为员工工作做得不到位而给员工打分不高，想借考核的手段来严格要求员工做好工作；但员工并不认为是自己的问题，虽然也在按照考核的要求和标准在做，但在以后的工作中还是会出现类似的问题，如此往复，上级反复批评下属，下属反复抱怨上级，始终找不到好的解决方法。最近，总经办又发生了一件这样的事情：总经办文员小王接到张主任的一个任务，要其立刻准备两份宣传方案文稿，一份是针对公司历年来工作业绩的宣传资料文稿，是给市政府报送的；一份是针对最近组织的一次公司活动的宣传文稿，是准备在公司内部报刊上发表的。这两份文稿都需要在第二天交给张主任。在接受了任务之后，小王便开始马不停蹄地进行资料的收集、整理、汇总、编写，忙得不亦乐乎，终于在下班的时候完成了两份文稿。第二天一大早便高高兴兴地向张主任汇报，没想到在张主任看到文稿后，便是劈头盖脸地一顿训斥，说是给市政府报送的文稿太简单，仅是资料的堆积，没有认真分析琢磨，根本没有达到宣传的目的；而在内部报刊上宣传的文稿倒是写得洋洋洒洒的，张主任却很不在意，觉得没有必要。忙活了半天，却没有达到领导要求，让小王感到费力不讨好，心情很郁闷。然而，张主任也很生气，认为这么一件小事，还整不出个样来，觉得现在的员工怎么都这么差劲。面对员工的抱怨，领导的不满，问题到底出现在哪里呢？如何进行解决呢？

　　我们来分析下这个案例。其实案例中描述的该公司所存在的问题，是诸多企业所遇到的共性问题，其处理的措施也各有章法，如有的管理人员可能认为：应该加强对员工的考核，通过设定员工的工作要求与标准，让员工按照标准去做，这样就可以达到上级的工作期望了；另外一些企业的管理人员的答案是：

应该对这个员工的工作能力进行鉴定，看其是否可以胜任这份工作，如果不具备岗位的能力要求，就可以换人了；还有些管理人员无奈地提到：遇到这样的问题，我们一般是要求员工重新做一遍，就需要我们再将这项工作任务的要求重复讲解一遍，将各个注意点明确清楚，然后让员工再去做，完成后再由我们来审核，如此反复几次，也就可以了。

看到上述企业管理人员对问题的解决方法，真的能解决类似的问题吗？按照上述做法实行之后，可以达到我们的目标吗？员工在工作过程中可以完全领会领导的意图，进而将工作做到位吗？

其实，针对该房地产公司所存在的这些问题，我们首先需要分析：为何会出现这样的问题，是员工能力不行，还是领导管理不力？是领导安排任务不清晰、标准不明确，还是员工理解出现偏差？一定要找到问题的症结所在，才可以对症下药，找到问题的解决方法。

从管理人员不同的解决方法中，可以按照这个思路进行分析：考核虽然可以对员工进行处罚，但是却无法保证这样的问题不再出现；解聘人员虽然也有可能，但是有的时候并不是这个人做不了这件事，换个人就能行；帮助员工提高，虽然是好事，但是对于领导而言，会使自己身上的任务越背越多，问题也会越来越多，导致自己累死累活的而员工还是没有提高。

在对各种情况进行细致分析之后，我们可以得出这样的结论：问题的本质，并不在于考核不到位、人员不胜任岗位，而是在于沟通是否到位，最关键的还在于沟通的流程问题，即什么应该先沟通，什么应该重点沟通。之所以该公司所发生的事件中小王所做的方案没有达到领导的要求，关键在于小王当时并没有真正领会张主任的意思，没有与张主任进行任务要求的确认，她并不知道哪个文件更重要，哪个文件需要花费更多的时间与精力去重点关注，这样就在完成任务的过程中出现了偏差，使得结果与预期不符。

通过对问题的深入分析，我们可以得出具体的解决措施，主要从以下几个方面考虑：

（1）在接受任务之初，上下级之间要进行任务的确认，确认内容主要包括任务的内容、要求、标准及注意事项，在上级交代完任务后，下级一定要主动重述一下任务的全部事项，双方就此次任务达成共识，然后再去工作。这样就将沟通进行了前置，而不是在任务完成之后，发现存在问题时才进行沟通，才将各种要求明确，造成"亡羊补牢，为时已晚"的局面。该公司的小王如果在张主任安排完任务后，她主动地询问张主任"两个方案的具体要求是什么，哪个是需要重点把控的，需要注意的地方有哪些等"这些问题，并经过与张主任确认后再工作的话，可能结果就会完全不同了。

（2）当同时接受两个及以上的任务时，要按照 20/80 原则，与上级确认任务的轻重缓急以及投入的时间精力比例，以避免费力不讨好的事情发生。因为毕竟上级的经验相对比较丰富，对工作任务内容的理解也更深刻，听取上级的意见，对于个人完成任务的质量会更有保障一些。

（3）在完成工作任务的过程中，下级要及时将工作的进展情况以及所遇到的问题向上级领导反馈，一方面是让领导了解你的工作进展情况，另一方面是寻求领导的支持与帮助，以避免工作任务的完成结果与预期发生偏差。

综上所述，在整个工作过程中，沟通是至关重要的，但沟通也需要沟通到点子上，即把控好关键点，什么时候应该沟通哪些内容，要有所明确，保证沟通流程的正确，这样才可以收到良好的效果。所以，要想提高沟通的绩效，需要加强沟通的确认环节与及时反馈环节，将沟通工作真正做到位，从而保证上级领导意图与下级理解相匹配，促使工作按预期效果完成。

在分析这个案例时可以发现，沟通和聆听在绩效反馈面谈中很重要。接下来我们重点了解下沟通和聆听的技巧。

6.12 高效的沟通，没那么简单

先给大家讲一个比较轻松的沟通小故事：

一天一位老太太拎着篮子去菜市场买水果。她来到第一个小贩的水果摊前问道："这李子怎么样？"

第一个小贩回答："我的李子又大又甜，特别好吃。"

老太太摇了摇头没有买。她向另外一个小贩走去问道："你的李子好吃吗？"

第二个小贩："我这里是李子专卖，各种各样的李子都有。您要什么样的李子？"

老太太："我要买酸一点儿的。"

第二个小贩："我这篮李子酸得咬一口就流口水，您要多少？"

老太太："来一斤吧。"老太太买完李子继续在市场中逛，又看到一个小贩的摊上也有李子，又大又圆非常抢眼，便问水果摊后的小贩："你的李子多少钱一斤？"

小贩："您好，您问哪种李子？"

老太太："我要酸一点儿的。"

小贩："别人买李子都要又大又甜的，您为什么要酸的李子呢？"

老太太："我儿媳妇要生孩子了，想吃酸的。"

"老太太，您对儿媳妇真体贴，她想吃酸的，说明她一定能给您生个大胖孙子。您要多少？"小贩问。

"我再来一斤吧。"老太太被小贩说得很高兴，便又买了一斤。

小贩一边称李子一边继续问："您知道孕妇最需要什么营养吗？"

老太太："不知道。"

小贩："孕妇特别需要补充维生素。您知道哪种水果含维生素最多吗？"

老太太："不清楚。"

小贩："猕猴桃含有多种维生素，特别适合孕妇。您要给您儿媳妇天天吃猕猴桃，您未来大孙子的营养就非常充足。"

老太太："是吗？好啊，那我就再来一斤猕猴桃。"

"您人真好，谁摊上您这样的婆婆，一定有福气。"小贩开始给老太太称猕猴桃，嘴里也不闲着："我每天都在这儿摆摊，水果都是当天从批发市场找新鲜的批发来的，您媳妇要是吃好了，您再来。"

"行。"老太太被小贩说得高兴，提了水果边付账边应承着。

大家来思考下三个小贩对着同样一个老太太，为什么销售的结果完全不一样呢？这就是沟通的艺术。

我们从出生到成长，无时无刻不在和别人进行着沟通。沟通是人类组织的基本特征和活动之一。同样，有效的沟通让我们高效率地把一件事情办好，让我们享受更美好的生活。善于沟通的人懂得如何维持和改善相互关系，发现自我需要、发现他人需要，最终赢得更好的人际关系和成功的事业。每个人对沟通的理解都是不一样的。对沟通不同的理解造成了沟通的障碍，沟通失败也会造成工作效率低下。

那么到底什么是沟通呢？**沟通**是人与人之间、人与群体之间思想与感情的传递和反馈的过程，以求思想达成一致和感情的通畅。从沟通的定义可以总结出**沟通的三要素**。一是要有一个明确的目标。二是沟通信息、思想和情感。三是要达成共同的协议。

要素 1：一定要有一个明确的目标。

沟通和闲聊本质的区别是什么？沟通是双方都有明确的目的，而闲聊没有目的性。其实平时没有关注沟通和闲聊的差异，经常遇到有同事或是经理过来："小张，咱们到会议室里面沟通沟通吧。"这种说法本身就存在矛盾。因为沟通是有明确的目标的，同样这也是沟通最重要的前提。所以，我们理解了沟通的第一个要素之后，如果与其他人进行沟通，我们见到对方的开场应该是："这次想跟你沟通的主要是关于……"沟通时说的第一句话要说出你要达到的目的，这是非常重要的。

要素 2：沟通信息、思想和情感。

沟通的内容不仅仅是信息，还包括更加重要的思想和情感。那么信息、思想和情感哪一个更容易沟通呢？是信息。

例如：今天几点开会？会议地点是哪里？今年的绩效考核部门优秀的比例是多少？

这样的信息是非常容易沟通的，而思想和情感是不太容易沟通的。在工作的过程中，很多障碍使思想和情感无法得到一个很好的沟通。事实上我们在沟通过程中，传递更多的是彼此之间的思想，而信息的内容并不是主要的内容。

要素 3：达成共同的协议。

沟通结束以后一定要形成一个双方或者多方都共同承认的协议，只有形成了这个协议才叫完成了一次沟通。如果没有达成协议，那么这次不能称之为沟通。沟通是否结束的标志就是"是否达成了一个协议"。在实际的工作过程中，我们常见到大家一起沟通过了，但是最后没有达成一个明确的协议，大家就各自去工作了。由于对沟通的内容理解不同，又没有达成协议，最终造成了工作效率的低下，双方又增添了很多矛盾。在明确了沟通的第二个要素的时候，应该知道，在我们和别人沟通结束的时候，一定要用这样的话来总结："非常感谢你，通过刚才交流我们现在达成了这样的协议，你看是这样的一个协议吗？……"在沟通结束的时候一定要有人来做总结，这是一个非常良好的沟通行为。可以观察一下你的同事，他们在沟通结束后是否有这样的结束语，如果有这样的结束语，那么标志着是一个良好的沟通。

在工作和生活中，人们会采用不同的沟通模式，可能用得最多的是语言文字。这是人类特有的一个非常好的沟通模式。实际上在工作和生活中人们除了用文字语言沟通，有时候还会用肢体语言去沟通，如用眼神、面部表情和手势去沟通。归纳起来，人们的沟通方式有两种，即文字语言的沟通和肢体语言的沟通。通过这两种不同模式的沟通，可以把沟通的三个内容即信息、思想和情感传递给对方，并达成协议。

1. 文字语言的沟通

文字语言是人类特有的一种非常好的、有效的沟通方式。文字语言的沟通包括口头语言、书面语言、图片或者图形。

口头语言包括面对面的谈话、会议等；书面语言包括信函、广告和传真、电子邮件等；图片包括一些幻灯片和电影等；这些都统称为文字语言的沟通。

在沟通过程中，文字语言沟通对于信息、思想和情感的传递而言，更擅长传递的是信息。

2. 肢体语言的沟通

肢体语言包含的内容非常丰富，包括动作、表情和眼神。美国传播学家艾伯特·梅拉地安曾对于沟通提出一个公式：

沟通时信息的全部表达 =7% 语调 +38% 声音 +55% 肢体语言

我们说沟通的模式有文字语言和肢体语言两种，文字语言更擅长传递的是信息，肢体语言更善于传递的是人与人之间的思想和情感。

人们在工作和生活的过程中，常把单向的通知当成了沟通。在与别人沟通的过程中是一方说而另一方听，这样的效果非常不好。换句话说，只有双向的才叫沟通，任何单向的都不叫沟通。因此，沟通的另外一个非常重要的特征是：沟通一定是一个双向的过程。

要形成一个双向的沟通，必须包含三个行为，即有说的行为、听的行为和问的行为。一个有效的沟通就是由这三个行为组成的。换句话说，考核一个人是否具备沟通技巧的时候，看他这三个行为是否都出现。

高效沟通的三原则，要使沟通有一个良好的结果，必须具备沟通三原则。

原则 1：谈论行为不谈论个性。

谈论行为就是讨论一个人所做的某一件事情或者说的某一句话，相对比较客观。个性就是对某一个人的观点，即我们通常说的这个人是好人还是坏人，也就是贴标签。在工作中，我们发现有些职业人士在和我们沟通的时候严格遵循了这个原则，就事论事地和你沟通，显得有一丝冷淡。其实这恰恰是一个专业沟通的表现。

原则 2：要明确沟通。

在沟通过程中，说的话一定要非常明确，让对方有一个准确唯一的理解。在沟通过程中有人经常会说一些模棱两可的话，就像经理会拍着小张的肩膀说："小张，你今年的成绩非常好，工作非常努力。"好像是在表扬小张，但是接下去他还说一句："明年希望你要更加地努力。"这句话好像又在鞭策小张，说他不够努力。这就使人不太明白：沟通传达给我的到底是什么意思？所以，沟通中一定要明确，努力了就是努力了，缺乏努力就是缺乏努力，明确沟通的目的，不要模棱两可。

原则 3：积极聆听。

发送完信息后，对方就要去接收信息，即聆听。发送信息和聆听信息哪一个更重要一些呢？冷静地思考后你会发现，其实在沟通中听比说更重要，我们平时听别人说了很多的话，却没有认真去聆听对方真实传递的信息，导致沟通失败。所以说聆听是一种重要的非语言性沟通技巧。

在聆听的过程中，我们需要注意**聆听的原则**：①眼耳并用；②聆听全部信息；③表现出有兴趣聆听；④鼓励他人表达自己；⑤适应讲话者的风格；⑥寻求理解他人，然后再被他人理解。

首先是要理解对方。听的过程中一定要注意，站在对方的角度去想问题，而不是去评论对方。聆听者要适应讲话者的风格。每个人发送信息的时候，他说话的音量和语速是不一样，你要尽可能适应他的风格，尽可能接收他更多、更全面、更准确的信息。聆听不仅仅用耳朵在听，还应该用你的眼睛看。你耳朵听到的仅仅是一些信息，而眼睛看到的是他传递给你的思想和情感，这些需要肢体语言去传递，所以聆听要用耳朵和眼睛共同"工作"。鼓励对方，在听的过程中，看着对方保持目光交流，并且适当地去点头示意，表现出有兴趣的聆听。具体步骤如下：

1．准备聆听

首先，就是你给讲话者一个信号，说我做好准备了，给以讲话者充分的注意；其次，准备聆听与你不同的意见，从对方的角度想问题。

2．发出准备聆听的信息

通常在听之前会和讲话者有一个眼神上的交流，显示你给予讲话者的充分注意，这就告诉对方：我准备好了，我们可以开始了。要经常用眼神交流，不要东张西望，应该看着对方。

3．采取积极的行动

积极的行为包括频繁地点头，鼓励对方去说。在听的过程中，也可以身体略微地前倾而不是后仰，这样是一种积极的姿态，这种积极的姿态表示：你愿意去听，努力在听。同时，对方也会有更多的信息发送给你。

4．理解对方全部的信息

聆听的目的是理解对方全部的信息。在沟通的过程中你没有听清楚、没有理解时，应该及时告诉对方，请对方重复或者解释。

当你没有听清或者没有听懂的时候，千万不要装懂，要及时提问。很多专业的沟通者，在说话之前都会说："在我讲的过程中，诸位如果有不明白的地方可以随时举手提问。"这证明他懂得在沟通的过程中，要说、要听、要问。而不是说："大家要安静——一定要安静，听我说，你们不要提问。"那样就不是一个良好的沟通。沟通的过程是一个双向的循环：发送、聆听、反馈。

在沟通聆听的过程中，因为每个人的聆听技巧不一样，所以看似普通的聆听却又分为 5 种**不同层次的聆听效果**。

1．听而不闻

所谓"听而不闻"，简而言之，可以说是不做任何努力地去听。

我们不妨回忆一下，在平时工作中，什么时候会发生听而不闻？如何处理听而不闻？

听而不闻的表现是不做任何努力，你可以从他的肢体语言看出，他的眼神没有和你交流，他可能会左顾右盼，他的身体也可能会倒向一边。听而不闻，意味着不可能有一个好的结果，当然更不可能达成一个协议。

2．假装聆听

假装聆听就是要做出聆听的样子让对方看到，当然假装聆听也没有用心在听。在工作中常有假装聆听现象的发生。例如，你和客户之间交谈的时候，客户有另外一种想法，出于礼貌他在假装聆听，其实他根本没有听进去；上下级在沟通的过程中，下级惧怕上级的权力，所以做出聆听的样子，实际上没有在听。假装聆听的人会努力做出聆听的样子，他的身体大幅度地前倾，甚至用手托着下巴，实际上是没有听。

3．选择性地聆听

选择性地聆听，就是只听一部分内容，倾向于聆听所期望或想听到的内容，这也不是一个好的聆听。

4．专注地聆听

专注地聆听就是认真地听讲话的内容，同时与自己的亲身经历做比较。

5. 设身处地地聆听

不仅是听，而且努力理解讲话者所说的内容，所以用心和大脑，站在对方的角度去听，去理解他，这才是设身处地地聆听。设身处地地聆听是为了理解对方，多从对方的角度着想：他为什么要这么说，他这么说是为了表达什么样的信息、思想和情感，如果你的上级和你说话的过程中，他的身体却向后仰，那就证明他没有认真地与你沟通，不愿意与你沟通。当对方和你沟通的过程中，频繁地看表也说明他现在想赶快结束这次沟通。你应该去理解对方，是否对方有急事，可以约好时间下次再谈。对方会非常感激你的通情达理，这样做将为你们的合作建立基础。

在平时的工作和生活中，不好的沟通给我们带来的伤害非常大，它比任何一种不好的习惯给我们带来的伤害都要大。如果在工作中欠缺沟通技巧，那么就无法和同事正常地完成一项工作，工作效率降低，同时也会影响到个人的职业生涯的发展。在家庭中不好的沟通会造成家庭的破裂。所以，良好的沟通对于我们来说是非常重要。

导致沟通失败的原因有哪些？

（1）缺乏信息或知识。

（2）没有说明重要性。在沟通的过程中，没有优先顺序，没有说明这件事情的重要性。

（3）只注重了表达，而没有注重倾听。

（4）没有完全理解对方的话，以致询问不当。

（5）时间不够。

（6）不良的情绪。人是会受到情绪影响的，特别是在沟通的过程中，情绪也会影响到效果。

（7）没有注重反馈。

（8）没有理解他人的需求。

（9）职位的差距、文化的差距也会造成很多沟通的失败。

赞美他人，是我们在日常沟通中常常遇到的情况。要建立良好的人际关系，恰当地赞美他人是必不可少的。美国一位著名社会活动家曾推出一条原则：给人一个好名声，让他们去达到它。事实上被赞美的人宁愿做出惊人的努力，也不愿让你失望。

赞美能使他人满足自我的需求。心理学家马斯洛认为，荣誉和成就感是人的高层次的需求。一个人具有某些长处或取得了某些成就，他还需要得到社会的承认。如果你能以诚挚的敬意和真心实意地赞扬满足一个人的自我需求，那么任何一个人都可能会变得更令人愉快、更通情达理、更乐于协作。因此，作为领导者，应该努力去发现能对部下加以赞扬的小事，寻找他们的优点，形成一种赞美的习惯。

赞扬部下是对部下的行为举止及进行的工作给予正面的评价，赞扬是发自内心的肯定与欣赏。赞扬的目的是传达一种肯定的信息，激励部下。部下有了激励会更有自信，想要做得更好。

赞美部下也不是随意说几句恭维话就可以奏效的。事实上，**赞美部下也有一些技巧及注意点。**

1. 赞美的态度要真诚

赞美部下必须真诚。每个人都珍视真心诚意，它是人际沟通中最重要的尺度。英国专门研究社会关系的卡斯利博士曾说过："大多数人选择朋友都是以对方是否出于真诚而决定的。"如果你在与下属交往时不是真心诚意，那么要与他建立良好的人际关系是不可能的。所以在赞美下属时，必须确认你赞美的人的确有此优点，并且要有充分的理由去赞美他。

2. 赞美的内容要具体

赞美要依据具体的事实评价，除了用广泛的用语如："你很棒""你表现得很好""你不错"，最好要加上具体事实的评价。还是举之前给大家举过的例子："小张，你最近工作很投入，为了编写财务分析报告，连续一周加班，现在你的报告在开会之前完成了，而且质量相当高，整个报告思路清楚，框架清晰，结构完整，特别是公司业务财务数据分析和未来财务发展部分，紧密联系公司的实际，提出了相当棒的分析思路和解决办法，而且使用了几个实用有效的分析工具，这对我们下一步的财务条线的总结会起到很大的帮助作用，我想这个工作对你个人的发展也是相当有帮助，继续努力。"

3. 注意赞美的场合

在众人面前赞扬部下，对被赞扬的员工而言，受到的鼓励是最大的，这是一个赞扬部下的好方式，但是采用这种方式时要特别慎重，因为被赞扬的表现若不能得到大家客观地认同，其他部下难免会有不满的情绪。因此，公开赞扬最好是能被大家认同及公正评价的事项。例如：业务竞赛的前三名、获得社会大众认同的义举、对公司产生重大的贡献等，这些值得公开赞扬的行为都是公平公开竞争下产生的，或是已被社会大众或公司全体员工认同的。

4. 适当运用间接赞美的技巧

间接赞美就是借第三者的话来赞美对方，这样比直接赞美对方的效果往往要好。比如，你见到你下属的业务员，对他说："前两天我和刘总谈起你，他很欣赏你接待客户的方法，你对客户的热心与细致值得大家学习。好好努力，别辜负他对你的期望。"无论事实是否真的如此，反正你的业务员是不会去调查是否属实的，但他对你的感激肯定会超乎你的想象。

间接赞美的另一种方式就是在当事人不在场的时候赞美，这种方式有时比当面赞美所起的作用更大。一般来说，背后的赞美都能传达到本人，这除了能起到赞美的激励作用外，更能让被赞美者感到你对他的赞美是诚挚的，因而更能加强赞美的效果。所以，作为主管，你不要吝惜对部下的赞美，尤其是在面对你的领导或者他的同事时，恰如其分地夸奖你的部下，他一旦间接知道了你的赞美，就会对你心存感激，在感情上也会与你更进一步，你们的沟通也就会更加卓有成效。

总之，赞美是人们的一种心理需要，是对他人敬重的一种表现。恰当地赞美别人，会给人以舒适感，同时也会改善与下属的人际关系。所以，在沟通中，我们必须掌握赞美他人的技巧。

今天的培训到此结束，希望各位管理者能够将今天所学应用到绩效反馈面谈中。同事们对陆可欣举办的这次培训报以热烈的掌声，而且都认为实操性很强，对下面的绩效考核面谈更有信心了。

6.13 提升篇：你知道如何跟 90 后交流吗

大概是在 2006 年，曾经给国内的一家大型处方药公司做管理培训，公司的老总和人力资源总监要求陆可欣在培训的时候要涉及"如何带 80 后的员工"。陆可欣当时坦诚："我是第一次听说这个话题。"现在，无情的时空已经把话题带到了"如何与 90 后"打交道了，而且很多企业 80 后已经占据了近一半的管理岗位。蓦然回首，却发现"小鲜肉和二次元"都成为 CEO 了，更普遍的是 80 后已经大批成为中高层管理干部，90 后已经逐渐成长为我们必须仰仗的专业高手。

当今 90 后管理变成一个话题，根本原因是 50/60/70 这些处在中高层管理岗位的领军人物没有激活自己的好奇心及长辈应该赋予年轻下属的真切的关爱、没有付出足够的努力去理解"早晨八九点钟的太阳"，更没有严格要求自己，提升自己与年轻一代打交道的能力，这确实是我辈应该反思和检讨的。

我们确实应该仔细研究一代人的特点，就好比每个企业都应该研究目标客户的行为特点是一样的。同时，我们更应该在林林总总的信息、调查、理论和学派中找到规律，探索解决问题的方法。以下 5 个步骤能帮助我们更好地与下属共事，达成团队业绩。但是知易行难，5 个步骤说起来简单，要"践行"却需要 50/60/70 代的管理者付出相当的努力。

1. 平等、尊重而充满关爱地沟通

50/60/70 代的经理人不应该要求 80/90 后来理解我们，这是本末倒置，我们没有尽到一个"过来人"的责任，毕竟我们作为职业经理人要带着他们实现自己部门乃至公司的业绩。

我们有没有花时间和精力跟年轻的同事多些接触，多聊聊天，尽可能抓住短暂的时间快速了解他们，我们能不能放下自己"不值钱的层级架子"，唤醒沉睡的好奇心，一个"二次元"为什么会沉浸在自己的世界，他津津乐道而沉迷的到底是什么？跟我们小时候整天趴在地上"弹玻璃球儿""扇洋画儿""斗蛐蛐儿"有什么区别，他的乐趣到底在哪儿？一句话，保持一颗年轻、好奇、求学的心。

2. 加深了解

沟通只是敲开了一扇门，赢得机会走进年轻人的世界。一个公司有《战略大客户档案》和《战略供应商档案》，目的是什么？把客户和共存共荣的伙伴研究透，知道他们的行为习性，然后针对性地管理，以提升业绩。

但是我们忘了第三本更重要的档案，自己部门或企业的《人才档案》。如果我们没有把自己的下属研究透，甚至都不了解，我们怎么能把团队转化成业绩？请 50/60/70 代的经理人尝试回答下面的问题：你的各个下属血型、生日、星座、教育背景、以往工作背景、小时候成长的环境、兴趣爱好、喜欢什么运动、爱吃什么、父母的情况、爱人的情况、孩子的情况……如果我们有太多不知道的，试问：你如何找到与下属打交道的出发点？而我们的业绩可能在起点就已经败局已定。

举例：我们虽然出差在外，但是这本《人才档案》提醒我们明天是下属的

生日，我们给下属发个微信或者邮件，甚至还可以把微信和邮件设计得更温馨些，同样可以联络下属的感情，比送蛋糕、点蜡烛的效果不差多少；我们知道下属的老母亲有什么慢性病，也可以发动自己可能的资源帮助求得偏方；我们知道下属最近忙着结婚、装修房子，我们尽可能提供时间上的便利，让他在人生大事的经历中增加了丝丝甜蜜的回忆……

一个父亲如果没完整地看过几集《奥特曼》，怎么能与幼年的儿子沟通？一个父亲如果没完整地看过几集动漫或打过几个网游，怎么能走进"少年小王子/公主"的世界？

3. 建立信任

下属对我们的信任永远是努力赢得的，而不是白给的。

"加深了解"目的是赢得建立信任的机会，在工作中我们要注意培养下属从不会干到会干，从不熟练到熟练；遇到问题不是劈头盖脸地批评和指责，而是建设性地指导、帮助和耐心地启发与引导，以便共同找到解决问题的办法，我们陪伴、护佑着下属一起攀登，走到了"无限风光在险峰""会当凌绝顶，一览众山小"的工作境界。下属知道，他头顶有一把伞在庇护着他，那是他可以依靠的大树。

这种共同努力而结成的工作信任是牢不可破的，在关键时刻，这将是无坚不摧的团队战斗力。

4. 形成工作中的默契

基于了解和信任，我们和下属之间就清楚了我们有哪些共同的以及不同的思维和行为习惯，这种预判和熟知降低了工作中沟通的成本，有利于提升工作效率。我们也就从破冰，进一步走到了沟通无障碍，一个眼神、一个表情、一个手势就达成了共识。

5. 在默契中建立深厚的工作感情，两代人共同努力找到正确的实现业绩的方法

有的管理者严厉地批评下属几句话，结果被下属报复，为什么？是这位管理者在这 5 个步骤"欠债"太多！

也有管理者，对下属声色俱厉，甚至张嘴骂人、抬手打人，下属非但没有被激怒而结怨，反而发自内心地认为这是管理者没把自己当外人，是管理者"恨铁不成钢"，有这么"贱"的下属吗？没有！是这位管理者在这 5 步的投入足够多！请回忆《亮剑》中的李云龙是如何对下属吹胡子瞪眼的，而他们的战斗情义是多么的深厚！

可欣心得

1. 有效沟通能把上级的指示迅速转化为下属的行为。
2. 这 5 步是曼妙的人为创造"缘分"的艺术。

第 7 章

绩效考核结果应用的"痛"，做到奖惩分明不容易

公司的绩效考核工作到了收尾阶段，最近找 HRD 高总的人就没断过，主要围绕两大核心问题，一是绩效考核结果分布，二是绩效考核结果应用。HRD 高总指导陆可欣如何根据公司实际情况解决这两个核心问题。

7.1　爱你在心口难开，绩效结果强制分布

高总："绩效考核结果出来了，好几个部门找我讨论，强制分布是不是科学，有些部门得 A 的人在别的部门也就能得个 C，我们统一规定各部门员工绩效结果 5 个等级 ABCDE 占比一致，这样势必导致一定的不公平。如果员工有一次被排在最后一级那么工资降一级，如果有两次排在最后一级则需要待岗进行培训，培训后根据考察的结果再决定是否上岗，待岗培训期间员工只领取基本生活费。

"公司各级经理和员工对这种绩效考核方法都很有意见，其中有些职能部门，例如，财务部经理每年都为此煞费苦心，该部门是职能部门，大家工作中都有明确的绩效评价标准，从一定意义上来讲都没有什么错误，工作都完成得很好，把谁评为 E 级都不合适。去年李兰因家里有事请了几天假，还有几次迟到了，但是也没耽误工作。财务部经理实在没办法只好把李兰放到 E 级，李兰为了财务部的强制分布指标成了考核的'牺牲品'。"

陆可欣："虽然存在这种现象，但是末位淘汰还是有一定作用的，主要优点包括：一是通过末位淘汰来分流员工降低成本，通过末位淘汰制，对绩效级别最低的员工实施淘汰，这样既兼顾了公平，又实现了人员的有效精简；二是末位淘汰制度是激励员工的一种有效手段，因为末位淘汰制是一种强势管理，旨在给予员工一定的压力，激发他们的积极性，通过有力的竞争使整个企业处于一种积极向上的状态，避免企业人浮于事的现状，提高了工作效率和部门的效益。

"当然，末位淘汰的缺点也是很明显的。这种做法会造成员工的职业不安全感和对公司忠诚度的下降，此外如果员工受到不公平的考核评价被强制淘汰，那么对企业品牌声望也是一种致命的伤害。举个例子：某企业去年实行末位淘汰制度，年终对员工进行 360 度测评，按照 8% 的比率对员工进行淘汰。但是在实际操作中却遇到了一些问题，干活越多的人，出错的几率越大；越坚持原则的人，得罪的人越多；结果是这两类人年终的评分都很低，按照公司的规定，他们被淘汰了。但是企业里有很多人对他们被淘汰感到惋惜，意见也很大，认为如果再这样淘汰下去，将没有人敢说真话了，所以，今年公司的末位淘汰制度就不了了之。

"这种方法实践操作中存在以下难点。第一，业务和职能类人员的差异。职能人员工作以岗位标准为要求，每个人工作内容不同甚至没有可比性，如果考核分数相同甚至没有拉开距离也是非常正常的现象，这种情况下强制淘汰未免不够合理。第二，淘汰比例和规模难以确定。企业到底淘汰多少比较合适，如果淘汰人员比例过高，则容易造成后备招聘和培训等配套管理力量跟不上，员工心理负担过重会导致同事关系紧张等现象，而淘汰比例过低又起不到应有的作用，此外还有就是淘汰人员对应配套安置，也需要慎重考虑。第三，末位淘汰制的法律风险。末位淘汰制有违法的风险。企业和员工共同签订《劳动合同》是基于双方意愿基础上的行为，一旦订立就对当事人双方产生约束力。在合同期限未满前任何一方单方地解除合同都必须有法定的理由，否则就视为违法。而在末位淘汰制中企业与员工解除合同的理由仅仅是员工的工作表现，法律依据是不足的，因此企业应该承担相应的法律责任。第四，这种制度实施可能破坏团队协作和人际关系。末位淘汰制主张通过内部员工的竞争从而严加管理，员工外在工作环境是紧张的，在这种环境下员工的心理压力很大，同事关系也很紧张，团队精神差，必然导致员工都注重人际关系，而不关注实际工作业绩的现象。第五，末位淘汰制可能导致优秀员工流失。在长期强烈竞争的工作氛围下，可能导致优秀员工身心疲惫，使他们失去工作和生活的平衡。另外，优秀员工在目睹绩效考核末端 10% 的团队成员遭到淘汰，这种"杀鸡骇猴"的考核方式，会造成整个团队风气不良，导致绩效优秀的员工感受到生活的无趣和不适而产生辞职的想法。所以我们还是要慎重地使用末位淘汰制。"

7.2 GE 活力曲线，杰克·韦尔奇的"神曲"

高总："陆可欣你说得很有道理。听说过 GE 的活力曲线吗？"

陆可欣："最近正巧在研究 GE 的活力曲线很受启发。活力曲线是很有效的评价组织方法，也称为区分工具，根据绩效考核结果的不同，对不同的人用不同的政策，确保整个团队充满活力。GE 的做法是迫使每个公司的领导对他们的团队进行区分。他们必须区分出：在他们的组织中，哪些人是最好的20%，哪些人是属于中间大头的 70%，哪些人是属于最差的 10%。比如说，如果一个管理者的团队成员一共是 20 人，公司最想了解的是 20%（最好的 4 人）和最差的 10%（2 人）的姓名、职位和薪酬待遇。表现最差的员工通常都是必须要走人。虽然做这样的判断不容易，而且并不是每次都准确无误。有可能会错失几个'明星'员工或出现几次大的失误，但是对于造就一个'全明星'的团队可能性却大大提高了。区分使得整个组织层次都有一定的提升。在这个动态的过程中，每个人都有危机意识，没人能够确信自己永远能够留在最好的一群人当中。所以他们必须用自己的业绩去证明自己在这个位置上是当之无愧的。GE 公司是将人分为 A（20%）、B（70%）、C（10%）三类。

"A类员工是激情满怀、勇于负责、思想开阔、富有远见。不仅能够自身充满活力，还能够带动自己周围的人。GE对于这部分人的政策是不断奖励、不断加薪。杰克·韦尔奇有句名言：我们要把海水一样多的钱放在他们面前。对这类人需要注意常见的错误是晋升。比如说小张是一个出色的销售专员，在GE被评为A类员工，所以他的直属领导认为他肯定能够成为优秀的销售主管。但是结果不然，将他晋升为销售主管以后，他并不能完成本职工作，连基本的销售业绩都完成不了。单纯地使用绩效考核结果和不考虑其他因素就提拔员工，会出现问题。绩效考核结果好并不意味着能够晋升，绩效考核结果不好也不意味着不能晋升。对于晋升这个问题不能单纯地依赖考核结果。

"B类员工占总员工的70%，数量非常多。B类员工是公司的主体，也是业务经营成败的关键。管理层投入大量的精力提升B类员工水平。B类员工由于有一定的优越感，觉得自己不是最差的10%，可能会出现偷懒或者是消极怠工。大部分是没有卓越理想的人。GE运用的政策就是首先设定高压的目标同时搭配培训。用培训激发员工的潜力，提升他们的能力。管理者会鼓励B类员工思考为什么他们没有成为A类员工，并帮助他们成为A类员工，激发他们的斗志让他们努力向A类发展。

"C类员工是排在最后10%的员工。他们不能胜任自己的工作。GE一般的处理方法是裁掉他们。其实在这里为什么要裁掉他们才是关键，一个人总是被排在最后10%只能说明这个环境不适合他们。20%、70%、10%的比例分布迫使管理者必须对员工进行区分。

"GE同时搭配了奖励制度：提高工资、股票期权以及职位晋升。A类员工得到奖励是B类员工的2~3倍。对B类员工，每年也要确认他们的贡献，并提高工资。对于C类员工，则什么奖励也得不到。每一次评比之后，给予A类员工大量的股票期权。大约60%~70%的B类员工能得到股票期权。"

高总："陆可欣，你提到的GE活力曲线会对组织的长期发展和激励起到作用，不过咱们公司现在这个阶段已经实施了绩效考核，如果前期没有跟各部门沟通好绩效考核结果如何应用，贸然用末位淘汰或是调整强制分布比例已经来不及了。我们可以明年对绩效考核结果分布比例及结果应用进行相应的完善。"

陆可欣："今年可能不太适合调整绩效考核分布比例，总结今年的经验，明年再进行完善。今年就按照原定的绩效考核办法一步一步往下推进吧。"

高总："陆可欣，那么对于今年绩效结果评出来的结果如何进行应用？你是如何考虑的？"

陆可欣："公司制定的绩效考核办法里，已经明确规定了员工绩效结果的应用范围，包括绩效工资的发放、薪酬标准的调整、岗位的调整、培训开发以及劳动合同续签、终止或解除等几个方面。对于绩效工资的发放，应严格根据员工的绩效考核结果计算发放；对于薪酬标准的调整，我建议根据今年的人工成本预算，结合员工薪酬调整的比例，经过详细测算后再确定最终的具体方案；关于岗位调整、培训开发和劳动合同管理来说，主要还是要听取各个部门经理的意见；整体而言，绩效考核结果运用的难点，在于如何处理绩效考核识别出来的问题员工。"

7.3　如何处理企业中的问题员工

高总："你说得不错，我们来重点研究一下，绩效考核识别出来的问题员工如何处理？"

陆可欣："高总，本周五下午有一个人力资源管理沙龙，内容是来自世界500 强公司的 HRD 分享人力资源管理实践，其中主题之一就是讨论如何解决公司中的问题员工，咱们一起去参加一下吧。"

高总：好的，咱们一起过去，你提前预约下座位。

周五下午，陆可欣和高总一起来到了沙龙现场，沙龙在一个五星级酒店的小宴会厅举行。只听台上传来主持人甜美的声音："各位人力资源管理的大咖，大家下午好！企业中问题员工的处理，是一直困扰人力资源管理者的难题。今天我们有幸邀请到了世界 500 强企业的人力资源总监 Linda、Steven，他们在人力资源管理方面有着多年的管理经验，让我们看看他们是如何看待和处理问题员工的，首先掌声有请 Linda 来分享。"

Linda："谢谢主持人！问题员工的处理可以说是人力资源管理者必须要面对的问题，也是人力资源管理工作的重要组成部分。业内达成的共识是 80% 的绩效是由 20% 的优秀员工达成的，公司 20% 的问题员工产生了 80% 的问题。公司迟早会为此付出相当大的代价。问题员工会给公司带来多方面的损害，比如降低客户满意度，影响组织内部士气，在组织内部传播负能量。如果问题员工是管理团队的中高层，将对公司产生连锁反应。如果问题员工处理不当，也会给企业造成不良后果。面对问题员工的问题，我们要先明确，问题员工的问题到底是出在哪，是自身的原因还是管理层的原因。如果是管理层的原因，组织应当找到应对措施，消除管理上的瑕疵。如果是自身原因，一般可以分为三类：第一类是工作态度方面问题，员工存在不良的工作态度而成为问题员工；第二类是专业技能方面问题，员工由于能力未能达到岗位要求，从而不能胜任现有工作；第三类是企业文化或是氛围融合度问题，员工不能适应现有的工作环境。前两类是公司中比较常见的问题员工，第三类比较容易被忽略。

"有些员工存在个性问题，与其他成员关系处理不当，产生摩擦有可能成为问题员工，还有一些问题员工是由于管理环节不到位，人为制造出来的。管理环节可以包括：招聘环节没有选到合适的人，部门主管对员工的绩效反馈和辅导没有及时有效，绩效考核明显不公平、不公正，等等。从招聘面试角度来说，除了要考虑候选人的个人能力和基本素质，还要考虑员工与主管领导或是团队的融合度。如果主管领导是一个强悍的个性鲜明的人，在为他招聘助理的时候要多考虑能够与他的性格互补。如果两个都是强势的人，比较容易产生摩擦和冲突。组织内部进行重组和调岗的时候都应当考虑这些因素。

"我们对待不同类型的问题员工要采取不同的处理方法。对于第二类能力方面有问题的员工，可以通过辅导和培训帮助解决。第三类员工则比较复杂，我们要挖掘出问题员工产生的深层次原因、公司的政策制度、团队管理等。解决这样的问题员工，人力资源部需要与部门主管、员工等相关层面都保持较好的沟通。这个问题还取决于公司的文化，比如如果被 GE 公司评为活力曲线倒数 10% 的员工，很有可能面临裁员。但如果公司的文化和价值观导向就是不轻易放弃任何员工，他们首先考虑的不是动用公司的规章制度，而是深度分析产生问题员工的原因，针对不同的原因，找出对应的对策。总而言之，对于问题员工的处理首先要找到原因，处理方法就比较容易找到。"

7.4　如何处理企业中解雇员工的问题

主持人："什么时候考虑解雇员工呢？有请 Steven 分享一下您的经验。"

Steven："一般公司考虑解雇员工主要有 4 方面原因。第一，经过绩效考核后，员工对绩效表现无法接受，并为员工提供了成功所需的一切指引、工具、培训，也提出了一两次警告，可是依然达不到这个岗位要求的绩效水平，那么就该解雇他了。这种规则同样适用于管理层。第二，定期清除业绩表现一贯不佳的员工，并将这个行为作为公司的政策。在企业内部创建积极的文化，定期帮助绩效不佳的员工，如果他们仍然无法达到要求，那么解雇他们是一件好事。如果能够有一个既定的程序来确保这一工作的客观、一致就更好了，虽然我并不喜欢强制性地规定要有多少比例的员工必须被解雇这种做法。第三，不可原谅的过错。例如，泄露机密信息，在竞争对手处兼职，不服从领导，犯重罪等。这些应该毫不手软地处理。第四，公司裁员。每个人对于裁员可能都会有自己的看法，但是裁员一直是商业世界和企业管理中的现实。你可以用一种非常保守的方式管理公司，但是严重的衰退或者市场低迷仍会逼迫你进行必要的裁员。我认为在经济低迷的时期最有效的缩减规模的方法就是一次性裁员，大规模裁员之后就开始让公司恢复元气。好经理和伟大的经理之间的区别在于他们能够如何态度强硬地完成这部分工作。这包括给员工和经理诚实而直接的反馈，在需要的时候出手行动，这也意味着需要多次解雇员工。一旦你决定裁员，那么早行动总比晚行动要强。解雇员工时需要考虑多种因素。在很多案例中，员工由于被解雇与公司对簿公堂。因此，解雇员工一定要考虑充分，做好各种可能出现情形的应对计划。"

主持人："Steven 说的方法和策略很中肯，我们在工作过程中遇到更多的情况是绩效表现不好并且认识不到自己的问题，对于这样的员工需要怎样处理呢？"

Steven："刚巧我最近帮朋友的公司处理了一个这样的员工。TT 公司是一家网络公司。公司目前的业务已相当稳定。公司现有员工 40 余名，基本上都是二三十岁的年轻人。公司创办人仅 30 岁出头，性格开朗、思维活跃，周末及节假日经常组织员工集体活动，整个公司充满朝气。销售部行政秘书因出国求学辞职，公司又招聘了一位年仅 23 岁、有 3 年工作经验的小吴，小吴性格外向、穿着得体，在面试中显得十分自信，给人事行政部经理和销售部经理留下了深刻的印象。不久后小吴顺利进入 TT 公司。

"小吴在进入 TT 公司后的两年绩效很不理想，拖累了整个团队的绩效，个性比较倔强，不善于和主管以及同事沟通。一次在为公司领导报送的统计数据出现严重纰漏，幸好在未发送数据前被销售部经理发现，及时改正，这件事差点对部门造成严重影响。对于自己的本职工作，不及时跟进、追踪和反馈，没有做到管控的职责，出现数据计算错误，不重视考勤，经常迟到。销售部经理语重心长地与小吴沟通多次，也曾经想为其转岗，由于员工没有擅长的专业和突出的优点，一直找不到合适的岗位。快到年底，各部门加强劳动纪律管理，销售部也不例外，召开部门会议强调考勤等劳动纪律。小吴直接与销售部经理叫板，抱怨考勤制度不合理，为自己的迟到找各种理由。销售部经理找到人力资源总监，商议希望尽快解雇该名员工。

"这个人力资源总监是我的朋友，打电话向我咨询。我给出的建议是可以采取以下两种：一是要查阅一下小吴的劳动合同到期时间。如果近期就到期，直接按照到期不续签，并在不续签劳动合同前对员工保密。保密的原因是防止个别员工通过怀孕或长期休病假，延长劳动合同终止时间。二是如果小吴距离劳动合同到期还有较长一段时间，销售部经理应该叫上人力资源部同事带着相关材料，言简意赅，协商解除劳动合同，大家好聚好散。最终销售部经理与人力资源总监选择了第二种方法协商解除劳动合同。

"我们需要注意，管理者在解雇员工时，其他员工会密切关注事情的发展，同时也会从同事那里得到第一手信息，了解事情的整个过程。即使有些时候，其他员工会说：'领导在几个月前就应该让他卷铺盖走人。'但是，在内心里他们还是希望整个解雇过程能够充满人文关怀。那些继续留在公司的员工，也就是你想留住的员工，会在这个过程中仔细观察公司及管理者本人进行人员管理的方式，同时可能也会担心解雇的厄运降临到自己头上。

"对于解雇员工，具体操作过程的建议如下：

"（1）在采取任何具体的行动之前，一定要扪心自问：如果我的上司今天突然通知我被解雇了，我有怎样感觉。想象自己被解雇了，写下那些能够描述自己心情的词语。

"（2）考虑一下自己必须解雇某人时的心情，以及对方的心情。现在，写下几个词，描述一下自己不得不解雇某人时的心情；回顾一下自己目前写下的所有词语，然后挑出两三个情感最强烈的；同时要考虑到自己遇上相似的情形，会想要对方怎样做。

"（3）如果你是被解雇的对象，希望你的上司如何处理这个过程？你希望他们做些什么，说些什么？将自己的想法快速地记录下来。例如，你想要对方如何对待你，以及你希望自己的上司对自己说些什么。

"（4）一定要小心谨慎。虽然事先准备了好几句的开场白，但是这些开场白奠定了整个谈话的基调。它们是至关重要的。不要反复讨论你的理由是否充分。只有通过诚心诚意的倾听及明确的提问才能让对方进入接受的阶段。"

7.5 如何针对性处理各类问题员工

主持人："在工作过程中会存在不同类型的绩效较差问题员工，如何能够针对员工的不同类别，对其进行管理。Linda 请谈谈您的想法。"

琳达（Linda）："第一种是针对脾气暴躁员工的管理。脾气暴躁员工的特点是爱冲突、吵闹、制造事端，但是他们直率、重感情、讲义气。如果管理者能够让这样的员工服从自己的管理，往往管理者把他们收服后，他们是最死心塌地跟着你的员工，千万别想到辞退。对于脾气暴躁的下属，管理者应善于采取回避的策略。首先，平息自己的心情，然后再试图平息对方的情绪，解决问题。管理者要意识到，自己并不一定是他们发脾气的对象，只是正好碰到他们的气头上。与脾气暴躁的下属建立良好的关系，通过这一系列的步骤，管理者不仅能够有效地让员工平静下来，而且还能够让员工产生信任感，与他们建立良好的关系。管理脾气暴躁的下属，根本的解决方法是与他们建立良好的关系。

"第二种是针对'爱找茬'员工的管理。如果我们每件事都做得完美，就不需要别人的批评指正了。但正因为我们都不是完人，周围就有那么一种人对别人品头论足挑毛病，泼冷水，甚至找茬。出现'爱找茬'员工的主要原因在于这些员工有比较强的嫉妒心理，并且本身有极不安全感。在别的同事工作比他好的时候，他发觉自己不安全，就开始挑同事的毛病，试图从中获得某种安全感。

"对于'爱找茬'员工，一是在工作上事先与其协商，例如'你觉得这事怎么办好？'这样，'爱找茬'的员工就会获得某种参与感，同时成为这件事情的一份子，也就不会再挑毛病了。二是言语中尽量用'咱们'，在与'爱找茬'员工沟通时，尽量用'咱们'，而不用'你们''我们'等泾渭分明的言辞。用'咱们'的结果是把'爱找茬'的员工拉到自己的战壕里，这样他们自然就不会找茬了。三是以称赞杜绝挑毛病，有时候去称赞'爱找茬'的员工是必要的，使用这种'负激励'的方法会使他们有所收敛。例如称赞'谢谢你的意见，使这个项目有大幅度改善'，这样反而会让对方觉得'真不好意思，我给他找茬他还这么感谢我'。下次，'爱找茬'的员工就会有所收敛。四是与其他同事结成联盟，争取其他同事的支持，当爱找茬的员工知道他挑战的不是一个人，而是许多人的时候，他就会考虑挑战一个联盟的难度。鉴于这一难度，'爱找茬'的员工就会收敛许多。五是当'爱找茬'的员工说'这行不通'时，抓住机会让他解释为什么行不通。如果他说的事实很有道理，那么'找茬'实际上就变成了双方坦诚的交流。如果对方没有合理的解释，那么'找茬'自然就没有达到目的。

"第三是针对不服从者的管理。需要关注以下几点：

"（1）研究其本人的特征，找出较易对他实施领导权的部分再实施管理。例如，销售人员善于销售，但不擅长回款管理，那么管理者应该针对这一点对其进行管理。由于被自己的上级抓住了缺点，员工就会有所收敛。

"（2）经常与员工进行沟通，与不服从者的沟通要经常进行。沟通的时候，管理者要首先肯定他的业绩，然后要求他遵守公司的规章制度，这样才比较容易收到效果。

"（3）分配给不服从者需要团队合作或领导辅导的工作。建立系统，分配给这些员工一些需要团队合作和需要领导辅导的工作。这些员工在做这些工作的时候，单靠一己之力是不能很好地完成的，这样他们就会感觉自己力量有限，感觉到团队力量和上级领导的重要性。同时领导自我反省自己的缺点，领导自身的一些缺点可能是导致员工不服从管理的因素。领导应该审视自己的权威性，是否自己有缺点削弱了自己的权威性。如果有缺点，管理者应该通过培训或者自我管理克服这些缺点。

"（4）变更员工的业务范围，如果管理者面对的是特别难于管理的员工，那么管理者应该使用具有'双刃剑'效果的方法——变更员工的业务范围。业务范围的变更往往会让员工产生变换任务的恐惧，因为他们对新的业务往往不熟悉，很难做出很好的业绩。使用这种方法会使员工'功高盖主'的气焰有所收敛。但是这种方法应该是管理者最后的选择，因为这往往会带来人力资源的浪费。"

7.6　绩效结果的应用，几多欢喜几多愁

主持人："刚才两位嘉宾就问题员工的处理，分享了很多经验。下面，让我们来讨论下绩效结果的其他应用，先来看看绩效与薪酬如何挂钩。有请史蒂文（Steven），请谈谈您的看法。"

史蒂文（Steven）："绩效是决定薪酬的重要因素之一，将薪酬与绩效挂钩越来越成为人力资源管理的趋势。根据什么来决定薪酬，我国很多企业在过去都走过了一条弯路。在历史上，我们曾经出现过吃'大锅饭'的情形，即大家干多干少一个样，干好干坏一个样。不管员工在工作中表现如何，最后拿到的薪酬是一样的。这种分配方式的不公平性是不言而喻的，如果这种分配方式继续延续，则会严重打击员工的工作积极性。特别是对于那些刚踏入工作岗位，满怀理想和热情的员工来说，他们会感到非常迷茫。这点对于大型企业来说尤为突出，企业越大，管理越要制度化、规范化，形成一个公平的环境。所幸，近年来我国企业管理日益现代化，越来越多的企业开始实施绩效管理，作为绩效管理的核心内容，绩效考核的重要性凸显。将绩效考核结果与员工薪酬福利挂钩，不同绩效表现的员工会获得不同的薪酬和福利。让干得好、干得多的员工获得更多、更好的收入，这样就会激励着员工不断上进，表现好的会表现得更加好，表现不好的也会积极要求上进。

"借此机会也跟大家分享下我调研 80/85 后的行为特点。很多 80/85 后今天都已经在公司走到了中层管理岗位，他们身上有几个非常优秀的品质，第一，忠诚度其实特别高，我们调查对象有一半从大学毕业以后一直就在同一家公司工作，直至成长为这个公司的中层。第二，他们进来要的工资特别高，但是进来以后，他们在工资的索取上会非常理智，不是那种疯狂无理地跟公司提要求。第三，这一部分人进来如果跟同事领导合作愉快，他们可能会变成不计报酬地埋头苦干。建议大家应该为我们的 80/85 后给予热烈的掌声，因为他们真的是我们企业今天的中坚力量。世界是他们的，也是我们的，但归根结底是他们的。"

沙龙进行了一下午，Linda 和 Steven 轮番登场，与大家分享经验。主持人还给了大家几个提问机会。陆可欣也幸运地得到一次提问机会，问了一个绩效结果如何与员工晋升挂钩的问题，听了嘉宾的分享，有茅塞顿开的感觉。一下午感觉很快就过去了。

主持人："我们可以看到，绩效结果的应用可以延伸到人力资源管理的各个方面，绩效结果应用的好坏对于是否能做好绩效管理确实是至关重要。感谢 Steven 和 Linda 的分享，今天真是干货满满，相信大家一定受益良多。再次感谢台上嘉宾的精彩分享，感谢大家参加此次沙龙活动，下次再见！"

7.7　绩效考核结果的应用，职位晋升和规划

陆可欣："高总，这次沙龙还是很精彩的。绩效考核结果的应用，我们还可以与员工的职位晋升挂钩，从而起到激励作用。员工职位晋升是职位上的奖励，即职位上的调整，这里是指职位升高，员工可以获得更高层级的职位。那么，根据什么标准来决定晋升某个员工的职位，而不晋升另外一个员工的职位呢？企业在这个方面的标准一定要清晰，因为一旦标准不清晰，就容易引起人们的猜疑，加重人们的不公平感。根据亚当斯的公平理论，公平感是由人们的收入和付出比决定的，一旦人们在比较之后认为自己受到了不公平待遇，人们会选择通过降低劳动生产率或者是离职的方式来表达自己的不满。绩效考核如果实施得当，将绩效考核结果作为员工职位晋升的标准，在综合考察员工的表现之后，将那些绩效考核结果连续优秀的员工提拔到更高的职位上来，则既可以激励被提拔的员工，也可以激励那些尚不满足这些条件的员工。

"其次，绩效考核与职业生涯发展挂钩，有助于达到企业人力资源需求与员工职业生涯需求之间的动态平衡，创造一个高效率的工作环境。

"企业的发展与员工的成长是分不开的，拥有了合适数量和质量的人才，

企业才能在市场竞争中胜出。因此，企业的发展要建立在不断地培养人才的基础上。员工的职业生涯发展也不仅仅是员工个人的事情，而是与企业发展休戚相关的。员工职业生涯的计划要与员工的直接上级共同确定，企业要为员工职业生涯的发展提供尽可能的帮助。将绩效考核结果与职业生涯发展挂钩，则可以向员工传递一个信息，即满足某些条件的员工更容易获得晋升，这是一种价值导向，能够实现企业发展和员工发展的双赢。再次，将绩效考核结果与职业生涯发展挂钩还可以帮助员工更好地进行自我职业生涯规划调整，帮助员工确定是否按照预期的目标在前进，取得了哪些成绩，还存在哪些问题，如何更好地推进个人职业生涯发展等。"

高总："可欣你说得很对。企业绩效考核是企业绩效管理的核心内容，也是企业人力资源管理的核心内容。绩效考核结果能否合理、科学的运用，直接决定了绩效考核的成败，同时也影响着绩效管理系统的正常运行。

绩效考核开展得是否科学直接影响着员工的干劲，如何更好地激励员工成为摆在管理者和人力资源部面前的重任。将绩效考核结果与员工的薪酬、晋升、职业生涯发展等挂钩，可以更好地满足员工的物质需要、精神需要、职业生涯发展需要，并可以在企业内部创造良性的竞争氛围。当然，充分运用绩效考核结果对人才培养的激励作用不仅仅表现在这些方面，可以说激励作用表现在与员工有关系的方方面面。因此，企业绩效考核结果运用对人才培养激励作用的探讨是一个持续的课题，需要在工作实践中不断地观察，不断地总结经验，不断地改进。最终要达到的结果是充分地发挥包括绩效考核在内的绩效管理对企业发展的促进作用。根据今天嘉宾分享的实践经验我们回去再梳理一下，盘点出来需要处理的问题员工，同时给业务部门提供解决方案。"

7.8　提升篇：与你息息相关的加薪晋升创意 7 式

职场人的职业生涯机遇恰恰隐藏在解决问题的过程中，如果我们表现得不退缩、不推卸、动脑筋、想办法，特别是如果我们能做到付出 20% 的努力解决 80% 的问题，这便当真是"成功来敲门"了。

原则：不能"一棵树上吊死"，必须要多拿出几个解决问题的备选方案，方案越多，创意性越高！

在各种备选方案摆在面前后，开始打一场"创意拳"，共 7 式：

第 1 式：还有没有其他的替代方案。虽然已经有了几个备选方案，但是我们要确保不会遗漏其他任何可能的事半功倍的方案。科技的进步使得传真替代了电报，电子邮件替代了传真，微信替代了 QQ……

第 2 式：探索几种备选方案是否有合并的可能。几种方案如果整合在一起也可能做到摊薄投入，提升效益。

第 3 式：尽可能放大解决问题的效果，要求自己多走一公里，追求卓越。所以，创新往往不只是最后一公里要尽善尽美，甚至要多走一公里，超越客户的期望，引领客户的期望。

第 4 式：对解决方案做出一定的微调，但是倍增解决问题的效果。组织中的创新应该是渐进性的，平稳地"拐大弯"，避免革命性的创新，那如同"急转弯"，很危险，有时候甚至会断送了企业的前程。索尼公司当年迅速崛起，源于类似于便携式收音机、随身听的创新；而今天走向穷途末路，一个很主要的原因就是把研发当"卖萌"，革命性地推出了一堆自己都搞不懂如何销售的新产品。"微调渐进式"的创新使人类告别了步话机而拥有了手机，然后"进化"到今天的智能手机。

第 5 式：改为它用。汽车研发工程师早晨穿皮鞋的时候"灵光乍现"，把系鞋带的原理应用到了刹车系统就诞生了今天的"防抱死"。

第 6 式：对现有的解决方案敢于做必要的删减。比如低效甚至无效的组成部分就要割舍，以防"贪多嚼不烂"。

第 7 式：逆向思维，以终为始。凡事要以结果为导向，反推过程的合理性。

绩效考核结果是否有效地得以应用，是影响绩效管理成功与否的一个至关重要的因素。

第 8 章

关注知名企业先进的绩效管理方法练内功

陆可欣来到会议现场，会议主办方这次请到的刘博士非常知名，是国内某985 大学的公共管理学院教授、博士生导师，中国著名人力资源管理学者和人力资源管理咨询专家，MBA 研修班人力资源管理课程主讲教授。他此次将深度分析谷歌、阿里巴巴等公司绩效管理方面的实践。主办方宣布大会正式开始。刘博士试了试麦克风："大家好，在座各位都是各行各业的 HRD，齐聚一堂。我很荣幸能够跟大家一起利用今天下午的时间研究知名企业他们有什么过人之处，为什么能够成功？又是如何去提升组织绩效和激励个人的。"

8.1　德胜洋楼的成功之道

德胜（苏州）洋楼有限公司（以下简称"德胜公司"）成立于 1997 年，是一家从事美制现代木（钢）结构住宅的研究、开发设计及建造的企业，是迄今为止中国境内唯一具有现代轻型木结构住宅施工资质的企业。

经过数年的发展，德胜公司现已拥有固定资产超过 2 亿元，在定制别墅类行业中具备强大竞争力，多年来一直稳占行业首位，目前约占 80% 以上的市场份额，其中国苏州总部占地约 52.5 亩，又在昆山建设"德胜昆山工业园"，作为公司的工业生产基地。目前，公司年生产加工能力可以满足 1 000 栋以上的木结构别墅工程所需全部材料（以每幢 300 平方米计算）。

　　进入德胜公司的内部，你会发现德胜公司是一个迥异于绝大多数中国企业的非常特别的企业：在德胜，员工永远不用打卡，工作时间的保证全靠大家的自觉。员工可以随心所欲地调休，当然，上班时间必须满负荷地工作。公司明确规定，不允许员工带病坚持工作，因为他们认为带病坚持工作是对自己身体不珍惜的行为。员工在报销费用时无须任何人审批，只需写上费用相关信息并在真实性声明上签字。

　　显然，上述与中国大部分强调制度的企业不同，这些做法很难在一般企业推行，它们之所以能够在德胜行之有效，一个秘密就是德胜坚持不懈、卓有成效的商业伦理建设。

　　可以从 3 个方面来解读德胜洋楼：

1. 制度

　　从《德胜员工守则》中，我们可以感悟到德胜独特的追求。譬如，德胜人相信，"一个不遵守制度的人是一个不可靠的人！"对于制度的重视如今在中国社会已经越来越普遍，但将个人能否遵守制度与一个人是否可靠联系起来，德胜人对于遵守制度的强调可以说达到了空前的程度。

　　在《德胜员工守则》的另一处，记载着德胜董事长聂胜哲讲过的一段话："我就是为了追求秩序，为了使我们这个民族能够符合现代人的准则而追求民主、自由，追求法制，我绝对不能容忍我熟悉的人、我曾帮助过的人蔑视制度，绝对不可以，百分之百不可以。"这段话可以清楚地看出德胜的追求不仅在于做企业赚钱，更在于一种以企业为载体，改变中国人格和社会的决心与勇气。

2. 英雄

　　德胜人推崇踏实的工作作风，鼓励员工做一个合格的现代人。德胜董事长聂胜哲这样告诫员工："只要你在德胜工作，你每天早上一定要默读这句话：我实在没有什么大的本事，我只有认真做事的精神。"

3．拒绝暗箱操作

德胜从来不搞政府关系，更不搞商业贿赂，"做事就靠实力和诚实，能做就做，不能做就不做"，也不偷税漏税。

德胜洋楼案例的专家点评

任何一个组织想要提升自己组织的业绩，必须从以下 7 个方面做出不懈的努力：第一，塑造共同的目标和共同的价值观；第二，建立健全的规章、制度和流程，明确职责划分；第三，建立行之有效的组织沟通体系，让全体队员了解组织的战略意图，按照组织的要求，展现出自己应有的工作行为，有利于实现整个团队的业绩；第四，这个组织应对变革的能力，必须具备极强的灵活性和变通性，以应对外部环境的瞬息万变；第五，一个公司必须提升自己发现并解决问题的能力，追求最高效率；第六，对员工给予足够的认可、尊重和激励；第七，提升员工的工作士气。在上面的案例中，我们看到了德胜洋楼，为树立团队共同的价值观而付出的努力，并且取得了令人敬佩的成果。一个组织，必须明确并牢记自己的使命，并基于此制定阶段性的、明确的战略目标，而这个战略目标必须是整个组织所有成员都认同的。当一个组织的使命和战略确定之后，接下来就要求这个组织必须基于其既定的宏伟目标，而建立自己团队的信仰体系，也就是通常我们所说的企业文化，而文化的核心根本就是价值观。价值观，是一个人对世界上所有的人、所有的事总的判断及看法。用通俗的话来说，可以把它理解成我们 80 岁的时候为自己开一场生日晚会，我们希望家人、邻居、朋友、同事如何评价我们自己，那就是我们的个人价值观，而每个人的价值观都是不一样的，但是基于心理学和组织行为学的研究结果，价值观影响着一个人的行为。这就要求任何一个企业的管理者，当我们在打造一个团队的时候，必须树立共同的价值观，也就是信仰体系，以便于我们的员工能展现出我们所期望的共同的行为。大家都熟悉的电视剧《亮剑》，剧中李云龙就是建立了自己团队共同的价值观，即"亮剑精神"，也就是逢敌必亮剑，打得过你要打，打不过你也必定剑出鞘！古今中外，任何一个成功的企业家，都打造了自己团队共同的信仰体系，秉持这个共同的信仰，大家执着地追求自己的战略目标，不忘初心，牢记使命。鉴于此，德胜洋楼在共同价值观塑造方面所做出的努力和探索，是值得肯定的。借德胜洋楼这个案例分享的机会，我们也分析一下，一个组织为什么要建立健全过硬的规章制度和流程？

（1）刚才说到的企业文化是柔性的、感召性的，即"令之以文"；而一个企业的流程和制度是刚性的、约束性的，即"齐之以武"。从古至今，带兵之道都是"令之以文，齐之以武"，刚柔并济。

（2）每一个组织的核心竞争优势，都源自它建立的健全制度和流程，以及让制度和流程高效能运转的人力资源队伍，二者相得益彰。

（3）流程决定组织结构，也就是通常所说的"因事设人"。精简的流程，势必带来精简的组织结构，为一个组织的内部降耗和竞争力的锻造奠定了坚实的基础。

（4）孙武在他的兵学圣典《孙子兵法》中，提出了"五事七计"，孙武依此来确定一场战争是否有必要发动，以及一场战争胜负的结果。"五事"是道、天、地、将、法，这里提到了"法"；在"七计"中，他也明确了"法令孰行"，这些都肯定地告诉后人规章制度和流程的重要性。

德胜洋楼在公司内部确立了所有人对规章制度的敬畏，为自己企业未来的发展奠定了坚实的基础。这一点同样是值得肯定的。最后德胜洋楼对员工给予足够的认可、尊重以及提升员工工作士气方面的探索也是非常成功的典范。

8.2　谷歌 OKR——追求卓越的管理工具

随着谷歌等高科技企业股价日趋走高，研究者与商界人士更加关注此类企业的组织文化、管理理念。OKR（Objectives and Key Results，目标和关键结果）就是近年来被热议的管理工具之一。

对于企业来说，OKR 不仅仅是一个目标管理工具，其更大的作用，在于指引领导者与团队成员设定更具挑战性的目标，追求更大影响与贡献，最终实现企业的卓越管理。

8.2.1 OKR 与 X-Y 理论

OKR 的文化与价值观，体现的是美国麻省理工学院教授、行为科学家麦格雷戈于 1957 年提出的 Y 理论。麦格雷戈认为，传统的管理理论把人当成消极因素对待，对人的本性作了错误的假设。他把这种错误的假设称为 X 理论。X 理论忽视了人的自身特征和精神需要，只注重人的生理需要和安全需要的满足，把金钱作为主要的激励手段，把惩罚作为有效的管理方式。麦格雷戈对人的需要、行为和动机进行了重新研究，提出了 Y 理论。

Y 理论对人性假设的内容是：

（1）人生来并不一定厌恶工作，要求工作是人的本能。

（2）在适当的条件下，人们能够承担责任，而且多数人愿意对工作负责，并有创造才能和主动精神。

（3）个人追求与组织的需要并不矛盾，并非必然对组织的目标产生抵触和消极态度。只要管理适当，人们能够把个人目标与组织目标统一起来。

（4）人们对于自己所参与的工作，能够实行自我管理和自我指挥。

（5）在现代工业条件下，一般人的潜力只利用了一部分。

用 Y 理论指导管理，要求管理者根据每个人的爱好和特长，安排具有吸引力的工作，发挥其主动性和创造性；同时要重视人的主动特征，把责任最大限度地交给每个人，相信他们能自觉完成工作任务。外部控制、说服、奖罚，不是促使人们努力工作的唯一办法，应该通过启发与诱导，对每个工作人员予以信任，发挥每个人的主观能动作用，从而实现组织管理目标。

谷歌和英特尔等知名企业在管理思维与组织文化方面有许多共同点：组织层面重视员工，营造"好"的企业文化，同时追求卓越绩效，鼓励所有人跨越层级往大处想，并尽力追求组织层面的贡献和影响力。

因此，在采用 OKR 作为管理工具之前，企业管理者首先应该思考的是，你所在的企业所采取的管理思维与需要营造的组织文化，是否能与 OKR 所体现的管理理论与文化相匹配。即你是否认同和愿意践行麦格雷戈的 Y 理论。

8.2.2　卓越目标管理

1999 年，谷歌的投资人约翰·杜尔（John Doerr，曾任职英特尔的 VP- 副总裁）把英特尔的目标管理体系（IMBO）介绍给谷歌的两位创始人，该管理工具在谷歌被称为 OKR（Objectives and Key Results，即目标与关键成果法）并被沿用至今。

1．OKR 目标管理的精髓

（1）员工和经理共同制定目标，员工对结果负责。

（2）员工设定目标后自主决定实现的路径和方法，经理人提供必要的资源。

（3）经理人在过程中提供辅导、帮助和监控。

OKR 目标管理包括目标设定、KR 制定和评估。

在整个管理流程中，经理人与员工进行积极的双向互动和沟通。所以，OKR 也是卓越管理的一个重要工具。

2．设定目标

在设定目标时，应遵守如图 8-1 所示的目标设定流程。

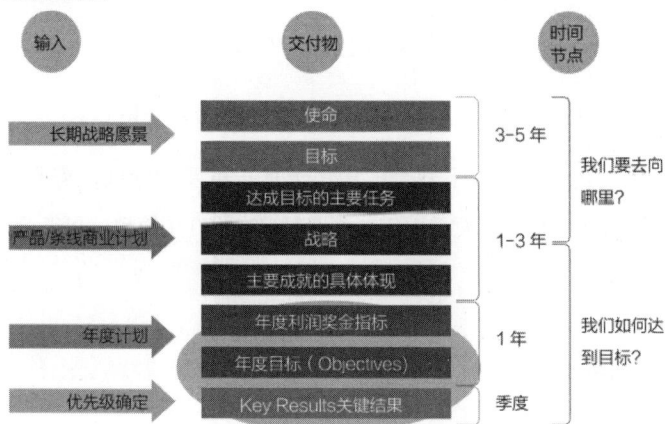

图 8-1　OKR 目标设定流程

在设定 OKR 目标时，还需要做到以下几个方面（图 8-2）：

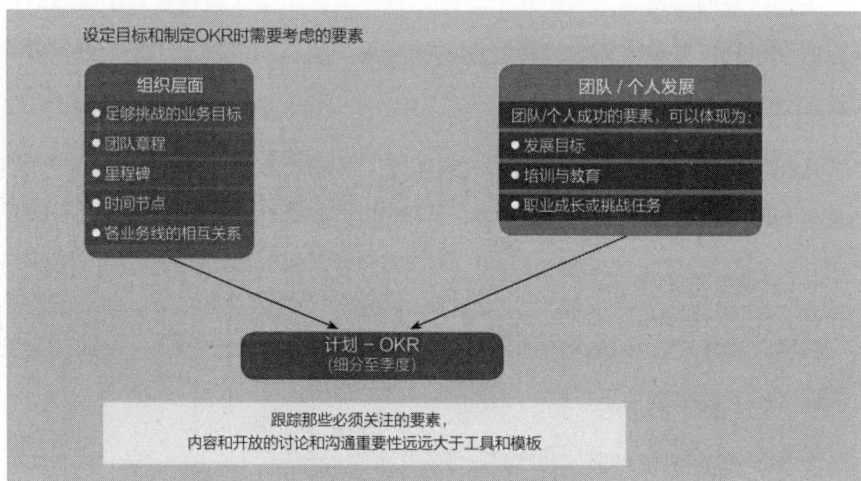

图 8-2　制定 OKR 目标的要素

（1）OKR 是实现年度目标的重要管理工具并可以分解至季度；

（2）目标设定需要自上而下进行，从组织到业务集团再到部门和个人，上下贯通；

（3）目标设定流程确保聚焦和优先级别的设定、工作量评估；

（4）流程有利于跨业务部门 / 条线进行协调和沟通；

（5）流程是经理人与团队成员沟通和辅导时的共同语言。

好的目标设定要考虑以下几点：聚焦于真正重要的领域，需要有足够挑战性；通常比较长远（1 年或大于 1 年）；遵循 SMART（简单、可衡量、可实现、有时间节点）原则。

3. 关键结果管理

关键结果（Key Results，KR）指的是通向成功的关键，即达成目标需要的可预见的、可衡量的里程碑。对于关键结果的管理，包括关键结果的制定、管理与评估。

关键结果通常跨度为一至几个季度，每一关键结果应该包括数个具有时间节点的交付物，并最终完成目标。如关键结果不能有助于目标达成，则需要重新设定目标和关键结果。

让我们用某通信芯片公司中国区的年度芯片销售在调整前后的 OKR 对比，来说明 OKR 应如何符合上述的要素，比如足够挑战、SMART 等。

（1）调整前的情况：

目标：本年度在中国区的通信芯片产品销售额超过上一年度。由此制定的一季度 KR 关键结果如下：

① 制定季度销售目标（1 月）；

② 招聘销售代表（1 月）；

③ 销售团队新产品培训（2 月）；

④ 经销商新产品培训（3 月）。

（2）调整后的情况：

目标：至年底，将中国区目标市场通信产品芯片的市场占有率提升 5%（目前市场占有率是 35%），由此制定的一季度 KR 关键结果是：

① 2 月 1 日前，与每位销售团队成员制定并沟通年度指标，完成年度指标的业务发展提成计划；

② 2 月 15 日前，完成 3 位北京销售代表的招聘；

③ 3 月 1 日前，对 80% 的销售代表进行新产品培训；

④ 3 月 15 日前，对排名前 20 名的经销商进行新产品培训。

可以看出，调整前的目标毫无挑战性，也不符合 SMART 原则。调整后，一季度的目标更具挑战性，关键结果也更加可预见、可实现、可衡量。

在管理关键结果时，可以参照表 8-1。

表 8-1　OKR 与关键结果管理模板

愿景、使命、战略目标				
愿景				
使命				
战略目标（年度）	1. 2. 3.			
KR- 关键结果 / 期望				
战略目标 1.（目标是否足够挑战？）KR-关键结果 / 期望	衡量 KR 达成的指标（对组织的影响，这点尤为关键）	战术手段（Tactcs）	时间安排	状态评估 0.0 0.5 1.0
好的目标设定要聚焦于真正重要的领域，目标足够挑战，时间比较长远（一年或大于一年），及符合 SMART 原则				

在表 8-1 中，年度战略目标 1、2、3……对应图 8-1 中的年度目标。表 8-1 中仅以年度战略目标 1 进行示例说明。在评估和管理关键结果时，需要注意以下重要事项。

① 这些关键结果是否足以完成战略目标，是否需要增加或删减，如果战略目标和关键结果总是 100% 完成，需要考虑制定更加有挑战的目标。

② 与外部客户相关的战略目标和关键结果需要 100% 完成。

③ 如果所有关键结果均达成，是否能完成战略目标？如果不能，请重新思考可能出现的遗漏或薄弱点。

④ 持续反问，为什么是这些 KR，为什么是这些指标来衡量 KR 达成？这些 KR 和衡量指标对组织层面是否有影响力？如果有，影响力是什么？能否可以有更大的影响力？

⑤ 1.0 表示已完成或会按时完成的关键结果，0.5 表示 50% 的关键结果会按期完成，0.0 表示少于 50% 的关键结果会按期完成。

⑥ 如果所有关键结果已完成，但战略目标未达成，表明关键结果需要改进或提升。

⑦ 有时会出现战略目标达成但关键结果没有全部完成的情况，此情况下无须调整关键结果。

8.2.3　OKR 与追求管理卓越

OKR 的设定与评估流程，是营造经理人和员工定期沟通的重要工具，也是追求管理卓越的体现。

在企业文化的指引下，谷歌、英特尔等公司已将 OKR 不仅仅作为目标管理的工具，而是进一步提出 OKR 是营造经理人和员工定期沟通的重要工具，并总结出卓越管理 4 步骤与 OKR 流程（见图 8-3）。

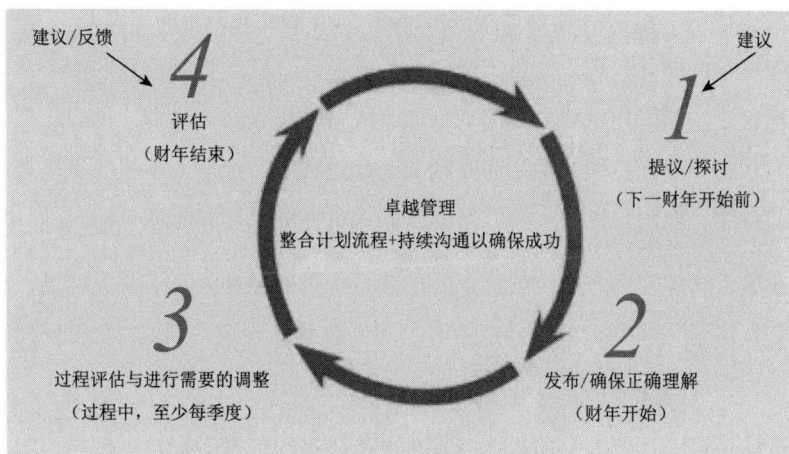

图 8-3　卓越管理 4 步骤与 OKR 流程

在图 8-3 中：

步骤 1：指由员工提议目标和关键结果，由经理人与团队成员进行探讨并就 OKR 中的目标和关键结果达成一致；

步骤 2：指 OKR 达成一致后，团队成员在团队会议中公布自己的 OKR，并确保责任具体到个人；

步骤 3：在 OKR 执行的过程中，对过程评估并进行需要的调整。对过程进展的评估，每季度至少要执行一次。若有需要，则要对目标和关键结果进行调整；

步骤 4：OKR 年度评估。对已完成的 OKR 项目及未完成的项目进行差距分析。

可以看出，在卓越管理的 4 步骤中，OKR 会是一直使用的管理工具。经理人和团队成员利用公司提供的 OKR 模板进行 OKR 设定，月度和季度评估。但过程中，团队成员可随时提出沟通要求，经理人也应就此与团队成员进行探讨。经理人与团队成员互动过程中，需要注意聆听、提供有质量和持续的反馈并提供所需要的帮助和支持。

在英特尔，追求卓越管理（Managing for Excellence）的定义是：整个组织范围内帮助提升经理人与员工绩效的良性循环。绩效提升循环的中心是计划与目标设定，但同样重要的是经理与团队成员就优先级、进程、挑战、反馈和所需的帮助等进行持续的沟通和互动。在此过程中，经理人承担的责任是：确保沟通持续、双向和提供支持，帮助团队成员完成长期和短期目标。

在追求卓越管理方面，英特尔的理念是优秀的经理人对于业务结果、员工敬业和保留至关重要。公司会定期对经理人在目标设定、绩效／发展反馈、营造开放、直接沟通氛围等方面进行评估。

英特尔对于经理人的期望之一，是在价值观践行方面起带头作用，所有经理人需要与团队成员设定清晰的目标，提供持续反馈和倾听团队成员意见并提供帮助。

OKR 等管理工具则成为经理人与团队成员定期交流的基本工具。目标设定、回顾及评估等过程均为这样的交流提供非常好的机会。英特尔同时鼓励所有员工追求卓越管理。

在 OKR 设定、评估与追求卓越管理中需要注意以下几点：

（1）主要聚焦于加强经理人与团队成员的关系与互动；

（2）经理人至少每季度就 OKR 与团队成员进行评估；

（3）团队成员发展目标应同样包括在 OKR 等管理工具中；

（4）经理人在过程中应展现公司对于领导力方面的期望／能力素质要求。

8.2.4　谷歌 OKR 案例的专家点评

1. 浅论 X 理论和 Y 理论

中国古代诸子百家时期，提出了法家的思想，而近代世界管理理论提出了

X 理论。当代世界管理理论所提出的 Y 理论，其本质与诸子百家时期的道家、儒家乃至墨家的思想，也有异曲同工之妙。Y 理论强调的是，每一个人是积极、向上、进取的。所以希望借此机会，善意地提醒所有的读者，我们在学习各种各样管理理论和手法的时候，应该了解每一个理论所产生的时期、背景、本源。

2．世界管理理论进化的一个大概主轴线

全世界的管理理论最初都是建立在理性的基础之上，所以，人们更倾向于 X 理论。当年的马克思就是看到了雇主在理性方面的行为，把他们定义为剥削阶级，继而提出了剩余价值理论，明确了雇主对雇员的剥削。随着时间的推移，人类一直在不懈地探索找寻能够解决雇员与雇主之间相互矛盾的具体的操作方法。其最显著的特点，就是在理性的基础之上，糅合进去越来越多的人性。前面所提到的麦格雷戈，就是比较早期的探索在管理中融入人性的改革理论大师之一，他当时出版了《企业的人性面》。大家熟悉的三大需求理论，其实也是在考虑如何从人性的角度满足人的需求，继而实现对每一个员工个人的有效激励。1975 年，当代管理之父彼得·德鲁克继承了所有这些管理进化理论的精髓，提炼了二战结束以后日本企业的经营方法，提出了"目标管理"（Management By Objectives）理论。如果说 X 理论强调任务的达成，而且为了任务的达成，雇主和管理者在监督员工的过程当中，采用一些粗暴甚至是不择手段的做法，而后来的 Y 理论、需求理论，乃至彼得·圣吉的学习型组织理论当中所提出的"工作和生活的平衡"论，这些理论更加强调了人性和人情，彼得·德鲁克的目标管理理论，其实就是在探索人情和任务的完成，相互之间的高度融合。

3．组织业绩的实现必须靠管理及领导力二者的融合

管理是理性的，强调的是任务的完成，也就是通常我们所说的科学性。领导力融入了更多的人性和人情，强调的是情商，也就是通常我们所说，带队伍的时候，同样强调艺术的发挥。《孙子兵法》中提出的道胜，明确了"上下同欲者胜"，民可以与之死，可以与之生。夫妻共同生活，最愚蠢的行为就是相

互之间理论对错，其中一方可能在一通争吵之后赢在"理"上，但是却输在了"情"上。换言之，因为缺乏情商而痛失夫妻感情。同样想要带出团队的业绩，必须依赖理性的管理和高情商的领导力二者的完美结合，也就是中国自古以来一直所倡导的人治加法治。

4. 谷歌的 OKR 做法本质上就是目标管理

每个企业把长远的战略目标转化为年度预算，然后再把年度预算分解到组织的各个层级，并形成各个部门相互之间的联动。请大家再回顾本书第五章中所撰述的目标分解的具体步骤和方法。心理学研究得出的结论，目标对人的激励作用非常巨大，有的时候员工为了追逐目标的实现，在没有上级的鞭策、监督的情况下，自觉自愿地拼命工作，特别是这个目标源于员工自己或者员工参与了目标的设定过程。谷歌的 OKR 显然是深谙此道。

8.3　韩都衣舍小组制背后的管理能力

韩都衣舍运营体系的真正过人之处，不是小组制，而是电商企业"外衣"下过硬的服装品类管理能力。即便到现在，仍然有许多人没有听说过韩都衣舍。这或许刚好折射出互联网时代的某种特点——每个人都在上网，却居住在不同的空间。市场区隔变得越来越明显，你的世界不等于我的世界。

韩都衣舍在经营过程中找到了一套适合自身发展的管理模式，这便是在电商圈里被传得赫赫有名的"以小组制为核心的单品全程运营体系"，简称"小组制"。小组制这一模式将传统的直线职能制打散、重组，即从设计师部、商品页面团队及对接生产、管理订单的部门中，各抽出 1 个人，3 人组成 1 个小组，每个小组要对一款衣服的设计、营销、销售承担责任，相应地，小组提成也会根据毛利率、资金周转率计算。

韩都衣舍的小组制吸引了越来越多人的注意，甚至为许多企业的组织变革指明了一条方向。韩都衣舍的单品全程运营体系的真正过人之处，不仅在于小组制及为小组制提供服务的公共部门，还在于韩都衣舍形成了过硬的服装品类管理能力。

如果说，小组制更像是顺势而为的机制设计，那么，这种管理能力的发育，则更像回归本质的内功修炼，它会让企业走得更远。

韩都衣舍的办公区比人们想象的更"热闹"一些，散乱地放着各种各样的衣服。员工普遍非常年轻，彼此间的交流频繁，大多数透明落地玻璃的会议室里都在开着小会。比较有意思的是，这里的会议室都用名山命名，而所有员工都要以《本草纲目》中的药材为花名。

与 267 个小组每年推出 3 万款新品相对应的，团队间的竞争和淘汰也是激烈的。韩都衣舍的这些小组中，一定有做得好的，也有做不好的，究竟是怎么淘汰的？其实，公司并没有淘汰机制，小组的新陈代谢是自然实现的，即"产品小组更新自动化"。原因在于，公司每天都会给出"每日销售排名"，小组间"比学赶超"的气氛就会很浓，同时又在激励上向业绩优秀的小组倾斜。这样，做得好的小组形成示范效应，同时也会有组员提出要独立出来单干，而做得差的小组中的组员就会跟过去，小组间形成了自由组合。为了避免"教会徒弟饿死师傅"的状况发生，防止不必要的"细胞裂变"，韩都衣舍又给出规定，新小组要向原小组贡献培养费，比例是奖金的 10%。

韩都衣舍的楼道里，印有"成就有梦想的团队"的海报随处可见，彰显出这家电商企业的成长的力量。在许多电商同行眼里，韩都衣舍的联合创始人团队是可遇而不可求的。尽管学历不能作为能力的绝对依据，但这 5 人团队的素质之高却是令同行羡慕的。

2008 年 4 月，淘宝商城成立，当时刚刚二次创业，淘宝未来的战略方向是扶植品牌，于是，韩都衣舍第一批进驻了淘宝商城。可以说，抢占这一先机给韩都衣舍此后的发展带来了太多好处，而这又得益于这位电商"老兵"对环境变化的敏感。

2014 年，韩都衣舍正式宣布致力于做互联网时尚品牌孵化平台。这既是顺势而为，同时在某种程度上，又像是事后总结出的战略。在已上线的 16 个品牌中，两个是外部得来，其他都是内部孵化，包括在 2011 年收购的设计师品牌素缕，旗下又诞生了自古、果芽两个品牌，风格与素缕一致，只是分别指向男装和童装。

现在摆在韩都衣舍面前每天都要解决的问题是，如何管理和协调 22 个子品牌和 267 个小组的日常运营，推动这些品牌持续成长。公司层面对各个子品牌、小组给予的支持与服务，才是多品牌持续扩张更关键的原因，可分为 3 条线：

（1）按照规模和成长性划分，集团总经办下设两个组，品牌规划组与运营管理组。品牌规划组的定位在于帮助品牌走完"从无到有"的过程，包括前期的市场调研、商标注册、知识产权保护等，从 0 到 1 000 万，这个阶段的品牌都由该组来协助解决各种各样的问题。运营管理组的功能则在于"从小到大"，过了 1 000 万以后，主要由该组提供支持。这种机构设置与公司"抓小放大"的策略是一致的：当品牌小的时候，由品牌规划组和运营管理组提供帮助，总经办也会定期为小品牌的负责人召开掌门大会；当品牌大到一定规模之后，就为其举办成人礼，令其独立出去，不再占用总部职能。

（2）按照功能和合伙人的注意力划分，分成产品系和营销系。韩都衣舍走到今天最重要的就是合伙人制，一直秉承"企业创始人最核心的任务就是找人"。

（3）由企划部提供专业支持。韩都衣舍的企划部有将近 100 人，相对其 2 600 人的员工总数，这一比例是惊人的。企划部负责制定详细的企划案，以此把握品牌和品类的产品结构和销售节奏，为品牌规划组和运营管理组提供专业建议。

商品是有生命周期的。在韩都衣舍，产品设计必须符合企划周期。你在什么时间段要上什么产品，你要什么时间来下单，都要根据周期来，还有就是商品比率，不可以太偏，不可以因为设计师的个人偏好导致某个类目太大。这相当于给出一些框位，比如给你 100 个上衣的框位，50 个裤子的框位，那么当你想设计上衣，设计完 100 个就行了，你只想设计 10 个裤子，那不行，你得向 50 个靠，也就是说，要把销售曲线做对，把商品比率做对。

韩都衣舍的小组制有两套并行不悖的逻辑：一是自下而上的人人创新；二是自上而下的中央控制。某种意义上，企划部相当于韩都衣舍的发改委与数据中心，根据历史数据，参考年度的波峰波谷节奏，制定目标，然后分到小组。每个小组在月度、季度、年度，都有细分的考核指标。可以说，企划部的有效控制对整个供应链的协调工作是极为关键的，否则每年由小组制策动的数万款产品下单，没有节奏控制，纯粹找死。

就像华为公司经常提及的"企业没有成功，只有成长"，对于韩都衣舍也是同样如此。韩都的管理团队一直保持着旺盛的创业精神。O2O 不是 Online to Offline，而是 Offline to Online，等最终有一天跟传统企业在网上较量的时候，希望韩都衣舍不落下风。

这也许就是我们所面对的"环境的进化"：电商领域的创业、创新、创富，在度过最初的兴奋期之后，已逐渐进入实质阶段，真正的较量可能才刚刚开始。人们越来越能够理解：重要的不是互联网，而是通过互联网进一步回归商业的本质，最终留下来的终将是那些更懂这门生意本质的企业，而非更懂互联网的企业。

韩都衣舍已经不再是一家互联网企业，从能力上看，它就是一家服装企业，这可以看成我们这个互联网 + 时代万众创新的一个缩影，它在用新的方法论指导实践，这就是我们这个时代的创新。

韩都衣舍案例的专家点评

1. 激发组织的活力

韩都衣舍的小组制可以换一个改革开放初期非常流行的词，叫"包产到户"。

（1）企业基于财务核算，把组织结构划分到了最小的财务核算单元，每个单元都深知自己的投入、产出和收益，员工从过去被动接受经营管理，变成了现在的"创客"，为寻求本单元和自己个人的利益最大化，付出了最大化的努力，从而有效降低了企业经营管理的成本，同时更加有效地激发了每一个团队成员的自动自发性。在人民公社的时代，生产队长监督所有的社员下地记考勤，但是大家工作的积极性却不高，整体的效益产出也不大。在实施了"包产到户"以后，社员们主动提前下地，早出晚归，辛劳耕作，追求亩产和年收入最大化，而且还形成了相互之间的比、学、赶、帮、超的优良工作氛围。

（2）小组制科学有效地利用了人的本性，激发了每一个人的主观能动性。让服装从设计、生产、流通到最后与消费者见面的时效性大幅提升。

（3）小组制面对今天 85/90 后的职场群族也是行之有效的激励手法，因为他们非常渴望参与公司的重大经营决策。这个参与本身对他们就是莫大的激励。

（4）非常有效地激活了公司内部小组与小组之间相互的良性竞争，每个小组都拿出自己的最佳状态和最大的收益，以赢得公司资源的支持。

2. 组织赋能

（1）案例中提到了，在韩都衣舍集团总经办下设两个组，品牌规划组与运营管理组，其中品牌规划组能够帮助各小组走完"从无到有"的过程；而运营管理组又帮助了各小组实现"从小到大"的过程。

（2）韩都衣舍企业大学也给整个员工队伍提供了优质的培训，提升所有队员相关方面的能力。

（3）集团的企划部也提供专业支持，负责制定详细的企划案，以把握品牌和品类的产品结构及整体销售运营节奏，为品牌规划组和运营管理组提供专业的帮助。

3．给韩都衣舍的两点建议

（1）小组制模式下所培养的"创客"，一旦他们经历了完整的项目酝酿、启动、运作和成功的整个过程，特别是了解了价值创造的各个职能和环节，他们也就具备了脱离"孵化平台"，"另起炉灶"的能力，这样，韩都衣舍培养了众多自己潜在的竞争对手。

（2）韩都衣舍必须非常好地管理"韩都衣舍"这个主品牌与旗下众多子品牌相互之间的归属关系，而且要让消费者知道，否则随着众多子品牌被消费者接受认可，同时自己的主品牌将被淡化，不要因为小组制模式，而导致"韩都衣舍"这个主品牌无限制地"过度延伸"。长此以往会断送主品牌的大好前程。以上两点恰恰也是小组制本身存在的弊端。

8.4　考核机制没用？阿里巴巴这项制度告诉你答案

阿里巴巴中供铁军最核心的三板斧：第 1 板斧，招聘；第 2 板斧，培训；第 3 板斧，考核。今天我们专门研究一下第 3 板斧——考核。

8.4.1　越是高速成长的公司，越要抓好考核

阿里巴巴的职员英语水平不一定都很高，但有两个词，都说得很好。一个

叫 Review（考核），另一个叫 One Over One plus HR。

什么叫 One Over One plus HR？比如你是个经理，上级是总监，总监的上级是副总。那总监在考核经理的时候，副总要参加，同时还要加上相应部门的人力资源，形成 3 对 1 的考核。

我们为什么要避免 One to One（1 对 1）的考核？1 对 1 考核就是下级只被上级考核，这种考核机制，很容易出现"怎么死都不知道"的情况，甚至连上诉的机会都没有。

反过来，作为副总，你永远不知道你的总监是在怎么管理你的经理。

所以，考核总监的时候，副总要参加，CEO 也要参加，HR 则负责做记录，做协调，甚至做仲裁。当然，被考核人的直接上级肯定要做更多的考核工作。HR 也需要做更多的考核准备。把基本事实核对清楚，比如说数据，经常看到一些公司考核的时候还发生数据争执，"领导，你说得不对，我的数据跟你不一样……"这种事情不要发生，进场之前，要确保双方拿到的业绩数据是一样的，在团队的基本表现也是一样的，避免在基本事实上发生争议。

宝贵的考核时间不要用在争执基本事实上，否则这样的考核就没有意义了。由此可见，考核是个特别耗时间的事。淘宝"双十一"再忙，你也能约得到人，但是一旦阿里巴巴整个体系进入到 Review 时期，就几乎约不到人。

阿里巴巴 Review 的时间长得令人吃惊，但毫无疑问，这个时间花得很值。你花在 Review 上的时间，比你没有系统的考核，把时间好像花在工作上，要值得多，而且越是高速成长的公司，越要抓好考核。

有人会问，那董事会谁来考核？投资人也好，其他董事也罢，至少要责成两个人来做这个事。泛泛的董事会考核，等于没考核。董事会考核不是一群董事一起坐下来喝个茶，吃个饭就结束了。

还有最重要的一点是：人人都要考核，要做到无一漏网。

8.4.2 中供铁军的"271 制度"

中供（指中国供应商）铁军的"271 制度"，其实不是阿里巴巴或中供铁军发明的，而是中供铁军的早期奠基人关明生（Savio）先生，从通用电气公司把这个制度带过来的。这套制度来了以后，马云很巧妙地在"外壳"上套上了一层"套"，这层"套"叫武侠文化。今天通用电气已经不怎么坚持"271制度"了，但阿里巴巴还非常坚持。在阿里巴巴，任何一个团队都有一个"271"的排名，甚至每一个层级都在贯彻"271 制度"。

到底什么是"271 制度"？"271 制度"中的"2"，是指团队中表现最好的 20% 员工，"7"则是占据团队大多数的 70% 员工，而"1"是团队中排在最末尾的 1% 员工。在日常管理上，一个团队只要重点关注两头就可以了，也就是说要抓住"2"，解决"1"；中间的"7"，恰恰是不需要花太多精力去管理的。"271"既是纵向的、团队内部的"271"，也是横向的、同一级别的"271"。比如副总这个级别有 10 个人，也要明确：谁是副总中最优秀，表现最好的 20%，谁是最差的 10%。

晋升、奖励、激励都与"2"有关。在阿里巴巴，"271"中的"2"会获得整个激励奖金的 20%～50%。比如说一共有 10 个人，要奖励 10 万元，第 1 名、第 2 名就会得到 10 万元奖金中的 4～5 万元。

我们常说"升官发财"要优先考虑"2"，因为团队中的"2"很重要，他们是同一个级别将走向下一个级别干部的所有来源。当年我们把 40%～50% 的奖金，都分给了 20% 头部的员工。

而"1"的奖金肯定没有，工资也不用加。如果给"1"还发奖金，加工资，就相当于给全公司发出一个错误的信号：连最差的 10% 员工都有奖金，都要加工资，这还叫末位吗？还叫最差的 10% 吗？

不要把有限的资源放在最后的 10% 员工上。这 10% 员工就是下一步要处理的，当然到底是一次 10% 就调岗或淘汰？还是等到两次 10%？阿里巴巴内部是有两个考核周期，最末位的 10% 员工才会被淘汰。

比如年度考核，那考核周期就是两年，季度考核就是两个季度，半年考核就是两个半年为考核周期。为什么要定两个考核周期？因为有些表现并不可持续，好的、坏的心理因素、市场原因都会对考核有影响的，我们要理解。

但连续两个考核周期就差不多了，优秀的也证明了，落后的也很难翻身了。"271 制度"不仅是要排名，"271 制度"还要兑现，最好进行公示。至少你要告诉他本人，让他知道自己在团队中处于什么位置，否则，考核的目的就没有达到。

但是，考核结果不可能一碗水端平，所以，矮个里面要拔高个，高个里面还要看矮个。很多人说很残酷，但如果不淘汰这个"1"，就对前面的"2"和"7"不公平。

很多公司在销售组织中会这么做，市场经理、工程师、产品经理等，同一个级别的所有干部或员工，都要末位淘汰。只有做到全公司自上而下都坚持"271制度"，才是公平的。

当然，奖励是要有定量区别的。不能说，"271"排完了，等奖励的时候，"2""7"和"1"却是差不多的，那这样"271"就等于白分了。

8.4.3 业绩考核的三大要素

1. 要素一：频率

先问一下，你们公司一年考核的频率是多少？但不管考核几次，我只告诉你，一年一次肯定是不够的。

考核的目的是什么？不是简单地根据考核的结果发奖金，而是让员工和团队进步。如果你到了年底才考核，一年的过程不就全浪费了吗。

所以一年只考核一次，肯定是不够。阿里巴巴一直坚持季度考核，一年四次；中供铁军一度坚持的是月度考核。

所以在考核上，很多企业犯的第一个错误，就是没有关注过考核的频率。

2. 要素二：内容

很多公司在考核内容上容易犯的错误，就是只考核业绩。

中供铁军既考核业绩，也考核非业绩因素。什么是非业绩考核？中共铁军留下的一个重要的制度，就是业绩以外三件事——团队、策略、价值观。

举个例子，如果两个团队都是 10 人，今年都完成了 1 000 万元业绩，但是一个团队给公司贡献了 3 名干部，另一个团队没有贡献干部。哪个团队完成 1 000 万元业绩的难度更高呢？肯定是前者。

这就叫"团队分"，输出干部的团队，就应该加分；没有输出干部的团队，就要减分，至少不应该加分。

再举个例子，一家公司的战略是多做中小客户，如果两个团队的业绩同样是 1 000 万元，其中一个团队的业绩是由 10 名客户贡献的，另一个团队的业绩是由 2 名大客户贡献的。哪个团队的策略对呢？当然是以中小企业为核心的团队。

所以这叫"策略分"，就是他做的方法对不对，方法不对，光有结果也不行。

3. 要素三：价值观

阿里巴巴的价值观是客户第一。那么如何量化"客户第一"这个价值观呢？

比如两个团队都做了 1 000 万元的业绩，一个团队客户断约率很高，是靠新客户补进来的；而另外一个团队客户投诉为零，客户续约率 90%。哪个团队应该加分，哪个团队应该减分，这就是价值观决定。

如果在考核当中，完全跟着业绩走，业绩相同的两个团队，奖金也一模一样，就体现不出公司所弘扬的价值观。应该依据团队、策略、价值观，在业绩上设置不同的增减系数。

很多人误以为阿里巴巴考核时，业绩因素与非业绩因素是 50% 对 50%，认为没有业绩，只要策略好、价值观好就有奖励，不是的。

什么叫 50% 对 50% 呢？就是达到同样业绩的情况下，可以酌情加 50% 或减 50%。

奖励还是基于业绩，但又不能唯业绩论。团队、策略、价值观是对业绩重要的考核调整因素。

8.4.4　如何不让绩效考核形同虚设

"一个公司你要什么，你就考核什么。你考核什么，你就会得到什么。"这两句话听上去很简单，但往往现实却是：你要什么，其实没有考核什么，而考核之后得到的不一定是你想要的。

那如何进行考核呢？一个公司如果只考核业绩，作为创始人或者 CEO，就要问：是不是只要公司业绩好了你就都满意了？我相信答案一定是 No。

所以一个公司不能只看业绩。这也就是前面提到的"业绩考核"与"非业绩考核"之间的关系。

1. 业绩部分

（1）业绩指标不宜过多。很多公司的业绩部分太复杂，过早地引入了所谓的平衡积分卡。有超过 8 个甚至 10 个指标，这太多了。阿里巴巴的业绩部分，原则上不能超过 3 个指标。如果设置 10 个指标，那每个指标的权重能放多少呢？平均放 10%，好像是面面俱到，其实任何一件事都不会成为公司的重点。

如果公司形成了 3 件大事，所有的考核都变得简单了，因此要注意业绩指标不宜过多。

（2）要分清楚分拆指标和分解指标。什么是分拆指标？假设有 1 亿的销售指标，下面设有 5 个副总，或 5 个大区，每个区 2 000 万元的销售指标。如果你感觉完不成，那就加码，每个人加 10%，2 000 万元就变成了 2 200 万元。

到了大区一看，我拿了 2 200 万元，我再往下分吧，有 10 个经理，每人分 220 万元，感觉不行，再加码，再加 10%……所以，以前马云有一句话，话糙理不糙，大致意思就是说：如果这样就是总经理、副总经理对指标的理解和分拆的话，那好好训练一条狗做算术也能训练得好，还要这些总经理和副总经理干吗？

所以指标不能分拆，而要去分解。什么是分解指标呢？假设业绩做到了 1 亿元，那就要思考，在这前面的动作是什么？以及前面那个里程碑似的指标是什么？比如说客户数、客单价，或者某一关键转换率。再往下一层你要问，实现关键转换率，实现客户数的下一个指标是什么？指标不要简单地分拆，因为只做算术题太简单了。所以，要尽可能避免简单地分拆，学会做分解。

（3）要明确什么是加分项，什么是减分项。比如要发奖金，肯定要有收入，要有利润，因为这是奖金的来源。但有些指标，更多是作为减分项来设计，比如风险控制指标。

2．非业绩部分

如果做好了业绩指标的话，那么公司的核心就应该在非业绩指标。

说到非业绩指标，很多人会想到招人、团队，其实非业绩指标不仅仅是团队和人。

阿里巴巴就有 3 个简单有效的非业绩指标，即团队、策略、文化价值观。为什么团队、策略、文化价值观是最重要的非业绩指标呢？

（1）团队要加分。一个公司的成长不仅是人数上的成长，一定还要有团队质量上的成长。

如果 2 名区域经理都完成了 1 000 万元的业绩。其中 1 名区域经理带着 3 名主管，全年没有为公司做其他贡献。而另 1 名区域经理也有 3 名主管，一年下来培养了 2 名主管去做区域经理。请问哪个团队贡献更大呢？非业绩指标不能光走形式地表扬一下，发奖金的时候还是根据一个区域 1 000 万元来发，那不公平。

输出了干部的，就应该有系数，谁完成的难度大、贡献大，谁就应该有加分。

如果 1 名经理带着 3 名主管，不仅没有人才输出，而且 3 名主管到年底都离职了。尽管业绩完成了，但可能是因为经理自己亲自干，才把业绩完成了。那是不是应该做减法？

一来，本来公司交给他 3 名主管，但到年底都离职了；二来，虽然业绩都完成了，但是他靠个人能力完成的，这是不可复制的，谁知道明年还能不能再靠自己完成 1 000 万元呢？

所以，团队考核要定性，单纯的好、中、差，没有任何感觉，会让人觉得业绩是真的，团队考核还是假的。一定要让团队感受到奖励优秀的团队是真的落实在奖励上，同时又不能脱离业绩。一个团队贡献了两名主管，但业绩从 1 000 万元掉到了 500 万元，也是不合格。

只能说在同样完成业绩的情况下，哪一个团队发展有进步，为公司的人才输出做了贡献，才能落到定量上来奖励。反之要落到定量上做扣减。

（2）策略找准，才能持续增长。策略就是"打法"，就是我们用什么方法实现目标。公司年初制定的战略、计划，今年希望通过卖什么产品实现业绩增长？通过面对哪一群客户实现业绩增长？比如，一家企业的战略是要面对中小型客户，其中一个团队靠几个大客户完成了业绩，而另一个团队靠多个中小客户来完成业绩，那肯定是依靠中小客户完成业绩的团队更符合公司策略。

符合策略的更能可持续增长。因为策略定对了，不仅能够完成当年的业绩，还能为未来的增长留下潜力。

公司不能在考核的时候两眼一闭说："只要你完成 1 000 万元，我才不管你是用什么策略完成的。"这就又回到只对业绩作提成，只根据业绩作奖励。

如果这样，你的策略一定没有人实施，一定会走偏的。

（3）价值观是做事的底线。一家公司的文化价值观是公司对内、对外做事的底线。文化价值观再好，假如只是年底写在墙上，那没什么意义。文化价值观的核心，是要搬到考核当中来。相信没有一家公司不提倡团队合作，很多文化价值观都在说团队合作，虽然有时候不一定用这 4 个字，但一定会体现这个精神。

还是用两个团队来举例：一个团队做了很多份外的事，也帮助了别的团队，有很多实际案例。而另一个团队不管公司任何事情，也不做别的团队要求的份外的事。

虽然这两个团队都完成了 1 000 万元业绩，但要不要在考核文化价值观的时候，让他们感觉到不一样？如果没有在考核中体现团队合作的优劣，那团队合作也就一纸空文。

相信所有的企业肯定都把客户、用户放在第一位。两个团队同样完成 1 000 万元业绩，一个团队被客户投诉、续约率低，客户投诉表写的是"我并不满意"，但他靠新客户，完成了 1 000 万元指标。而另一个团队老客户维持得很好，很满意也完成了 1 000 万元。哪个对公司价值大？

我们一直认为：谁去"清洗"用户，用户总会被你"清洗"光。因为全市场就这么多客户，而且不满意的用户一定给你更多负面的口碑相传。

如果你的文化价值观包含"客户至上，客户第一"，那在考核中，是否要再去关注一些客户健康指标呢，还是只盯在业绩上？

当然业绩不一定是营业收入，有的则是一些互联网用户留存的指标，虽然总量是完成了，但是用什么方法完成的，策略对不对，客户留存的时间、时长满意度够不够？如果不够，那么就要在考核中体现出来。

8.4.5　阿里巴巴考核制度的专家点评

1. 3 对 1 考核优点多多

（1）体现了阿里巴巴的核心高管对考核的重视程度。一个公司考核的成败，绝大部分都是公司第一把手的责任，他对考核的理解，以及对考核是否真正重视，即理念上了解考核，做法上配合到位，也就是所谓的知行合一。

（2）3 对 1 考核要求所有相关各方都必须在考核前做充分的准备，包括考核者、被考核者、上级领导以及人力资源的同事，这样做才能充分保证绩效考核面谈言之有物，成果多多。

（3）阿里巴巴提出了高频率考核方法，这种做法确保了阿里巴巴管理层对员工充分的沟通，给予规律性、不间断地监督、控制，指导、支持。这样，通过高频率的阶段性评估，能够给员工提供所需要的帮助，以保证考核总周期期末时企业整个业绩的达成，显然阿里巴巴深谙目标管理理论当中所提倡的过程和结果并重的原则。如果上级与下属没有充分地沟通，显然不能够保证下属的业绩达成。业绩沟通通常包括工作计划的设定，平时的监督控制辅导，阶段性的业绩反馈，以及周期末的业绩评价，有些企业甚至还包括企业给员工多次辅导之后，如果该员工的业绩依然不达标，继而开出《业绩改进计划》，也就是业内人士常说的"最后通牒"。总之，上级与下属相互之间沟通的频率和质量，直接决定了这个员工的业绩水平，呈正比关系。

2. "271 制度"充分体现了赏罚分明

（1）"271 制度"使考核结果呈正态分布。赏罚分明，有助于提升整个团队业绩，提升员工的工作士气。这也是员工业绩管理当中，公平公正原则的具体体现。

（2）特别值得肯定的是，案例中，阿里巴巴给每个末位的"1"两个考核周期的机会，这也确保了"末位淘汰"的落地实施得到员工的接受。如果企业想要实施末位淘汰，最好使用"温水煮青蛙"的方式分阶段、分步骤地进行，切不可过急、过激。管理者必须善用迂直权变，就像当年球王贝利带球过人的经典"S"线路。

3. 阿里巴巴的考核内容包括业绩及非业绩因素两个方面更是上乘之作

（1）单纯地考核业绩，并以此来决定考核结果，兑现奖惩，将使员工变得急功近利，不利于公司长远的发展。

（2）令人敬佩的是阿里巴巴，即便是在评价业绩的时候，做到了深度挖掘既定业绩的质量。比如达成相同 1 000 万元销售业绩的两个团队还要进一步对比他们的客户结构和营收结构等是否符合公司的战略要求。

（3）更值得大家借鉴的是，阿里巴巴除了考核业绩之外，还考核团队、策略及价值观等非业绩因素。

这样的考核，确保了阿里巴巴能锻造一支德才兼备、德艺双馨的铁军，攻无不克，战无不胜，所向披靡。

1. "激情集团"消失了

在《绩效主义毁了索尼》一文中写道：

我是 1964 年以设计人员的身份进入索尼的。因半导体收音机和录音机的普及，索尼那时实现了奇迹般的发展。当时企业的规模还不是很大，但是"索尼神话"受到了社会的普遍关注。从进入公司到 2006 年离开公司，我在索尼愉快地度过了 40 年的岁月。

我 46 岁就当上了索尼公司的董事，后来成为常务董事。因此，对索尼近年来发生的事情，我感到自己也有很大责任。伟大的创业者井深大的影响为什么如今在索尼荡然无存了呢？索尼的辉煌时代与今天有什么区别呢？

首先，"激情集团"不存在了。所谓"激情集团"，是指我参与开发 CD 技术时期，公司那些不知疲倦、全身心投入开发的集体。在创业初期，这样的"激情集团"接连开发出了具有独创性的产品。索尼当初之所以能做到这一点，是因为有井深大的领导。

井深大最让人佩服的一点是，他能点燃技术开发人员心中之火，让他们变成为技术献身的"狂人"。在刚刚进入公司时，我曾和井深大进行激烈争论。井深大对新人并不是采取高压态度，他尊重我的意见。

为了不辜负他对我的信任，我当年也同样潜心于研发工作。比我进公司更早，也受到井深大影响的那些人，在井深大退出第一线后的很长一段时间，仍以井深大的作风影响着全公司。当这些人不在了，索尼也就开始逐渐衰败。

从事技术开发的团体进入开发的忘我状态时，就成了"激情集团"。要进入这种状态，其中最重要的条件就是"基于自发的动机"的行动。比如"想通过自己的努力开发机器人"，就是一种发自自身的冲动。

与此相反就是"外部的动机"，比如想赚钱、升职或出名，即想得到来自外部回报的心理状态。如果没有发自内心的热情，而是出于"想赚钱或升职"的世俗动机，那是无法成为"开发狂人"的。

2. "挑战精神"消失了

今天的索尼职工好像没有了自发的动机。为什么呢？我认为是因为实行了绩效主义。绩效主义就是："业务成果和金钱报酬直接挂钩，职工是为了拿到更多报酬而努力工作"。如果外在的动机增强，那么自发的动机就会受到抑制。

专家评论：员工个人的钱和前途与个人业绩及公司业绩挂钩是天经地义

的，奖勤罚懒，从正向和负向两个方向激励员工，挖掘主观能动性，杰克·韦尔奇先生就是这样把通用电气带向了成功。绩效管理是激活员工自发的动机，而不是"抑制"。

专家提醒天外先生：如果公司走向灭亡，员工的命运可想而知，所谓"皮之不存，毛将焉附"，职业的打工者必须深谙这个道理。

如果总是说"你努力干我就给你加工资"，那么以工作为乐趣这种内在的意识就会受到抑制。从1995年左右开始，索尼公司逐渐实行绩效主义，成立了专门机构，制定非常详细的评价标准，并根据对每个人的评价确定报酬。

专家评论：绩效管理不是简单地等同于"你努力干我就给你加工资"。

但是井深大的想法与绩效主义恰恰相反，他有一句口头禅："工作的报酬是工作。"如果你干了件受到好评的工作，下次你还可以再干更好的工作。在井深大的时代，许多人为追求工作的乐趣而埋头苦干。

专家评论：同意井深大先生的观点。

但是，因实行绩效主义，职工逐渐失去工作热情。在这种情况下是无法产生"激情集团"的。为衡量业绩，首先必须把各种工作要素量化，但是工作是无法简单量化的。公司为统计业绩，花费了大量的精力和时间，而在真正的工作上却敷衍了事，出现了本末倒置的倾向。

专家问天外伺郎先生：为什么不能用"激情"来推动业绩考核？为什么面对考核"挑战精神"一下子就荡然无存呢？

因为要考核业绩，几乎所有人都提出容易实现的低目标，可以说索尼精神的核心即"挑战精神"消失了。因实行绩效主义，索尼公司内追求眼前利益的风气蔓延。这样一来，短期内难见效益的工作，比如产品质量检验以及"老化处理"工序都受到轻视。

专家评论：企业实施业绩管理时，员工为自己设定容易实现的目标的现象是有的，但这是错误的，是可以避免的；企业确实应该着眼现在，放眼未来，但是不能因此而得出结论：考核使大家短视，这未免很是牵强。

"老化处理"是保证电池质量的工序之一。电池制造出来之后不能立刻出厂，需要放置一段时间，再通过检查剔出不合格产品，这就是"老化处理"。至于"老化处理"程序上的问题是否是上面提到的锂电池着火事故的直接原因，现在尚无法下结论。但我想指出的是，不管是什么样的企业，只要实行绩效主义，一些扎实细致的工作就容易被忽视。

专家再问天外伺郎先生："绩效主义"和"扎实细致"的工作二者能否相得益彰？

索尼公司不仅对每个人进行考核，还对每个业务部门进行经济考核，由此决定整个业务部门的报酬。最后导致的结果是，业务部门相互拆台，都想方设法从公司的整体利益中为本部门多捞取好处。

专家三问天外伺郎先生：假如企业没有实施考核，那时候有没有"相互拆台"？"考核"与"拆台"二者有没有直接联系？企业在经营过程中出现问题，是否要找到问题的原因？责任后果是否要有人承担？

专家评论：这些现象与业绩管理的实施没有直接的逻辑关系。

3. "团队精神"消失了

2004 年 2 月底，我在美国见到了"涌流理论"的代表人物奇凯岑特米哈伊教授，并聆听了他的讲演。讲演一开始，大屏幕上放映的一段话是我自进入索尼公司以来多次读过的，只不过被译成了英文。

"建立公司的目的：建设理想的工厂，在这个工厂里，应该有自由、豁达、愉快的气氛，让每个认真工作的技术人员最大限度地发挥技能。"这正是索尼公司的创立宗旨。索尼公司失去活力，就是因为实行了绩效主义。

没有想到，我是在绩效主义的发源地美国，聆听用索尼的创建宗旨来否定绩效主义的"涌流理论"。这使我深受触动。绩效主义企图把人的能力量化，以此做出客观、公正的评价。但我认为事实上做不到。它的最大弊端是搞坏了公司内的气氛。上司不把部下当有感情的人看待，而是一切都看指标、用"评价的目光"审视部下。

专家评论：考核的确不应该"一切都看指标"，但是要"评价工作的实际效果"也确实离不开指标，无论你是哪个层次的工作人员，上级或者下级。同时绩效管理不只是考核，它的本质是一个循环，其中有很多积极的行为正面激励企业的员工。

不久前我在整理藏书时翻出一封信。那是我为开发天线到东北大学进修时，给上司写信打的草稿。有一次我逃学跑去滑雪，刚好赶上索尼公司的部长来学校视察。我写那封信是为了向部长道歉。

实际上，在我身上不止一次发生过那类事情，但我从来没有受到上司的斥责。上司相信，虽然我贪玩，但对研究工作非常认真。

专家评论：这种相信一定是建立在对员工评价之后并基于员工一贯的稳定表现而得出的。

当时我的上司不是用"评价的眼光"看我，而是把我当成自己的孩子。对企业员工来说，需要的就是这种温情和信任。

专家评论：业绩管理也是要建立在考核双方融洽和谐的气氛下的，自古带兵都是严慈相济。

专家四问天外伺郎先生：索尼斥资培养自己下属，下属去游玩，这是你所说的索尼的"激情精神"？

4. 创新先锋沦为落伍者

过去在一些日本企业，一方面，即便部下做得有点出格，上司也不那么苛求，工作失败了也敢于为部下承担责任。另一方面，尽管部下在喝酒的时候说上司的坏话，但在实际工作中仍非常支持上司。后来强化了管理，实行了看上去很合理的评价制度。于是大家都极力逃避责任，这样一来就不可能有团队精神。

不单索尼，现在许多公司都花费大量人力、物力引进评价体制，但这些企业的业绩似乎都在下滑。

专家评论：公司业绩下滑不能归罪于绩效管理。我坚信，今天经营非常优秀的企业，特别是世界 500 强，一定都有这样或那样的业绩管理平台做支撑。

索尼公司是最早引进美国式合理主义经营理论的企业之一。而公司创始人井深大的经营理念谈不上所谓"合理"。1968 年 10 月上市的单枪三束彩色显像管电视机的开发，就是最有代表性的例子。

当时索尼在电视机的市场竞争中处于劣势，几乎到了破产的边缘。即便如此，井深大仍坚持独自开发单枪三束彩色显像管电视机。这种彩色电视机画质好，一上市就大受好评。其后 30 年，这种电视机的销售一直是索尼公司的主要收入来源。

但是，"干别人不干的事情"这种追求独自开发的精神，恐怕不符合今天只看收益的企业管理理论。索尼当时如果采用和其他公司一样的技术，立刻就可以在市场上销售自己的产品，当初也许就不会有破产的担心了。

投入巨额费用和很多时间进行的技术开发取得成功后，为了制造产品，还需要有更大规模的设备投资，亦需要招募新员工。但是，从长期角度看，索尼公司积累了技术，培养了技术人员。此外，人们都认为"索尼是追求独特技术的公司"，大大提升了索尼的品牌形象。

专家评论：考核有着同样的诉求。

更重要的是，这种独自开发能给索尼员工带来荣誉感，他们都为自己是"最尖端企业的一员"而感到骄傲。单枪三束彩色显像管电视机之所以能长期成为索尼公司的收入来源，是因为技术开发人员怀着荣誉感和极大热情，不断对技术进行改良。

具有讽刺意味的是，因单枪三束彩色显像管电视机获得成功而沾沾自喜的索尼，却在液晶和等离子薄型电视机的开发方面落后了。实际上，井深大曾说过："我们必须自己开发出让单枪三束彩色显像管成为落伍产品的新技术。"

包括我自己在内的索尼公司高管没有铭记井深大的话。

专家评论：这说明索尼长时间沉浸在单枪三束彩色显像管电视机获得成功的沾沾自喜之中，逐渐落后于市场技术更新，所谓的"激情集团"早已沦为坐以待毙，"挑战精神"被滑雪喝大酒所取代，考核对于当时的索尼来的正是时候，但非常可惜没有被贯彻到位，原因之一就是这些所谓"功臣"的抵触，执行时不能克服挑战，缺乏激情而大打折扣了。

更准确地说，如果单枪三束彩色显像管电视机获得成功是喜剧般收场，但因为这些坐在功劳簿上的人，它又恰恰为索尼今天的悲剧拉开了序幕！

5. 高层主管是关键

如今，索尼采取了极为"合理的"经营方针。不是自己开发新技术，而是同三星公司合作，建立了液晶显示屏制造公司。由这家合资公司提供零部件生产的液晶电视机"BRAVIA"非常畅销，从而使索尼公司暂时摆脱了困境。但对于我这个熟悉索尼成长史的人来说，总不免有一种怀旧感，因为索尼现在在基础开发能力方面，与井深大时代相比存在很大差距。今天的索尼为避免危机采取了临时抱佛脚的做法。

今天的索尼与井深大时代的最大区别是什么呢？那就是在"自豪感"方面的差别。当年创始人井深大和公司员工都有一种自信心：努力争先，创造历史。

当时索尼并不在意其他公司在开发什么产品。某大家电公司的产品曾被嘲讽为"照猫画虎"，今天索尼也开始照猫画虎了。一味地左顾右盼，无法走在时代的前头。

在我开发"爱宝"机器狗的时候，索尼的实力已经开始衰落了，公司不得不采取冒险一搏的做法，但是出现亏损后，又遭到公司内部的批评，结果不得不后退。

今天的索尼已经没有了向新目标挑战的"体力"，同时也失去了把新技术拿出来让社会检验的胆识。在导致索尼受挫的几个因素中，公司最高领导人的态度是其中最根本的原因。

专家评论：建议拜 TCL 李老板、脑白金史老板等企业家为师，学学如何在逆境中走出，迈向"新生"！

在索尼充满活力、蓬勃发展的时期，公司内流行这样的说法："如果你真的有了新点子，来。"也就是说那就背着上司把它做出，与其口头上说说，不如拿出真东西来更直接。但是如果上司总是以冷漠的、评价的眼光来看自己，恐怕没有人愿意背着上司干事情，那是自找麻烦。如果人们没有自己受到信任的意识，也就不会向新的更高的目标发起挑战了。在过去，有些索尼员工根本不畏惧上司的权威，上司也欣赏和信任这样的部下。

所以，能否让职工热情焕发，关键要看最高领导人的姿态。索尼当年之所以取得被视为"神话"的业绩，也正是因为有井深大。但是，井深大的经营理念没有系统化，也没有被继承下来。也许是因为井深大当时并没有意识到自己经营理念的重要性。

专家评论：当今社会生活压力和工作压力越来越高，这已经是全世界的普遍现象，这也就是为什么全世界各大药厂前 10 名销量药物都包括抗抑郁类药物。重点应该是提高自身抗压能力。

我尝试着把井深大等前辈的经营理念系统化、文字化，出版了《经营革命》一书。在这本书中，我把井深大等人的经营称为"长老型经营"。所谓"长老"是指德高望重的人。德高望重者为公司的最高领导人，整个集团会拧成一股绳，充满斗志地向目标迈进。

在今天的日本企业中，患抑郁症等疾病的人越来越多。这是因为公司内有不称职的上司，推行的是不负责任的合理主义经营方式，给职工带来了苦恼。

专家评论：所有的企业都应该夯实自己的企业文化，通常都要把组织打造为富于"挑战精神"的"激情集团"，比如在井深大先生制下的索尼公司、马云率领的阿里巴巴和、张瑞敏缔造的"狼性"海尔、任正非带领下的"以奋斗者为本"的华为……

不论是在什么时代，也不论是在哪个地方，企业都应该注重员工的主观能动性。这也正是索尼在创立公司的宗旨中强调的"自由，豁达，愉快"。

专家评论：正确。

可欣心得

绩效管理方法的有效选择原则：合适的就是最好的。

第 9 章

空降新公司，伺机而动

陆可欣最近接到很多猎头电话，提供的工作机会大多是人力资源经理，只有一家创业初期的网络公司提供人力资源总监的职位。陆可欣在众多候选人中脱颖而出，被网络公司董事长和 CEO 双双看重，而且与公司其他各个职能的总监或总经理都进行了面谈，最后一路绿灯，过关斩将，拿到了 Offer，成功出任公司的人力资源总监。

在最初面试的时候，董事长和 CEO 就已经明确告诉陆可欣，希望她到公司后要完成的第一个重要任务就是建立并推行业绩管理体系，为公司的既定战略保驾护航。

陆可欣总结了自己在绩效管理方面的经验，查阅了业内成功案例，为绩效管理项目的实施提出了 6 步规划，以确保顺利推动。

她将要重点关注的是在整个设计和推广的过程中把利益相关人，如董事长、CEO、总监、初中层管理人员以及基层员工都纳入整个设计链条中，力求加强过程管理，以利于结果推行的时候水到渠成。

9.1 绩效管理体系建立的 6 步骤

（1）**计划阶段**：对整个绩效考核体系的设计和实施进行全盘计划。

（2）**设计阶段**：设计绩效考核的体系。

（3）**复评阶段**：陆可欣会带着自己的人力资源团队在公司内征求广大管理人员和员工的意见和建议，对考核体系进行复评。

（4）**推广阶段**：制定考核体系的推广规划，陆可欣要把绩效管理体系作为人力资源部的产品，把人力资源部也定位为管理咨询产品设计部，借用营销的方式完成产品推介。

（5）**实施阶段**：在所有准备工作完成以后，选择与公司匹配的时机推行绩效考核办法。

（6）**审计阶段**：在实施以后，人力资源部还要针对该体系进行审计，从而进一步保证考核体系的可用性和稳定性。

在公司的管理例会上，陆可欣把上述规划向各位高管做了汇报，得到了大家的一致认同，最后 CEO 拍板定了下来。

9.1.1 计划阶段

第一阶段，即"计划阶段"，陆可欣结合公司的具体情况，借助自己入职培训和上岗培训的过程，把公司的战略、业务、组织结构、流程及公司的现行文化特点进行了深入了解，她带着自己的团队，以项目管理模式为蓝本，为公司量身定做，对整个绩效考核体系的设计和实施进行详细地全盘计划，为项目的成功奠定了坚实、可靠的基础。

她拿着自己的项目规划蓝图给董事长和 CEO 进行了详细地汇报，董事长喜出望外地说："想不到你还是个营销和项目管理的高手，的确专业。"

得到了最高领导的首肯，陆可欣开始了**项目沟通准备阶段**。她组织自己的团队，进行了如下工作：

（1）与公司其他相关人员讨论《绩效管理实施项目计划书》；

（2）大范围深入了解各个岗位的工作情况；

（3）与公司高层领导团队深度访谈，了解公司的长远发展方向、现行业务开展情况及领导对绩效考核项目的期望；

（4）**组建项目小组**，绩效考核项目小组以人力资源团队为主，并挑选了公司内其他关键部门一些管理人员和业务骨干充任项目成员，按照这个标准先行内部拟定了绩效考核项目小组成员，由陆可欣担任项目执行组长。

兵贵神速，陆可欣马上启动了相关培训，与项目的整体运作并行。

她首先根据项目实施计划、初步拟定的绩效考核方法，请专业的咨询公司为内部的指定人员进行绩效考核理论和实操技巧的培训。

陆可欣还在项目的中后期面向广大经理人员和员工开展了不少相关培训，她在这部分花费的工作量较大，而且培训方式也是多种多样，如研讨会型、集中正式培训，等等。

9.1.2　设计阶段

第二阶段，即"**设计阶段**"，陆可欣首先会同公司的中高层管理人员共同明确企业的长远战略和近期的工作重点，达成共识，她要确保项目的最终结果是为公司的远景目标服务。

陆可欣深知企业的远景目标会转化成为组织战略、流程打造和组织结构，也就是组织能力的布局，因而产生了组织内一个又一个岗位，也就明确了各个岗位应该履行的岗位职责；同时长远目标必定会转化成为企业近期的工作重点，这些也必定会分解、下达到每个员工，即岗位任职人的身上。所以陆可欣在确定考核内容的时候，在与企业战略结合的同时，更加注重与员工的岗位职责和企业近期工作侧重点的有机结合，以保证考核体系对各个工作岗位任职人的针对性，从而确保了考核的公平性原则得以有效贯彻。比如说企业中会计的岗位和销售员的岗位存在着考核的共性部分，但是他们之间存在着更多彼此区别于对方的特殊性部分，也就是通常说的专业性。我们不可能要求一个会计每天在公司外面奔走于客户之间，上班不定时，下班无规律；我们也不可能要求销售员来制作现金流量表、利润表和资产负债表，原因是这两个岗位之间存在着巨大而不能混淆在一起的、本质的职责差别。

陆可欣在这个项目步骤，确定了保证公司未来业绩管理体系具有实操性的根基，即绩效考核的内容，请看图 9-1 的简单图表。

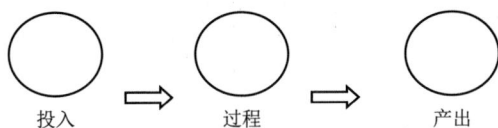

图 9-1　投入产出示意图

对于每个工作岗位，企业所要的就是它的"工作产出"，但是，员工必须注重"工作过程"，保证自己正确地、按照企业既定的期望履行岗位职责，踏踏实实地完成具体工作，方可保证"工作产出"的实现。

例如：作为销售员，任何企业对他的要求都是要完成销售额，但是销售额并不是对销售员的唯一考核标准，更重要的考核内容是要考虑他如何能完成既定的目标，即"工作过程"，这部分也是考核必不可缺的组成部分。一个销售员如果每天不打业务联系电话，他就不能获得登门拜访客户的机会，也就不可能有了解客户对产品的需求、向客户展示自己的产品与服务或称解决方案的机会，继而不可能有报价的机会，也就不可能与客户做进一步谈判，从而锁定订单，很自然他也就不可能完成全年的销售配额。

陆可欣把上述想法与公司的营销总监沟通之后，对方非常认同，评价"这样的考核逻辑才是销售基业长青的根本"。

考核内容另外一个重点是工作目标，即结合企业近期的工作重点而分解、下达、转化形成员工的"工作目标"，它与对岗位职责的考核点不同处可以通过下面的例子理解。销售经理的天职是"完成销售额，控制销售费用，达成销售利润"。这是他的岗位职责，但是他还要结合自己的岗位职责和公司的近期战略，比如"加强顾客服务，提高顾客满意度"来制定自己本考核周期或年度的工作目标，那么可能的目标之一就是建立售后服务体系，提高销售队伍的顾客服务意识和技能等。

陆可欣在白板上给营销总监画出图 9-2 的绩效管理链，以加深他对上述理论的认知。

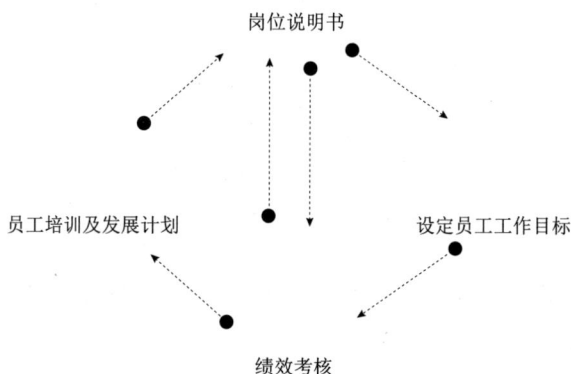

岗位说明书

员工培训及发展计划　　　　　　　　　　设定员工工作目标

绩效考核

图 9-2　绩效管理链

同样她在与公司其他高管人员沟通后，引导大家得出共同的结论：在绩效考核中，履行岗位职责、达成工作目标以及对工作态度的衡量等是重要的考核内容。

在设计绩效考核体系时，项目团队需要考虑采用什么考核办法，如查验法、记分法、重要事件法、测试法、自我考评法、目标管理法，等等。诸多企业，包括某些管理咨询公司在该问题上就失败于总是"吊死在一棵树上"，而陆可欣则是力图结合自己企业的具体情况，如业务性质、工作流程、员工配置、经理人员素质等，为企业找到适合的考核办法。

后来，大家在业绩评价实操阶段都对陆可欣的这套体系认定为"接地气"。

9.1.3　复评阶段

第三阶段，即**"复评阶段"**，在完成体系的设计工作之后，陆可欣进一步征求了公司广大管理人员和员工的意见和建议，给足够的时间和机会让他们畅所欲言，对考核体系的总体设计思路、理念，乃至细微之处阐述自己的见解。她这样做最根本的目的有两点：首先，让将来使用这一体系的经理人员和员工参与进来，保证考核的适用性，她深谙在高科技公司，面对高科技人才，"员工参与"是管理成功的关键；其次，她巧妙地通过这一环节，让广大受众理解并接受了考核的必要性，加强他们对这一工作的理解和专注，从而在总体上保证了后面体系推出并实施的成功。陆可欣的团队在此步骤参加了很多企业内部沟通会和员工建议征集大会，使得他们更深入地了解了企业和员工对于考核体系的期望，更增添了自己做好管理咨询项目的信心。

9.1.4　推广阶段

第四阶段，即**"推广阶段"**，这里陆可欣主要使出浑身本领，灵活运用多种手段推广所制定的公司考核体系。

很多企业在操作绩效考核的时候经历了挫折和失败。有不少不是败在考核体系本身，而是败在了没有能够打造实施绩效考核的氛围，加强企业全体人员对考核的认识，提高中高层经理人的绩效考核技巧和素质，提早进行必要的铺垫工作。陆可欣过往的丰富工作经历无疑大大帮助了她为将来的成功做铺垫。

殊不知，在组织内推出绩效考核体系不亚于进行一次变革，没有充分的准备，就等同于"不备粮草、不知敌情而盲目出兵"，结果必然是"失败"。

陆可欣一手软一手硬，双管齐下完成组织准备的工作，她在企业中召开研讨会，组织员工参与讨论，进行绩效考核知识和实操技巧的培训等。

陆可欣经常说的一句话是："'胜兵先胜，而后求战'，最怕是计划和准备不到位。"

9.1.5 实施阶段

第五阶段，即"实施阶段"，在上述所有准备工作完成以后，陆可欣选择了企业最匹配的时机，即新年度预算启动的时机推出和实施绩效考核办法，财务总监也非常得意地说："这套业绩管理体系有效地让他的预算战略意图落地，所以鼎力支持。"每个企业都有自己的管理和运作周期，绩效考核的工作也必须服从于该周期，否则也会削弱了项目的成功系数。

9.1.6 审计阶段

最后，陆可欣秉承着"第一次就必须做对，不能试错"的原则，严肃认真地开始了**第六阶段，即"审计阶段"**。陆可欣认为企业管理的各种办法实施不可能一蹴而就，其中也包括考核体系实施，因为企业总是在不断发展变化着，特别是高科技公司的特点，"无常即是常量"，因此考核的内容、方法和标准也不是一成不变的。所以陆可欣在考核体系推出之后，本着对内部员工负责的精神，针对该考核体系运行的具体情况，进行有计划地评审，从而发现该企业发展的趋势，相应提出考核方案的修改意见，以进一步保证考核体系的可用性和稳定性。

备注：陆可欣的项目团队主要工作包括：

◆ 为公司进行绩效考核培训；

◆ 指导指定的绩效考核小组人员获取岗位信息；

◆ 绩效考核方案的设计；

◆ 绩效考核体系的设计及撰写；

◆ 制定绩效考核项目的宣传、推广方案；

◆ 对公司使用本考核方案的受众进行绩效考核知识和理念的传播；

◆ 与公司相关管理人员就绩效考核体系的定稿进行磋商；

◆ 总项目分析报告；

◆ 项目实施后跟踪。

在项目总结汇报会上，陆可欣把项目操作的步骤、大体的工作和《公司绩效管理手册》以及后续绩效管理的落地推进做了详细的汇报，历时 3 个月，项目完成。

CEO 和董事长的评价是项目团队在陆可欣的带领下，紧紧贴近公司的战略和业务，充分介入了公司所有体系和不同层级员工的参与，完全以公司产品研发和发布的逻辑推进项目，结果是在项目汇报的时候，实际已经把绩效管理体系推出的准备工作充分完成，夯实了公司绩效文化的基础工作。

CEO 更进一步补充，公司这次制定的《公司绩效管理手册》是他迄今为止见过的最佳范例，是"第一"，不是"之一"。董事长当晚邀请高管团队和项目团队晚宴，庆祝项目成功。他端起酒杯，向大家宣布陆可欣已经顺利通过试用期，成为公司正式员工，并享有公司既定政策下的期权激励，他豪爽地一饮而尽。

陆可欣享受着工作带来的成就感，回想日日夜夜的加班是值得的。

可欣心得

企业必须建立完善的绩效管理体系，才能将绩效管理的作用充分发挥出来。

9.2 提升篇：员工的业绩是计划出来的

从最开始泰勒阐明管理的定义，涉及计划、实施、监控、评价等内容后一直到今天，针对管理的定义基本上没有改变，我们探讨的业绩管理，实际上也是本着计划、实施、监控、评价这 4 个步骤来开展的，也就是说管理实际上是一个闭环的流程，管理不是绩效考核这一个点。

往往一个公司的业绩管理是从它的战略出发的，制定这个公司的战略，我们可以借鉴麦肯锡公司著名的"7 个 S"战略模式图。

出发点是"共同的目标"，是一个团队的目标。

什么叫团队？"人 + 任务"或者是"人 + 目标"，目标往往是这个团队里的凝聚力，所以作为一个部门领导，一定要给自己的团队确定一个目标，这个目标是团队凝聚力的根本来源。

一个公司在目标确定之后，就要去考虑用什么样的战术、战略，去实现这个目标，这就是第二个"S"。企业的战略一般应该把握住几个点，迈克尔·波特已经给我们指出一条明路：成本领先战略、专一和多元化之间的平衡，以及差异化。

第三个"S"是架构，第四个"S"是机制，当架构搭建好之后，我们员工配置到岗，即第五个"S"，员工在招聘到岗之后，对他的知识和技能有要求，也就是第六个"S"，希望他能够把岗位流程顺畅运转起来。

员工团队搭建起来之后，对于团队的领导风格（第七个"S"）就提出了要求。你的领导力跟你的情商有很大的关系，你的情商决定你的领导风格，你的情商越高，领导风格越多。在不同领导风格之间的转换来得越自然，你团队的满意度就会高，最终团队的业绩也会高。因为情商就是你驾驭自己的情绪，控制别人的情绪，驾驭整个局面，从而达到自己的目的。

9.2.1 考核内容和考核方法的确定至关重要

在看各种各样的业绩管理教材的时候，往往大家会看到考核一定要考核德、能、勤、绩，而真正在企业实际操作当中考核德、能、勤、绩，可能会出现很大的问题。原因如下：

（1）看品德。品德好，业绩不一定好；品德差，业绩不一定差，二者没有直接的逻辑关系。所以，考核品德根本没有必要。三国名将关羽以"武德"享誉天下，但是他大意失荆州，从此蜀汉逐鹿中原的重要通道丧失了，再想"光复汉室"，只能西出祁山。诸葛亮每次出兵都盘算着粮食怎么运出万重山，连木牛流马这样的高科技都用上了，也无济于事。由此，我们说"关羽误国"还会有争议吗？因为他的失误，蜀汉基本上在逐鹿中原的游戏中已经出局，"美德"已于事无补。

（2）看能力。品德不考，能力也不要考。注意我们的前提，假如考核的目的是发放奖金。

能力高，业绩不一定高；能力差，业绩不一定差，这两者也没有直接的逻辑关系。最怕的是一个公司有大批的博士、硕士却干不出活来，那么你的能力对我的企业是没有价值的，到最后没干出活，凭着高职称、高学历，不少拿奖金，这样公平性就没有了。

联想推出手机的时候，杨元庆信誓旦旦地说凭借着联想的品牌和联想的管理能力，联想手机一定能成功。事实上，联想手机后来变成了这个组织的鸡肋和由盛转衰的起点。

（3）看勤勉。勤勉在一个公司当中肯定是要弘扬的，它是企业文化不可缺少的组成部分。但是我们在企业当中弘扬勤勉也要注意道德底线，老板自己创业的时候，可以在办公桌下面放铺盖卷。加班到 11 点不回家，打开铺盖卷就地睡觉。第二天早晨 8:30 爬起来接着战斗，但是如果上司要求员工这样，不一定对。特别是若干知名企业的员工出现过劳死，这是有悖于道德经营观。

当然，也经常会出现员工跟主管说："我没有功劳，还有苦劳吧。"这个说法同样不成立。你占用了企业各种各样的资源，自己也精疲力竭，结果是没有实现既定的目标，这不是苦劳，是徒劳！

诸葛亮数次北伐，被司马懿"坚守不出"的策略化解，最后自己呕血而亡，"鞠躬尽瘁、死而后已"的精神为后世楷模。但客观事实却是，劳民伤财、耗尽国力、无果而终。

所以，考核员工的时候就看业绩，前提是考核员工最后决定他的奖金，就用业绩跟奖金对接。注意，什么是业绩？就是员工岗位职责的履行和既定工作目标的达成。

但是，如果我们的目的是要通过考核提拔未来的后备干部，我们要对他进行培养和人才的储备，那必须是德、能、勤、技综合考量。

同样，在确定绩效考核的方法时，也存在信度和效度的问题。重点是要和企业的战略能够接轨，我们拿出来的考核方法要能够有助于公司未来长远战略的实现。信度是稳定性、可靠性，而效度是准确性，这也决定了考核的可接受度和针对度。我们说考核的原则是公平，既然是公平考核，就应该考的是员工的岗位职责，考核员工就应该是员工的岗位工作内容、重点工作、执行情况，所以针对性很强。

随着时间的推移，考核方法也在发生着演变，纵观管理的发展历史，人们相继采取了以下方法：

（1）对比法，这也是最早采用的方法，把员工的业绩排出高低合理顺序，从这里派生出来的是考核结果的"正态分布"。

（2）特质法，比如考核员工的积极性、主动性、合作性等。

（3）行为法，即首先明确行为规范，然后衡量员工的实际表现。从这里衍生出了"关键事件法"，比如，员工突出的成就或者明显的失误。

（4）结果法，是现在普遍被企业所采用的考核方法，也叫目标管理。给员工设定目标，最后考核员工目标达成的结果如何。

企业通过多年的探索，大家殊途同归，最终都选择了考核员工时以目标管理法为主，以正态分布和关键行为法为辅。

目标管理法之所以大企业无一例外都使用它考核员工，就是因为它能够很好地把员工的岗位职责、工作重点以及企业的战略有机地衔接在一起，在制定了一个公司的战略后，进行战略的拆分，同时跟企业的文化进行对接。

9.2.2　目标管理的核心就是把员工目标与企业战略结合

目标管理（Management By Objectives）即通过目标进行管理，目标管理最初的创始人是彼得·德鲁克，他在 1975 年的时候提出了该理论，他借用了迈克·格雷格的观点，写过一本书《企业的人性面》，其中提出了一个关键问题，难道员工和雇主之间的矛盾真的不可调和吗？

如果我们探究管理的根本，任何一个企业财务等式都是收入减去支出等于企业收益。企业如果想要提升企业的经营收益，做法只有可能是开源节流，员工的利益何在？职业经理人，当您选择了做经理的时候，您应该已经完成了"悟"，如果没有完成的话，您自己并没有准备好去做一个经理人，而这个"悟"可能是顿悟、领悟、感悟，也有可能是大彻大悟。您自己无论快慢、无论早晚势必要完成，否则您做管理的仕途会一路坎坷，您作为管理人员，您代表的是企业的利益，您不代表员工的利益，虽然您本人也是打工、挣工资的人，您自己的角色就具有矛盾的双重性。

迈克·格雷格和彼得·德鲁克都试图在管理上加点"人性"，这样我们在工作完成上既不偏向以人为重心，也不偏向以任务的完成为结果导向，而是人和任务的融合，这是目标管理所追求的最高境界，而且目标的设定使得员工能够自己实现自我管理，就不再需要监工督促员工工作。

目标管理在企业实施的过程当中基本上都需要走这样一个流程。首先，制定这个公司的长远战略，制定下来后部门经理结合公司的长远战略和近期的年度预算。其次，开始着手制定本部门的工作重点、本部门的预算，拿着这些跟自己的下属员工去传达，你应该干什么以配合公司和部门既定的工作重点。

很多公司战略的传达不是很到位的，走到一线问问生产员工，今年你自己的生产任务比以往多还是少？走进办公室问问白领职工最近公司战略重点是什么？员工不知道。最起码的组织沟通都没有，怎么可能实现一个组织目标的执行？

部门经理回来给下属员工做企业战略意图传达，之后下一个工作是让员工自己去思考，应该干点什么工作配合部门，继而实现对公司战略协动，这个过程要有足够的"耐心"。往往大家做不到这种耐心。一般经理都是直接告诉自己的下属，我希望你去干什么工作，"1、2、3……"直接派给下属，这样去干。很多经理都是这个行为习惯，但是这个行为习惯恰恰最要不得，要不得的原因是什么？我们如果总是这么做，时间长了以后，员工对经理的依赖就太严重了，任何一个工作出现了，员工总是在期待他的上级能告诉他这个活应该怎么干，不利于对员工自主性的培养。

经理应该是在逐渐地启发下属的过程当中，让下属自己去思考可以做出什么分析，其中有哪些主因能够导致这个任务的完成，然后基于这个主因的分析，拿出尽可能多的备选解决方案。备选方案越多，这个工作任务完成的创意性就越高。拿到这些备选方案以后，对他们作出评估，然后选择一个最佳的方案给上级建议。

9.2.3 如何确定衡量标准

两大角度：一个是定量；一个是定性。

定量指标和定性指标所考核的内容和侧重点是不同的。具体来说，定量指标用于考核可量化的工作，而定性指标则用于考核不可量化的工作；相对而言，定量指标侧重于考核工作的结果，而定性指标则侧重于考核工作的过程和工作行为。采用定量指标进行绩效考核，在明确考核指标的情况下，简单明了、较易实施，量化的考评结果可以在个人和组织之间进行比较。但是，在实际操作中，定量指标往往难以确定，或者笼统，或者缺乏针对性。采用定性指标进行绩效考核，可以对整个工作过程和员工的工作行为进行评价，适用的范围较广。但是，在实际操作中，定性指标的评价往往会有考核者的主观倾向，准确度易受影响，被考核者对考核结果的认同感和信服感也会受到影响。

因此，在实际操作中，要想很好地平衡定量和定性指标，需要针对员工的具体岗位选用合适的定量指标和定性指标的结合。具体来说，对于管理层来说，对公司总体生产经营结果负有决策责任，其工作影响范围往往也是全局性的。因此，适宜采用量化成分较多、约束力较强、独立性较高、以最终结果为导向的考核指标，即以定量指标为主、定性指标为辅。对于普通员工来说，工作基本上由上级安排和设定，依赖性较强，工作内容单纯，对生产经营结果只有单一的、小范围的影响。因此，适宜采用量化成分少，需要上下级随时充分沟通，主要以工作过程为导向的考核指标，即定性为主、定量为辅。

再次强调一下，员工的业绩不是考核而得的！是计划出来的！孙子曰："多算胜，少算不胜，何况无算呼？"

第 10 章

信息化绩效管理新趋势

陆可欣的成功与她的自控能力和坚强的毅力息息相关。她的同学中有很多学习成绩非常优秀的，但是到职场中表现很平庸。近年来美国一项"坚毅性格研究"（Grit Research）引发了社会广泛关注。该研究揭示：原来影响未来成功的决定因素并非智商和情商，影响个体成就的第一项指标就是"坚毅"（Grit）。它包含对长期目标的持续激情、为了实现目标而产生的自制力、乐观态度以及好奇心等。

年底除了依然繁忙的工作，陆可欣也忙着去参加人力资源的各种论坛和沙龙活动，学得越多，越发觉得不懂的东西更多，似乎患上了学习焦虑症。时下各种人力资源活动的主题，都充斥着人工智能、大数据、云计算、共享经济等时髦的名词，专家和大咖们都在谈论着未来的发展趋势，大家都在喊着未来已来，要拥抱变化。

虽然世界的变化很大，身边也出现了很多新事物，但是也有很多概念、很多东西是昙花一现，犹如过眼烟云，只是热热闹闹一阵子，尘埃落定之后又恢复如往常。就拿人力资源管理软件来说，虽然已经有了很长的应用历史和不少知名的厂商，有很多公司宣传得很好，但是实际应用效果不尽如人意，好用而且价格合适的更是难以寻找。

随着公司业务迅猛的发展，公司建立了区域化的管理模式，人力资源管理引入了三支柱管理模式。为了提升招聘质量，需要建立统一的招聘平台；为了建立内部人才梯队，需要引进人才盘点工具；为了优化公司的绩效管理，需要改进绩效管理系统。公司已经使用十来年的人力资源管理信息系统越来越满足不了公司未来的管理需求，但是由于老的信息系统已经在公司总部和所属的几十家公司广泛地应用，如何平稳进行升级换代是当前陆可欣需要解决的一个主要课题。

正在此时，陆可欣收到一所大学的商学院人力资源年会的邀请函，既有关于大数据的总论坛，还有云计算和人工智能对人力资源的影响，绩效管理信息化新趋势以及绩效考核和人才盘点的分论坛，正好去学习，看看有无新的解决方案。周末，陆可欣早早来到了学校，参加为期一天的人力资源年会。上午安排的是一年一度的人力资源专题演讲，演讲的内容有人力资源未来十年的六大趋势等内容。

10.1　大数据对人力资源管理的影响

最吸引陆可欣的话题是大数据对人力资源管理的影响，演讲者是商学院年轻漂亮的李老师。关于大数据的定义，维基百科、研究咨询机构 Gartner 以及麦肯锡等都给出了自己的解读，大数据具有如下特点：

（1）需要超出常规的技术工具、新处理模式才能具有更强的决策力、洞察发现力和流程优化能力的海量、高增长率和多样化信息资产；

（2）具备海量（Volume）、多样性（Variety）、高速性（Velocity）、易变性（Variability）、巨大的数据价值（Value）、真实性（Veracity）和强关联性（Viscosity）的 7V 为标志的 Vs 特征；

（3）大数据具有技术属性和社会属性的双重属性。"大数据"是一种全新的大数据思维的思维方式和数据智慧。

实际上，在 2012 年大数据时代已经到来。正如《纽约时报》2012 年 2 月的一篇专栏中所称，大数据时代已经降临，在商业、经济及其他领域中，决策将日益基于数据和分析而作出，而非基于经验和直觉。哈佛大学社会学教授加里·金说："这是一场革命，庞大的数据资源使得各个领域开始了量化进程，无论学术界、商界还是政府，所有领域都将开始这种进程。"

大数据是信息化发展的新阶段。随着信息技术和人类生产生活交汇融合，互联网快速普及，全球数据呈现爆发增长、海量集聚的特点，对经济发展、社会治理、国家管理、人民生活都产生了重大影响。世界各国都把推进经济数字化作为实现创新发展的重要动能，在前沿技术研发、数据开放共享、隐私安全保护、人才培养等方面做了前瞻性布局。

在大数据时代，数据已成为一种关键的生产要素。在当今的各个领域都发挥着重要作用，人力资源自然也不能避免，而且数据对于公司的人力资源管理者来说是相当熟悉的。从公司招聘到能力测评和绩效考评，长期积累下的数据规模是不容小觑的，但是真正能将这些数据进行合理整理和分析，使其能为企业的决策做出巨大贡献的实例却是少见的。人力资源管理领域的大数据主要是人力资源部门在开展各类工作中所产生的各种数据以及相关资料。这些数据和资料之间有着潜在的密切联系，对于组织和员工发展具有重大影响。要在人力资源管理中利用大数据的优势，需要将所有相关的工作进行客观地数据整理和分析，然后在这一前提下开展人力资源管理工作，并根据数据分析结果科学制定人力资源管理策略。可以说，将大数据思想应用于人力资源管理领域之后，大数据的价值主要体现在能够推动人力资源管理工作持续进一步地分析和预测等方面。大数据已经开始应用在人力资源管理的各个方面。

1. 大数据技术在招聘方面的应用

企业在以往的人才招聘中，其实往往处于比较被动的局面。特别是大公司，每天的简历如雪片般飘来，HR 只能凭经验和直觉从大堆简历中挑选出合适的人员面试，存在很大的主观性。在面试过程中，往往也只能对面试者短短几十分钟的表现做一个评估，并不能真正全面地了解面试者，存在很严重的信息不对称，使得可能招聘不到真正需要的员工。

在互联网时代，基本上所有年轻人都会在互联网上留下私人信息。如发的微博、写的博文、各种社交网站的留言，可以从侧面客观地反映出他们的三观、兴趣爱好以及性格等，而企业通过以往员工的绩效数据等，应用相应的算法，建立相应的企业所需员工模型。然后，通过模型与应聘人员的匹配程度来筛选企业所需要的员工，减少面试官主观臆断，从而提高招聘成功率，减少招聘成本。

在移动互联时代，招聘不再是按部就班、进展缓慢的过程。我们可以在手机上进行投递简历，查看应聘进程等操作。移动互联和传统互联最大的区别就是交互，把很多中间环节都去掉了。移动互联发达之后，其实中介机构的力量会减小，这也是值得关注的趋势。招聘是社交化的，基于移动互联的社交圈可以成为招聘的优质渠道。通过社交网络，实现求职关系的碎片化，创造更多的匹配机会。基于云的系统也可以记录和获取各种数据，招聘过程和人员管理的数字化能有效地匹配人选。使用大数据让招聘变得更加精准有效，成本低廉，速度更快。

谷歌可以说是利用大数据技术招聘的先行者。谷歌首先让在职的所有员工完成一份几百题的问卷，然后利用大数据分析得出一套数学模型，从而根据这套数学模型去寻找合适人才。如此让谷歌不再是单一地根据文凭、成绩来判断求职者的能力，而能发现那些学校、成绩不太好却极具潜力的求职者。

2. 大数据技术在人才测评与选拔方面的应用

当前，大部分人才测评多采用综合考评和专家评估等方式人为进行，带有很强的主观性。应用大数据技术，企业的人力资源部门可以采取网上学习培训的方式测评员工，通过员工在网上学习系统中留下大量的数据，各种学习与工作信息可以很轻易地收集到。通过大数据技术分析这些员工工作信息，得出员工的工作状态，就能比较客观地评估每位员工。用大数据进行人才测评和选拔可以尽可能做到"全息搜索"，实现精准的"人岗匹配"。

IBM 将大数据技术运用到了人力资源管理的各个方面，如 Professional Marketplace 数据库的创建。IBM 将企业员工的专长、技能和近期安排等各种信息放在 Professional Marketplace 数据库中，当项目经理需要组建团队时，利用数学分析便能很快地找到最佳的资源配置方式，极大地提高效率。

3. 大数据技术在培训与开发方面的应用

培训作为现代企业提高员工素质并增强企业核心竞争力的重要手段，是一种产出远高于投入的投资，在对企业的贡献方面其作用也大于物质资本投资。在制定培训计划之前，人力资源部门需要从各方面充分获取并分析数据信息，得出公司的要求与员工的培训需求之间的相关关系，然后提供专门的培训服务，这样可使培训工作更有针对性。不能只站在公司的角度而忽略员工的感受，毕竟只有根据员工真实需求提供的培训，才会得到员工的真心欢迎，才能真正增强培训效果，而不是浪费人力、物力，到最后还是做无用功。如果管理者不能从员工的角度出发提供有利于员工发展的培训计划，培训结果便永远不可能让企业和员工双方都满意。

以大数据技术来做超市员工的培训计划为例。以往，如果超市要以绩效差距来做员工的培训计划，会碰到很多挑战，并且主管要找每个人谈差距，这是很费时的。但是用大数据技术手段就能解决这个问题。依据大数据技术，一个顾客进来，员工与他说了多长时间的话，员工给顾客介绍商品的次序，这些都可以用数据记录下来。用数据记录每个员工和每个顾客的行为，并进行分析。用大数据来确认员工的能力差别，从而进行培训计划。

基于大数据技术，一方面，对员工日常行为表现、能力绩效加以分析；另一方面，通过访谈或问卷的方法了解员工的显性需求，然后加以整合得到员工的整体需求，再与组织需求相联系，便能得出既适应组织发展目标又有利于员工职业发展的培训内容，使员工紧随企业的发展步调。

另外，用微培训建立移动的行动学习课堂，可以实现碎片化学习。以饭店的员工培训为例。以前，饭店新员工很多，主管要告诉他们怎么端盘子，怎么收银，等等。原来的培训方法是师傅带徒弟，如果在主管服务的时候，有员工把这个过程拍下来，上传到网上，大家不仅可以随时随地观看，并且还能进行分享、回复。通过微课程上传和微课程查看的方式，增加互动，节省时间。

大数据技术可以为员工提供培训激励。比如用社交媒体的手段提升学习的兴趣，大家可以互相交流培训感想，分享好的培训课程等。也可以采用积分制，每学完之后得到一些培训学分，用学分兑换积分，获得小奖励。

4. 大数据技术在薪酬绩效管理方面的应用

企业员工每天的出勤、休假、出差以及开会等各种具体情况，都可以通过大数据技术详细地记录下来，并对这些数据进行合理地分析处理，分析出员工的工作状态。员工的工作结果也可以详细地记录下来，然后结合企业的绩效薪酬标准，计算机便能自动得出员工的工作考核结果以及绩效工资。

运用大数据技术不仅能计算自己企业的工资标准，还能结合互联网上的信息比较同行业其他企业的薪酬标准。运用大数据技术可以非常方便地进行各种薪酬分析，包括对各类人员的薪酬水平进行横向比较，也可以非常容易地对同类人员的薪酬趋势进行纵向分析。

绩效管理很重要的是要有数据依据。通过人力资源计量明晰绩效考核的依据，了解员工的绩效差距，计算绩效管理的投资回报率。同时，移动互联技术可以实现绩效的实时跟踪，从而及时进行绩效辅导、沟通和提升。在 IT 系统中，每个员工都可以参与进来，实现人力资源管理的即时性和交互性。比如，员工有个自己的账户，将信息即时输入系统后，主管审核。既让员工有承诺，也要直线经理参与进来。

结合企业自身发展战略目标和实际情况，从现有数据入手，制定科学、合理的大数据战略规划，不断汇集、整理、分析和挖掘各项人力资源信息，不断探索人力资源管理系统的大数据管理，用数据提升管理"智慧"。

演讲接近尾声之时，李老师反思了大数据的优势与隐患。李老师谈到，凡事都有两面性，大数据也不例外。如果处理不好，大数据应用的风险便会给企业带来巨大的麻烦。大数据时代的管理风险：一是个人隐私和商业机密存在信息泄露的风险；二是如此大量的数据中必然会存在一些错误信息，如果不能去伪存真，将造成分析结果失真。

应对的策略：一是加强数据过滤，最大限度地过滤掉错误信息；二是企业要加强对数据的安全管理，采取有效的防护措施，建立起安全屏障；三是人力资源部门需要根据业务需求，从数据的发现、归整、分析、提炼到数据管理，建立一整套数据管理模型，为决策提供依据；四是人力资源管理应该注重数量关系和数据分析；五是需要政府逐步加强隐私保护方面的立法，加强公众的责任意识。

目前的数据处理技术和能力很难满足大数据的要求，首先，需要考虑对整个 IT 架构进行重建，尤其是存储架构，因为数据的增长速度远高于存储能力的增长速度。其次，需要改变数据的处理模式，提高各种处理器的数据处理能力，使处理过程有序、高效地进行。尽管存在着一定的风险，但大数据发展潮流不可逆转。如果企业管理者不能及时获得所需的信息，就无法及时做出科学的决策。

在大数据时代，人力资源管理工作主要是对数据进行整理和分析。对大数据技术的合理应用可以有效地加快人力资源的工作由之前的经验管理模式向如今的战略管理模式转变，真正发挥其在企业中的作用，成为企业管理活动中必不可少的支柱。在大数据时代，人力资源管理部门通过分析大量的实际经营数据，提高人力资源管理工作的效率和质量。

大数据时代已经来临，急速变化需要我们去思考和体悟，而不是惧怕甚至封闭。最后，李老师强调"大数据时代的创新一定是理念和技术的双重创新""技术最终是要为人类服务的，不能为人服务的技术终将被淘汰"。

10.2　云计算对人力资源管理的影响

下午，陆可欣来到了云计算的分论坛，这是由国内一家著名的人力资源软件公司赞助举办的，参加人除了商学院的老师外，还有几位来自人力资源软件公司的专家。下午主讲嘉宾是软件公司的工程师陈先生，他的主题演讲是云计算对人力资源管理的影响，并介绍了他们公司的软件情况。

当今世界，云计算技术对管理的影响是空前的，远非当年。过去经常讲的是管理电子化，信息系统是为了固化管理变革成果。而目前是方法论被算法取代了，经验被大数据替代了。通过 SaaS[①] 平台的应用，不再是和拥有最佳实践的企业进行对标，而是将全行业各个优秀企业的最佳经验放在云端。

未来对人力资源管理从业者来讲，要拥抱技术，要用云和 SaaS。如果不懂得云，不懂得 SaaS，就如同当年不懂得用计算机和互联网一样。数字化为员工提供了卓越的客户体验，充分释放员工和组织的激情。数字化不是办公自动化，而是要有员工的参与、智能和连接。

对于人力资源管理领域而言，互联网 +HR 意味着不仅是在个别管理环节上提供工具，而是在整个人力资源管理环节都实现互联网化，给 HR、员工及企业三方都带来实质性改变。所以，当传统与新兴融合，无论是绩效管理、招聘还是外包服务等，既面临着难得的战略机遇，也面临着前所未有的挑战。因为互联网的出现，特别是移动互联网的普及，给我们带来的不是改变，而是颠覆。在这种情况下，我们需要关注从传统人力资源管理升级到战略人力资源云服务，有哪些全新的趋势和特点。未来人力资源管理将变得低成本、及时性和透明化，人力资源管理的真正互联网化，也应该从这些方面出发。

人力资源管理呈现去人化趋势和人性化趋势。去人化指的是绩效尽可能不依赖人，人性化指的是顺着人的性子，绩效还很高。工作生活平衡就是解决这个问题，让大家变得很舒服，让绩效变得很高。工作生活平衡的本质，在极大

---

① SaaS（Software-as-a-Service），提供商为企业搭建信息化所需要的所有网络基础设施及软件、硬件运作平台，并负责所有前期的实施、后期的维护等一系列服务，企业无须购买软硬件、建设机房、招聘 IT 人员，即可通过互联网使用信息系统。

化地尊重人性的前提下，找到不断提高绩效的方法。很多公司有弹性工作制，员工可以在家里工作。这是因为移动互联技术创造条件，打破了工作的时间和地域限制，交流间接化，工作时间弹性化，工作地点弹性化，从而使管理更顺应人性。聪明工作胜过辛苦工作，聪明工作带来工作与生活的平衡。

依托大数据的 HR 管理"云服务"成大势所趋。硅谷精神教父、科技商业预言家凯文·凯利，在斯坦福大学演讲中提到，下一个时代是氧气的时代，数据才是大未来。2015 年 8 月，国务院印发《促进大数据发展行动纲要》，在这一背景下，人力决策正从一门艺术变成科学，基于数据分析的人力决策体系会涵盖组织和人才的各方面。云时代的到来，给予人力资源管理发展一个难得的机遇。"云服务"所具有的共享性、集成性、移动性、灵活性、便捷性，正深刻改变和影响人力资源服务业的行业格局。在数字浪潮的推动下，O2O 模式、自助服务和云计算，将成为人力资源服务业发展的大势所趋。云计算已经应用于人力资源管理的各个模块：

1. 在招聘管理方面

脱离招聘的困境，提高招聘流程效率，助力企业招募到更适合的人才。招聘流程是指从招聘信息发布、简历收集筛选、人才测评、面试、入职管理及雇主品牌建设于一身。招聘管理系统可灵活自定义招聘流程，帮助企业快速脱离作坊式招聘的困境。让招聘过程变得快速、专业、低成本，并更有效地执行企业战略。打造合理的人才—企业互动模式，保证企业在人才竞争中胜出。

2. 在绩效管理方面

一个完整的绩效管理过程包括目标管理、沟通反馈以及绩效考核。绩效管理不仅重视考核流程，更关注管理实效。绩效管理系统可全面落地企业的现有绩效考核过程，灵活的流程配置、自定义考核表与企业指标库，现有及希望的一切考核需求均可轻松实现。同时，强调绩效过程，上下级间可针对指标（任务）实时沟通、及时反馈，真正将考核、执行和反馈有机结合起来，将僵化的绩效管理变成动态的、互动的、数字化的，真正塑造企业需要的绩效文化，实现绩效的不断提升。

3．在薪酬方面

移动互联技术的发展为认可激励提供了前所未有的发展机遇。小利益的汇集可以创造大价值，而互联网的本质就是零成本地将小利益汇聚在一起，形成大价值。员工表现好，就可以利用移动互联网对其表扬，让大家点"赞"，这是员工行为中的小利益。要对大量员工进行即时认可是很困难的，但是利用技术手段，可以轻松实现所有人的认可激励。当所有员工都实现了即时认可，实际上创造了大价值，实现动态激励。

4．在继任管理方面

为了解决管理干部短缺、关键人才流失等问题，人才梯队建设变得越来越重要。继任云整合继任计划与人才发展，梳理关键岗位所需能力，准确诊断能力差距，并实施发展计划加速员工能力提升，保留关键人才，减小人才差距，为企业发展提供人力资源保障。

5．在人才测评方面

心理测评是通过心理测验、情境模拟等客观化方法对人的能力、水平、性格特征等因素进行测量，并根据职位需求及企业组织特性对其素质状况、发展潜力、个性特点等心理特征作出科学评价。人才测评工具全面基于通用胜任力框架研发，内含外部招聘、选拔晋升、培训发展、人才储备等多种不同应用解决方案。

6．在核心人力方面

核心人力云为企业提供完整的核心人力信息化解决方案。包括：组织、职位体系的搭建，员工信息档案的维护，员工任职全生命周期管理，以及员工考勤及请休假管理。系统通过优化流程，让直线经理和普通员工更多地参与人事业务，减少 HR 专员的事务性工作，提高管理效率；通过建立科学的组织、职位体系，为企业人才管理奠定坚实基础。

7. 在调查方面

针对本土企业员工实际特点，基于专业理论模型，内含全面专业问卷题库，从员工满意度、敬业度、组织氛围三大方面进行全方位诊断。同时，员工调查项目的所有执行阶段均可通过在线自动化方式完成，轻松洞悉员工态度倾向，高效把控企业健康发展方向。

10.3 人工智能对人力资源管理的影响

接下来分享的嘉宾是人工智能企业的人力资源总监。他演讲的内容是现在和不远的未来都能够运用人工智能来改变传统的 HR 管理，能实现未来真正商业、战略方面的价值。人工智能通过统计过去和现在的大量数据来对员工进行判定，所以在变化较小的企业环境之中的确可以发挥很大的作用。但是当一个企业要进行技术创新，或是因突发情况要推出新的人事策略时，还是必须要依靠人的力量。

人力资源工作有很多，将来大部分的"人事"工作和"6 个模块"的工作，都会被人工智能的方法和机器的方法来取代。人力资源要做的更多的工作是判断性工作，而不是重复性工作。

人之所以为人，正是因为我们有感情、会思考、懂生死。《真实的人类》里，机器人曾说："我不惧怕死亡，这使得我比任何人类更强大。"而人类则说："你错了。如果你不惧怕死亡，那你就从未活着，你只是一种存在而已。"

机器人无法像人一样拥有诗意的情怀，人类因为思想而具有尊严。正是因为人的独特，我们才更该为存在赋予意义。

充分利用人工智能，在组织架构或是打造一个全新的人工智能队伍等方面都需要 HR 部门去借鉴与学习优秀标杆企业，并且让整体员工队伍的能力能够适应全新时代的最新需求。人力资源部门需要将自身定义为协助管理层和员工迅速转型并适应全新思维模式的团队。将人力资源部门组成拥有强大业务伙伴的专家网络，重新考虑人力资源组织模式，重点关注员工体验、文化、分析和全新的学习方法。让创新成为人力资源部门的核心战略。

人力资源还将显现出以下发展趋势：以"员工体验"为核心，通用电气 HR 高级副总裁苏珊·彼得斯（Susan Peters）说："我们将员工体验定义为站在员工的视角看待问题，并注意他们所处的每一个重要阶段。去年我们已经任命了一名员工体验负责人，现阶段正在开发打造员工体验的新策略，新策略考虑到员工的工作环境，同时也考虑那些可以提高工作效率的工具和技术，以及具有实际效用的学习课程。"随着人才争夺战升温，创造具有吸引力的员工体验成为争夺并留住人才的核心。

有人说人工智能与 20 世纪 90 年代中期的互联网情况类似，未来会被植入到各种产品和服务中。营销人员已经采用专门的机器人或人工智能程序来提供在线的个性化对话体验。现在，使用聊天机器人来创造更佳的会话体验的做法也可以应用于 HR 领域。有远见的人力资源团队可以利用此机会来了解自动化将如何改变未来工作。团队甚至可以开拓创新，在人力资源部试点聊天机器人，看看这些"数字同事"会如何提出建议并改善人力资源。

不只关注个人，也关注团队发展。虽然人力资源部门传统上将精力集中于个人员工，即招聘个人、发展个人、评估个人的绩效，但我们观察到有一种新指标出现，即团队发展。思科领导力和团队智能高级副总裁阿什利·古达尔（Ashley Goodall）说："人力资源的一大缺失是我们几乎完全专注于个人发展和个人绩效，而企业伟大的成就是通过团队达成的，而不仅仅是个人单打独斗。"因此，我们的目标是把团队动力学应用到整个人力资源过程。正如全球人才顾问公司 CEO 艾里克·莫斯里（Eric Mosley）在预测中指出的，更多企业将只支付员工总薪酬的 98%。其余部分将以一系列奖金的形式分发给团队。我们应寻找更多以人群为基础的薪酬方式来作为绩效优良的奖励载体。

麦肯锡创造了"新常态"这一词来指代 2008 年经济衰退后商业领域发生的根本变化。总的来说，HR 领域的"新常态"，就是将"用户思维"与数字化结合，创造出一种由人工智能驱动的更加个性化的员工体验。这意味着越来越多的人力资源角色将变得更专业化和技术化。计算机软件工程师戴夫·普特曼（Dave Putterman）把他的技术和软件开发的敏捷方法带到了通用电气数字化的人才招聘部门，并担任敏捷招聘项目经理和技术领导的职位。我们还看到更多提升员工体验的专业职位的出现，如爱彼迎（Airbnb）的全球员工体验官马克·里维（Mark Levy）。最后我们会发现，除了传统的人力资源部门，企业还将拥有一个专注于员工体验的部门。

10.4　绩效管理信息化新趋势

在企业信息化高速发展的今天，作为人力资源信息化的一个核心环节，绩效管理的信息化却不尽如人意。很多企业仍然停留在手工操作层面、繁琐核算统计、人为干预因素……已经成为很多企业绩效考核的阻力。很多企业的绩效考核因为流程操作的复杂而步履维艰、流于形式，甚至半途而废。

目前市面上已经有一些绩效管理软件，但是多数软件的专业性及实用性尚欠火候。这个领域还缺乏规范和标准，有待管理咨询专家和信息化专家的持续努力。

绩效管理信息化仅仅是第一步，随着大数据、云计算等新技术不断成熟，会带来更多的扩展功能，绩效管理将真正成为推动企业发展的强力引擎。绩效管理体系从理论到方法工具层面，也将会有不断地创新升级。

另外，做过绩效管理体系设计的应该深有体会：绩效设计，最难的其实不是流程制度，也不是指标提炼，而是目标值的确定。如何确定指标的目标值，需要足够的数据支撑，否则任何分析模型都是无米之炊。所以，建立绩效大数据，成为迫在眉睫的需求。而大数据、云计算等技术，成为化解此难题的终极手段。新技术为各行业指标数据经验值的收集分析、企业历史数据的整理分析等，提供了大大的便利。

随着移动互联网的发展，现在可以实现实时绩效，实时反馈。绩效云主要包括以下四大模块：

（1）绩效管理模块，支持多种绩效管理模式，如 KPI、MBO、360、PBC、OKR 等；支持多种评估方式，如单人评估、多人评估、矩阵评估等；支持绩效各业务环节（目标制定、过程跟踪、沟通反馈、考核评估等）；支持各种特殊业务处理（固定量表、动态量表、自定义流程等）。

（2）目标管理模块，支持企业目标的层层分解、目标级联，使企业目标从上到下有效传导；同时目标可以根据工作实际分解为可执行的计划任务，可以随时针对目标、任务的状态进行跟踪、时时沟通反馈。目标执行的结果可直接作为绩效评估的依据。

（3）沟通反馈模块，体现了全新的沟通反馈理念，让沟通反馈贯穿在绩效管理的整个过程，针对不同考核内容可以分别展开沟通；支持整个绩效考核的沟通、单一目标的沟通、某个细分任务的沟通；支持基于目标与关键任务快速、频繁、有效地进行沟通反馈，及时认可员工的工作成果，激发员工内驱力，促进员工取得更大成功。

（4）绩效分析模块，系统提供全面的统计分析功能，包括绩效结果的对比分析、绩效排名、历年数据的趋势分析、绩效过程数据分析、实施进度分析等；通过绩效数据的全面分析帮助企业高层、主管看到员工绩效的变化，找到差距提升绩效；帮助 HR 全面掌控绩效推进的进程，找到实施过程中问题，有效地改进和提升管理；帮助 HR 对绩效结果进行深度分析，员工激励有据可依。

10.5 绩效考核与人才盘点

资深 500 强企业 HRD 吴女士为大家讲解绩效考核与人才盘点。

作为人才培养的"发动机"，人才盘点能够让企业的人才发展战略与企业发展相匹配，使人才连续成为企业的核心竞争优势。通过人才盘点，梳理现任管理者，全方位评价各级人才，输出不同人才池，盘点核心、关键岗位继任者，打造优势，确定员工能力与职业发展计划。确保公司的组织架构能够支撑公司战略，确保部门的人员配置能够支持部门业绩目标的达成。要明确基于公司的战略目标和业绩目标，究竟需要怎样的组织架构和管控模式、各部门的岗位如何设计以及职责如何分配。

例如，D 公司员工规模快速扩张从 2013 年的近 3 万人迅速增长至 2017 年的约 13 万人，员工构成包括一线蓝领员工、白领员工和金领员工，人才管理的复杂度和精细度非常之高。庞大的体量导致人才盘点活动线下收集信息困难、沟通成本高，人才盘点工程量巨大，但是借助智能化平台，做起来却游刃有余。

D 公司的人才盘点，最值得一提的是上线"人才盘点系统"，构建人才系统，通过标签化人才做人才推荐，人尽其才，才尽其用。

1. 人才盘点系统

D 公司筹划搭建智能化的人才管理系统，上线整体人才盘点系统，根据人才追踪——人才搜索——人才推荐的流程，利用人才池随时调配。2016 年，D 公司人才盘点系统首次上线使用，覆盖员工 1.3 万余人，线上创建 700 余场盘点会，2 800 余盘点人线上撰写盘点资料。

HR 线上创建组织盘点会，盘点会现场所有资料及九宫格分布现场系统直接调整确认，盘点会结束后一键录入现场所有评价记录，九宫格审批及确认全部系统完成。这些线上操作帮助 HR 节约大量线下运营组织的人力成本和时间成本，提升了盘点参与者及组织者的用户体验，真正实现了人才盘点线上化。

在上线整体的人才系统之后，只需要 10 秒钟的时间就可以翻看员工的人才档案。

员工每年更新的信息再也不用通过 HR 的手做相应的收集和整理，因为现在提供了员工自助化填写，比如他今年整年的工作业绩、工作目标，包括他自己对职业发展的期待都是通过系统传递到管理者，管理者做修改，放到相应的模块，完成相应的前期录入。

2. 人才档案系统

2017 年，D 公司人才档案系统进入开发测试阶段，覆盖 D 公司全部员工的所有信息（每一位员工近 60 项基本信息，13 万人共计 780 万余条员工数据），让管理者及 HR 快速了解每一位员工的"前世今生"及"人才画像"。人才搜索功能，让管理者及 HR 一键定位到所需人才池，以往耗时几小时的线下搜索及沟通，现在通过系统可以实现 1 秒直接搜索到目标人选，进行关键业务人才补充及人才梯队搭建。

人才分析功能让管理者及 HR 随时随地看到团队动态数据，包括人才结构分布、年龄结构分布、入离职流动状态及不同员工的能力对比，力图实现真正的智能化人才管理，同时节约了大量 HR 线下计算整理数据的时间。这种人才盘点系统以人才档案系统构建为基础，让管理者及 HR 快速了解员工的职业成长路径及全面立体的人才信息，同时将人才技能颗粒化至人才标签，提供人才搜索和智能推荐；以人才档案系统作为人才管理数据库，将晋升、人才盘点、继任管理等人才管理活动系统化，减轻线下运营压力，提高数据准确性，同时联动所有人才管理数据，实现日常数据监控分析，进一步实现智能化人才预测分析，为管理者提供客观的人才决策依据。

3. 人才标签化

2017 年，D 公司人才盘点系统持续优化，增加了人才标签功能，充分发掘不同人才的能力及特点，为后续人才培养及推荐提供充分信息。当一些企业特别是中型或大型企业，员工发展到一定规模时，颗粒化管理是非常重要的一项。之前 D 公司也会有一样的情况，当有一个重要岗位出现人才空缺，大多依靠 HR 个人的经验沉淀和对组织的熟悉程度来推荐相应人才。换了 HR 之后一定会抓狂的，因为新 HR 对所有人都不熟悉，没有办法推荐。所以 D 公司今年开始除了做能力项目的细分之外，也会打上不同的人才标签。比如，今年很重要的全球开拓者计划，D 公司从最近两年开始在东南亚的不同国家有做相应的布局。这非常需要内部有一群非常合适、能干，同时又非常了解 D 公司过去商业模式的一批管理者输送出去。此时标签化这个功能就显得尤为重要了，对所有的人才做相应的标签化管理，这样才能够在第一时间把这部分人才抽取出来，聚集到一起。在人才盘点的界面上也可以看到一些基础信息，最重要的是下面的一些标签，包括工作评价的汇总、以前的工作经历、相应的绩效等信息。这些功能让人才盘点更客观，极大地提高盘点会的效率，帮助 HR 在理性判断争执不下的时候，及时地提供客观的数据，做出更加科学的决策。

4. 盘点

在 D 公司，除了线上整体盘点，还有线下对管理者、核心岗位、高潜人员的开门盘点和闭门盘点。开门盘点，即圆桌会议，根据 ABC 原则，上一级（A）为观摩人，本级领导（B）为盘点人，在主持人的引导下，根据被盘点人（C）的绩效和潜力，参考 360° 评估报告进行盘点，最终由观摩人审核，确定本部门的高潜人员以及其余人员所处的位置。

当然，360° 评估是人才盘点的重要依据。值得一提的是，2017 年，360° 评估项目的评价关系收集流程上线，评价对象 1.6 万余人，员工线上填写、直接上级审核、HRBP[①] 确认，减少线下收集的时间成本（2016 年评价关系收集审核、确认及上线共计 4 周时间，2017 年缩短至 1 周）。此外，2017 年，

---

① HRBP（HR Business Partner）又称为人力资源业务合作伙伴。HRBP 实际上就是企业派驻到各个业务或事业部的人力资源管理者，主要协助各业务单元高层及经理在员工发展、人才发掘、能力培养等方面的工作。

员工轮岗流程上线，覆盖 1.2 万余员工，轮岗申请、审批、进度跟进及统计全部可以线上直接完成，极大地节约了员工及 HR 的时间。

可欣心得

工欲善其事，必先利其器。人力资源系统是信息化绩效管理的基础。

10.6　提升篇：移动互联网时代，HR 如何保持正确"姿势"

移动互联网时代，企业与员工谈判工资时的主导能力，今天已经风光不再。首先，员工作为某一技术的持有人，他愿意到你这来为你付出而没有跑去竞争对手那里，已经是"烧高香"了。随着人才走向高端，最近几年超高薪酬现象越来越普遍。

其次，是在员工的薪酬当中固定的工资所占比例越来越大。企业很难在谈判工资时把奖金的比例做大，虽然这样企业的财务风险、人工成本的财务风险能够得到有效的控制。劳动者会告诉企业，我工作中变数确实大，而我这个变数如果给企业带来效益，你给我的奖金就应该更高，但是前提是固定工资的比例不能低。

最后一点就是"宽带"，即每一级的工资不是一个固定的数，而是一个范围，比如说从 800 到 1 000 再到 1 200，是一个范围，这个是传统工业时候的"窄带"，而到了移动互联网时代，"窄带"已经不可能了，为什么？举一个简单的例子，两个人同样是研发工程师，岗位是一模一样的，所以他们的工资级别也一样，就是薪资幅度范围一样。但是这两个人的薪资差距可能会特别大，因为一个研发工程师可能半年到一年的时间，每天早晨八九点钟来上班，加班干到夜里三四点，精疲力竭，但是这个项目最终没有成功，特别是没有交出一个能够转化为企业财务绩效的结果。但是换了另一个工程师，可能是同样的项目，两三个星期之内就完成了，因为他敲对了门，找对了研究方向，最终转化为财务绩效。这样的两个工程师，他们相互之间虽然工资级别是一样的，但是他们实际收入水平差距一定会特别大，再加上奖金会拉得更大。

我们再看看绩效管理。日本索尼公司董事天外伺郎发表了一篇文章《绩效主义毁了索尼》，之后通用电气取消年终绩效考核，现在甚至出现了"绩效考核已死"的说法。如果一个真正的管理学大师去研究天外伺郎这篇文章，其管理知识漏洞百出，根本站不住脚。而索尼公司走向衰败与它的创新不足有直接的关系，再加上井深大后来投身政治，他本人也没有培养出传承索尼公司的合格接班人。而通用电气取消年终的绩效考核是截然不同的事件，但是通用电气绝对没有取消绩效管理，更没有取消绩效监控。那么为什么取消考核面谈呢？因为通用电气实现了移动终端对于员工业绩的监控、沟通和把握。所以大家千万不要误会，通用电气并没有取消绩效管理，只是把绩效管理中的一个环节，即绩效考核面谈给取消了，因为找到了移动终端的平台软件去替代，所以大家别错误地理解为"绩效考核已死"。

至于有"粉丝"高唱"去KPI化"，就更是令人匪夷所思，很难想象他们如何公平地给营销和研发人员颁发绩效奖金，靠拍脑门儿？假如当初凡客知道库存、库存周转率和现金流这三个KPI，恐怕不会在创造短暂辉煌之后就不知所踪。

在移动互联网时代，企业经营中在绩效管理上变量"Δ"成为客观现实。年初给员工定目标，不管是考核指标，还是工作的重点目标，但是年底考核的时候极有可能已经发生了巨变。举几个简单的例子，年初你立项的时候可能还是强调咱们要深度挖掘QQ，而到了年底你意外发现我们在研究QQ的时候走到了微信，而万没想到微信会揭开一个崭新而灿烂美丽的天空，这个跟基础科学和高端科学研究很类似。比如说，英国人研究克隆羊多利，其实他不是说原本专门研究克隆羊，而是在进行其他项目研究的时候必须经过这个阶段，但意外发现原来这是"克隆技术"，而这个克隆技术可以转化应用到现实中，于是发表了相关论文。所以大家千万不要把这种研发理解成，最初的这个英国人就是奔着克隆去的。极有可能他是研发别的医学项目走到了死胡同，或者说在这条路上苦苦挣扎没找到主路，但是在岔道上居然找到了克隆高科技。企业业绩管理也是一样，也就是说，年初我们定的目标和考核规则到了年底，可能发生重大变化，而且事先没有任何征兆或可能的预见。那么在移动互联网时代，"朝令夕改"从过去的贬义词都有可能变成褒义词，意味着一个企业经营管理的灵活、变通。

最后一个问题就是人才的挽留。移动互联网时代，产品生命周期、企业的存活周期越来越短，所以长期的激励已经不太可能。有很多员工，当我们在跟他推销公司的长期激励的时候，员工都已经直接告诉管理层："您这不叫长期激励，您这叫'金手铐'。"然后员工会非常直白地说："您别给我们金手铐，现在都是婚礼当天给我拿粉钻。"所以现在你给员工设计 5 年、10 年乃至 15 年的职业生涯规划，但是 85/90 后大都不会信，传统行业常说的"双赢"的契约关系几乎不复存在，大家都变得特别现实，我能看到未来两三年，这两三年我能挣多少钱，我能有什么发展，我的付出企业会给我什么回报，所以每一个员工"可利用价值周期"越来越短，请大家一定关注这个词，员工的"可利用价值周期"。

再举个简单的例子，当年的 BASIC 语言对于所有的人可能都是深奥的，但是很快电脑硬件工程师就一把一把的。而今，说您会 BASIC 语言，那就跟"骨灰"是一个意思，说"我是电脑硬件工程师"，回答是"抱歉，这是生活最基本的技能"，您编程还得看您会编什么程序，您能研发出什么样的软件产品，换言之更新的速度太快，所以过去有成功经历的人今天极有可能失败。一个企业过去成功的经历，今天可能就是包袱。

公司与员工实际上都是同筑一个梦，而随着梦想的实现双方的关系也就结束，过去都推崇"一生情"，现在可能无奈地选择"一段情"。

陆可欣看着自己人力资源总监的水晶名牌，参加面试的场景历历在目。三年前经过知名猎头公司的推荐，陆可欣应聘上了这家世界 500 强企业大中华区人力资源总监。参加高层会议，了解行业动态和公司业务。围绕公司的商业模式建立人才战略。根据公司战略，制定人力资源部战略，明确人才发展与组织发展以及业务发展的驱动关系，将人力资源三支装模型与六大模块有机结合，构建新型 6+3 人力资源部。提升人力资源部的工作价值，建立具有战略性增值、策略性增值以及专业性增值的人力资源部。洞察战略、业务和外部政策的发展未雨绸缪提供人力资源解决方案。人力资源部支撑了大中华区从 5 000 人到 10 000 人的发展，陆可欣功不可没，在圈内已经小有名气。

永无止境，永远在路上。

附　录

公司绩效管理手册

目　录

第1章　绩效管理总则

　　员工为企业最重要的资产。为保证我公司服务和产品的专业化水准，不断提高整个员工队伍的素质水平，公司必须要吸引并挽留条件好、能力强、工作努力和具有极高敬业精神的员工。而绩效管理是提高并维持高素质水平员工的重要环节之一。通过科学、合理的绩效考核，我们可以发现并奖励为公司的成功而做出贡献的员工；同时它也可以帮助公司明确各位员工的培训和发展需求。常抓不懈的绩效管理工作会给员工的职业生涯规划奠定良好的基础。因此，所有致力于不断完善内部管理的企业都把绩效管理视为企业提高员工队伍素质的契机，继而提高企业核心竞争力的管理工具，最终从更深远的意义上来说是企业和员工双受益。

第2章　绩效管理的目标和理念

第1节　绩效考核的目标

　　绩效考核的根本目标是要保证公司的员工能坚持不懈地努力，充分发挥自己的才智，公司则对员工的杰出业绩及突出贡献予以嘉许和相应的回报，使得员工的工资和奖金与绩效挂钩，整个绩效考核的流程包括下列目的：

◆ 确保每一个员工及其上级主管就工作的要求、目标和结果有一致的理解，同时确保员工知道对他 / 她的要求是什么，继而能够充分发挥其能力和潜能满足公司的期望。

◆ 就员工的成绩或缺陷给予必要的反馈或指正，这样使员工在下一个考核期得以改正。

◆ 给予员工有益的、建设性的批评，帮助员工提升绩效，使其得以成长和发展。

◆ 根据具体情况的变化，就已经确定的工作任务要求和目标进行修订。

◆ 给予员工必要的指导和培训，提供富有挑战性的、能发挥其才智的机会，注重员工的专业化发展。

◆ 提倡员工和上级主管之间就员工的工作绩效、职业和个人的发展等话题进行直率和经常性的沟通。

第 2 节　有关绩效和薪酬的理念

公司对于员工的能力和工作业绩有很高的期望。我们的目标是在企业的各个层次上都能求得有很高知识和技能水平以及富于敬业精神的员工。我们要求每个员工能够尽心尽力地达成工作业绩以确保顾客满意、企业满意。所以公司的薪酬管理理念是"奖励期望的绩效"，只有这样才能使有绩效的员工也满意。

所有员工，无论是什么样的岗位或职务都有权享有一定水平的奖金。为保证公司内员工奖金方案的统一性，奖金的发放被纳入绩效管理工作中，以确保工作业绩优秀、为企业做出贡献的员工得到相应的回报。在员工达成或超额完成工作目标的情况下，员工则有权享有奖金。

业绩水平低的员工不会得到奖金或薪资的调整。对于这样的员工须由其上级主管和员工本人共同制定《绩效提高计划》，以帮助员工尽快改进，达成公司的期望值。

第3章 有关绩效管理流程的知识概述

第1节 流程简介

绩效管理不是一个单一活动。实际上，它是主管对于员工实行管理的系统过程。它由以下4个阶段组成：

◆ 目标设定；

◆ 目标实施；

◆ 绩效考核；

◆ 奖惩管理。

这4个阶段具有内在关联而且逐步过渡。

绩效管理，不是孤立的人力资源管理体系。它是基于公司的组织战略和企业目标，最终以支持这些组织战略和目标为结果。

绩效管理，不仅仅是人力资源部的工作。它是各个高管、中层经理、主管和员工，一起奋斗，争取达成目标，同时促进员工的个人发展的双向行为。

附图3-1显示了绩效管理的总体构造。

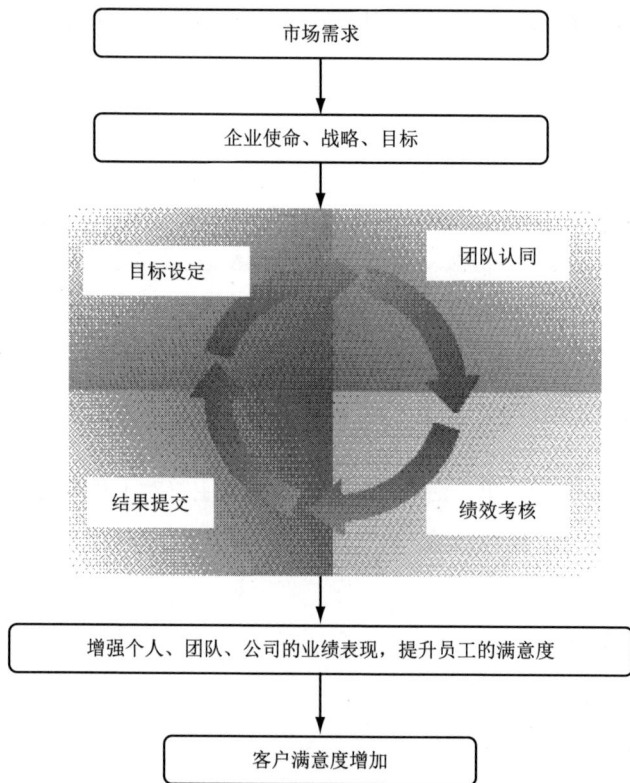

附图 3-1　绩效管理的总体构造

第 2 节　目标设定

1. 适用范围

适用于全体正式员工。

人员分类如下：

考核对象分为管理人员和非管理人员两大类。

（1）管理人员包括：CEO、各公司 / 部门总监、总工程师及各个部门经理。

（2）非管理人员有以下几类。

项目管理人员：项目管理部内的项目经理及主管。

产品研发及运营类项目人员：所有参与产品研发及运营的员工。

非项目类人员：行政、财务、人力资源等职能人员。

附表 3-1 所示为考核内容、周期和人员。

附表 3-1 考核内容、周期和人员

	管理人员	项目管理	项目产品研发及运营	非 项 目
考核内容	项目及重点工作的完成	各个被指派项目的完成	各个项目中被指派产品研发及运营任务的完成；或非项目性的被指派的产品研发及运营任务	重点工作目标
考核周期	年度	半年度初评+年度总评	半年度初评＋年度总评	半年度初评＋年度总评
考核者	90 度原则。CEO考核各个高管；公司各高管考核部门经理	项目办主任及 PMCC	部门经理、PMCC、会同项目经理	主管部门经理

2. 目标设定的定义

目标设定指的是主管和员工就一个时期内的有效目标和具体的措施，以及衡量标准达成共识。对于全体员工来说，目标即指业务目标。

◆ 业务目标，其最终结果将决定一个企业成功与否。例如，推出新产品、新技术、新的服务，提高项目效率和运作质量，增加销售收入，减低成本等。其中：

项目管理人员，主要考核按照项目计划达成项目目标，并通过项目评估；

产品研发及运营类项目人员，完成项目分配的各个项目产品研发及运营，或安装任务及售后服务；

非项目类人员，行政办人员按照公司战略、预算和业务的需要制定并完成相应的重点工作任务。

◆ 管理目标，对于全体管理人员（有直接汇报者），还有管理目标。

所有主管都应具备有效的管理能力，才能给员工创造出一个高效运作的环境。关于管理目标定义，具体请参考附件 1。

3. 目标的数量

◆ 基于公司的具体情况，员工的业务目标可能是多项的，为了围绕最重要的目标而努力，对于那些确实具有众多的目标的人员，必须首先进行目标的整合与优先排序。

◆ 管理目标，由公司界定。建议有 5 个基本的管理目标。

4. 目标设定的时间安排

◆ 原则上目标设定周期为整个自然年 / 财务年度。每年年底或下一年度 1 月份完成。

◆ 建议管理人员的目标以年度为周期设定；而考虑到公司变化快、变数大的特点，各类人员工作目标分为上半年和下半年两次设定（或者季度滚动设定）。上半年目标设定在 1 月份进行，下半年的目标设定在 7 月份进行。

◆ 新员工目标设定，在加入公司一个月内完成。

◆ 员工的奖金则是年度兑现。

5. 目标的来源

◆ 公司的战略、年度预算目标和客户提出的项目要求，是最基本的来源。

◆ 上级主管的要求及其工作重点是员工目标设定的正式来源。

◆ 内部客户或者外部客户的意见是宝贵的来源。

◆ 如果需要，你同级同事的目标与经验也为你的目标设定提供宝贵参考。

◆ 《职位说明书》可以帮助员工了解自己的职责。

◆ 公司业务的最新变化。

◆ 最后，员工的经验和自我要求都绝对影响其目标设定。

6. 目标设定的过程

（1）目标设定的流程图如附图 3-2 所示。

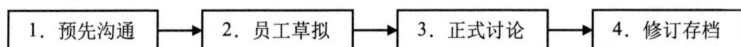

| 1. 预先沟通 | → | 2. 员工草拟 | → | 3. 正式讨论 | → | 4. 修订存档 |

附图 3-2　目标设定流程图

（2）目标设定流程详解。

CEO 设定公司高管 / 总监、总工和部门经理的年度工作目标；各个部门经理设定各室员工工作目标。

① 预先沟通。

主管应当先向下属员工沟通自己的目标、衡量标准，以及有关的背景信息，促进员工界定各自的具体目标。主管的要求是员工目标的正式来源。因此，员工的个人目标必须直接或者间接，全部或者部分，体现上级的要求。必须采用面对面的沟通和讨论来实现这一步骤。

② 员工草拟。

◆ 员工依照主管要求和其他信息来源，自己草拟一份本人的业务目标。

◆ 主管级人员没有必要自己撰写"管理目标"，那是公司管理层界定的。
然而，他们应当明白每一项"管理目标"的定义和衡量标准。

◆ 员工把草拟的目标设定，提交给主管。

③ 正式讨论。

主管就员工的业务目标，进行澄清。对于业务目标的衡量标准发表看法。特别提倡主管检查员工对于"管理目标"的理解。

主管应就员工的优点，需要改进之处进行讨论。鉴于相当多的情况下，主管的看法和下级的自我认知有差距，应当事先保证充分的讨论时间。

建议：主管可以在与员工进行绩效考核面谈时，同时完成目标设定的双方确定工作。这就要求主管要确保"预先沟通"和"员工草拟"两个步骤在考核面谈前已经完成。

④ 修订存档。

◆ 员工进行目标修订。

◆ 员工签字。

◆ 主管签字。

◆ 员工和主管各自保留一份复印件。

◆ 主管将原稿提交行政办人力资源部。

7. 目标改变

目标的设定经常需要应对调整。但是，这不意味着员工或者主管每当变化出现就更改已经认同的目标。

微小的目标改变或衡量方法改变，可以通过很多沟通方式得到解决。重大的变化，应当通过书面沟通确认，比如电子邮件、内部公函、会议纪要等。这些对于绩效考核，都是支持性的事实依据。半年度初评是修改下个半年度目标的合适机会。

8. 目标的格式

撰写"SMART 原则"的目标：

◆ S（具体）：目标应当具体到说明所有需要具体完成的事项。

◆ M（可衡量性）：目标应当清晰表述最终结果的完成程度；衡量标准包含数量、质量、成本、耗时、反馈、判断等。

◆ A（挑战性）：作为员工和主管的互动沟通的结果，应当产生对于极具挑战性目标的认同协议，双方都要签字认可。

◆ R（结果导向）：尽管目标具有挑战性，但还是通过努力能够完成的；目标的设定建立在事实和分析的基础上，也是建筑在个人和所在的团队的权利和影响力的范围内。但无论如何重在结果的达成。

◆ T（时限性）：规定具体的完成时间。

9. 目标设定的作用

◆ 公司的整体目标将分解到全体员工。员工的各自绩效的完成，最终将有助于公司的整体目标的完成。

◆ 促使员工按目标进行自我管理。

◆ 员工清楚自己的工作业绩将被怎样衡量，什么时间衡量。给绩效考核打下坚实的基础。

◆ 员工能够更加有效地计划时间和安排资源。

◆ 员工有机会与主管讨论，认识自己的优势和需要改进之处。

◆ 整个目标设定过程是以员工为导向的。员工自己收集信息，草拟目标，并和主管沟通。有利于培养员工的参与意识。

第3节　目标实施

1. 适用范围

适用于全体正式员工。

2. 目标实施的定义

目标实施指的是主管人员和员工全年整个过程通过互动实施协议的目标；它包括（但不止于）下列关键活动。

◆ 激励：对于取得的成就进行赞赏和奖励。

◆ 反馈：对于工作的质量、进度、行为发表看法，以便帮助员工调整行为或者改变方法，以利各项目标的完成；发表的看法可以是主管的观察结论，也可以是来自顾客、同行、同事的反应等。

发展：创造一种工作环境，引导员工完成自己的个人知识和技能的提高，或者获得其他即时需要的技能、知识和行为。

3. 目标实施至少包括以下具体活动

◆ 主管应当定期和员工交流，包括正式和非正式的沟通。

◆ 主管随时就员工的各项目标的完成情况，在"目标设定和绩效考核表"上进行记录。

◆ 对于严肃的反馈面谈，主管应当做面谈纪要并使双方各执一份。

◆ 员工应当保留目标完成方面的资料，并且在"目标设定和绩效考核表"上记录。

◆ 鼓励员工主动向主管征求反馈。讨论过程可以包含事实澄清、解决方案、要求主管支持等。

4. 目标实施的时间

目标实施可以在全年的任何时间。主管在每个半年度至少应当主动组织一次沟通面谈。对于新聘员工，试用期内可以每个月一次沟通面谈。

5. 目标实施的作用

◆ 员工会发扬被认可的行为。

◆ 由于及时得到反馈提示，员工可以及早调整自己的行为和方法。

◆ 由于有上级的支持和关照，员工可能较好地实施目标。

◆ 主管可以经常定期地促使下属提高绩效。

◆ 通过有效的目标实施，绩效考核过程会较为顺利。

第4节　绩效考核

1．适用范围

适用于全体正式员工。

2．绩效考核的定义

绩效考核是员工和主管一起，以当初认同的在一段时间内的目标和衡量标准为基础的，回顾个人的效绩的过程。针对管理类人员，业务目标和管理目标2种目标都需要考核；而针对非管理类人员，需要考核业务目标。

考核采取90°考核再加上级确认的方式，即：

◆ CEO考核公司高管/总监、总工和部门经理，但事先必须与董事会领导沟通确认。

◆ 各个部门经理考核各科室员工，事先必须与相关部室沟通（如产品研发及运营部/室在考核时一定要事先征求项目经理和项目管理委员会的意见；而行政办在考核员工时事先征求其他部室的意见），并经公司CEO和人力资源总监确认。

3．绩效考核的时间

◆ 半年考核：7月份对上半年的绩效进行考核；次年1月份对下半年的绩效进行考核。新员工在职不足3个月，不参加考核（也不参加绩效奖金的评定）。

4．绩效考核的信息来源

◆ 内部客户或者外部客户的反馈最重要；

◆ 平级同事的观察评论十分宝贵；

◆ 如果你自己是主管，你的员工对于你的管理目标的反馈十分宝贵；

◆ 主管的观察判断必不可少；

◆ 最后，不要忘记在"目标实施"阶段留下的沟通记录。

5. 绩效考核的过程

（1）图解。绩效考核过程如附图 3-3 所示。

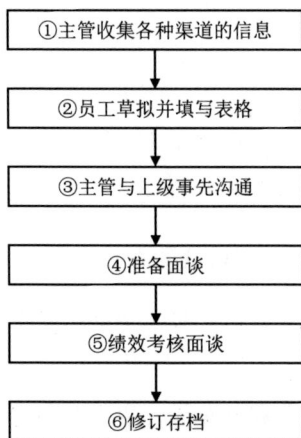

附图 3-3　绩效考核过程

（2）详解。

① 主管收集各种渠道的信息。

② 员工草拟并填写表格。员工将"结果"和"关键例子"写进《目标设定和效绩考核表》。

③ 主管定稿。主管修改"结果"或者"关键例子"，完成《目标设定和效绩考核表》并与自己的上级主管就员工的绩效和评分进行磋商。

④ 面谈准备。

◆ 主管选择时间和一个不受干扰的办公室或者会议室，用于考核面谈。

◆ 主管至少在讨论前，提前一天，发送给员工一份完成后的该员工"目标设定和效绩考核表"。

⑤ 绩效考核面谈。

◆ 首先，主管表达考核面谈的目的和时间安排。

◆ 员工发表对于自己绩效的看法，如有必要与主管澄清事实。

◆ 主管应当拿出具体事例，表扬员工的优势，指出需要改善的地方。

◆ 面谈的最后，如果员工的业绩有问题，双方则须共同制定"绩效提高
计划"。

◆ 如果员工同意此次考核，请在现场签字表示同意。

⑥ 修订存档。

◆ 主管可以根据面谈的结果修改表格。如果需要，主管可以请教自己的
上级主管。

◆ 员工需要签字认可。

◆ 主管签字认可。

◆ 上级主管签字认可。

◆ 员工和主管各自保存一份。

◆ 主管将原稿送交人力资源部。

注：如果员工不同意绩效考核的结果，请参考"员工申诉程序"。

6. 绩效考核的评分

有以下 5 种类型的绩效评分。

◆ 没有完成 / 达标：没有完成主要的目标。

◆ 部分完成 / 达标：1 ～ 2 项目标没有完成，或者 1 ～ 2 项目标衡量标准
没有达到。

◆ 完成 / 达标：完成全部目标，达到协议的衡量标准。

◆ 优秀：完成全部目标，其中一部分超出协议的衡量标准，并完成了另
外目标，对于部门有极大贡献。

◆ 杰出：超出多项目标，明显做出优异成就，并伴随突破性衡量标准。整
个绩效表现对于公司的成功与否十分重要，是业务和行为两方面的楷模。

7．公司的绩效评分分布

一个典型的组织，应当遵循一定的分布曲线，以反映员工之间的绩效差异。分布的百分比和说明（见附表 3-2），由公司管理层在考核前颁布。

附表 3-2　绩效分布百分比

员工考核成绩	部门整体业绩			
	5	4	3	2
5	10%～30%	0～20%	0～10%	无
4	10%～30%	0～20%	0～10%	0～10%
3	60%	70%	80%	70%～90%
2	0～10%	0～20%	1%～10%	10%～20%

部门整体业绩的考核依据各个部门经理部门的重点指标达成情况综合考虑。

第 5 节　奖惩管理

1．薪酬调整

（1）薪酬调整的原则如下：

◆ 就公司总体而言，人力资源部将委托专业的薪酬顾问为公司调查相关市场的薪酬水准，并且提出公司薪酬调整方案；公司领导层最终决定薪酬调整方案。

◆ 薪酬调查的内容是较全面的，既包括固定工资，也包括浮动工资，同时也会参考福利等信息。

◆ 就员工个体而言，每个人的工资调整将与年度绩效评分密切挂钩。

（2）目标工资。目标工资由固定工资和浮动工资（又称奖金）组成。19 级及以上员工的固定工资和浮动工资的比例为 70%∶30%；18 级（含）以下员工的固定工资和浮动工资的比例为80%：20%。

（3）浮动工资。

◆ 员工的浮动工资在年底综合考虑其全年的绩效再发放。

◆ 浮动工资测算方案可参照年度薪资方案。

◆ 考核分数的正态分布参照附表3-2或每年公司的考核前公布政策。

2. 员工调整

（1）绩效提高计划。

如果员工操作项目或从事被分配的重点工作连续没有完成，而且在若干辅导之后仍然不能令人满意，主管和上级主管必须通知员工参加"绩效提高计划"。

"绩效提高计划"为期1～2个月，根据员工的工作性质决定。

在"绩效提高计划"期间，主管应对员工有更多的辅导时间，以帮助员工尽快恢复到期望的绩效状态。

① 如果顺利完成"绩效提高计划"，员工将回归日常工作状态。

② 如未完成"绩效提高计划"，员工将被辞退或降级。

③ 如员工拒绝参加"绩效提高计划"，员工将被视为违反公司规章制度而被开除。

④ 如员工在"绩效提高计划"期间提出主动辞职，按公司劳动合同有关规定办理。

（2）辞退。

如果员工连续两个半年度绩效评分为"没有完成"，并且符合以下三个条件，公司有权辞退员工。

◆ 员工必须签过书面的"目标设定"。

◆ 员工必须参加过工作必需的培训，如新员工培训、有关技术及业务培训等，或员工接受过主管及有关人员的辅导。

◆ 员工必须至少有两次被书面确认并警告过未完成任务的有关事实。

如公司辞退员工，主管和上级主管应签署统一格式的"辞退通知"并与员工进行例行谈话。如有必要，可以由人力资源部共同参与谈话。如员工此时提出主动辞职，须经其上级主管及人力资源主管领导批准。

如果以上三个条件不具备，员工必须参加"绩效提高计划"。

（3）晋升。

员工业绩持续优异，公司可以根据业务和人才培养的需要对员工予以晋升。

第 4 章　经理、员工和人力资源部在绩效管理工作中的分工

经理、员工和人力资源部在绩效管理工作中的分工如附表 4-1 所示。

附表 4-1　经理、员工和人力资源部在绩效管理工作中的分工

经理的角色	员工的角色
◆与员工共同制定员工的工作目标，并注意平时对员工业绩的监控。 ◆以绩效考核为工具对员工的工作随时进行反馈，并作为依据对员工进行考核。 ◆以奖励和嘉许的方式表彰杰出的业绩。 ◆在员工有工作困难时给予必要的支持和帮助。 ◆培养、指导、开发自己的员工	◆根据公司的战略、部门的计划和顾客的需要，设定富有挑战的、同时也是现实可行的工作目标。 ◆对自己的工作业绩、发展和提高负有主要责任。 ◆随时根据设定的工作目标和计划对自己的工作进行核查，并主动听取他人的意见反馈

人力资源部的角色
◆绩效管理的宣传、教育工作，注重在公司内建立绩效文化的氛围。 ◆为使绩效管理工作有效地进行而提供必要的培训。 ◆与公司各级经理人员合作把员工的奖金与员工的绩效结合起来。 ◆倡导绩效反馈的工作，并随时准备接受员工和经理人员的问询。 ◆协助各部门经理实施员工培训及发展计划。 ◆完整、准确、及时地保存部门上交的绩效考核报表。 ◆协助部门经理设计和实施员工的"绩效提高计划"。 ◆为公司年度浮动工资发放提供框架方案

第5章　绩效管理的相关政策

（1）公司所有的正式员工和管理人员以及认为有必要的其他员工都要参加绩效考核的程序。

（2）新近聘用的新员工要在到岗一个月内完成目标设定的工作，而且在其最初入职公司的一段时间内，其直接主管要以更高的频率对其进行督导、绩效反馈和考评。

（3）考核分半年度初评和年度考核，考核决定了员工的奖金。原则上19级（含）以上的人员固定工资和浮动工资（即奖金）比例为70%∶30%，18级（含）以下的为80%∶20%。

第6章　绩效考核在一年中的流程概要

1．步骤1

时间：全年内由经理（或CEO、副主任、总工和部门经理）及其员工共同完成。

平时注意记录能说明员工绩效的关键事例。

为保证员工业绩朝着正确的方向不断提升，鼓励经理和员工之间经常就员工的成就进行正式及非正式的沟通，并对可能出现的问题进行纠正。

经理对员工进行半年度/年度考核，而后由公司根据相关政策确定奖金数额，经有关部门和公司领导审核后执行。

公司每年根据整体业绩情况决定是否调薪。调薪需要在汇总所有员工的绩效考核成绩之后，根据调薪的总额度，由人力资源部制定各考核成绩的薪资调整计划，报经公司领导批准后，由各位经理具体执行。请注意：在经理给下属员工进行考核面谈时，因为人力资源部尚未汇总考核成绩，还来不及制订薪资调整方案，所以各位主管千万不要就工资的调整向员工做任何无根据的许诺。

2. 步骤 2

由人力资源部门在每年 10 月或 11 月完成下列工作。

◆ 视具体情况需要对经理和新近提拔的经理人员进行绩效考核的培训。

◆ 同时人力资源部应加强对绩效管理工作的宣传和教育，使广大员工更深切、全面地了解绩效管理，从而更好地参与和配合，保证绩效管理工作的有效性。

3. 步骤 3

在考核和设定新目标之前经理（考核者）和员工（被考核者）应该完成下面的工作。

◆ 与上级主管的沟通，了解公司整体的战略和本职能的工作重点，继而确定自己的分支部门 / 项目小组的工作目标，从而便于考核下属目标的设定和权重的分配；考核者还要与自己的上级主管就下属的绩效考核评分初步沟通，形成一致意见。

◆ 从各种渠道获取被考核者的绩效信息。

　　➢ 在考核评分之前，考核者应该从公司其他相关人员那里获得被考核者绩效表现的信息，可能是跨部门的，甚至是来自外部客户。

　　➢ 和员工约定考核面谈的时间。

◆ 被考核者和考核者分别完成考评表格。

　　➢ 被考核者和考核者分别完成打分的工作，同时还要列举有说服力的事实依据，分清哪些是成绩，哪些是需要改进的不足之处。

　　➢ 员工自己要在考核面谈前考虑清楚为提高自己的绩效将来需要哪些培训和发展。

> 考核者需要谨记在给下属考核评分的时候，应该依据本半年度 / 年度员工的业绩，而不要包含员工以往性格表现在你心目中留下的印象。

4. 步骤 4

接下来考核者和被考核者进行绩效考核和目标设定面谈。

◆ 与被考核者进行面谈：成功的绩效考核面谈建立在双向沟通的基础之上。作为绩效考核流程的一部分，员工应该有足够的时间和机会来陈述自己在本考核阶段的成绩、需要改进的不足之处。这样才有可能形成互相的理解。

◆ 为实现良好的绩效反馈，考核者应该做到。

> 充分准备，回顾自己的目标和工作结果，拿出支持自己观点的关键事例。

> 确保面谈不被打扰。

> 根据实际情况，面谈时间至少 1 小时，而且最好是有单独的会议室。

> 面谈一开始就要先确立积极向上的正面氛围，尽量避免消极的批判，除非员工的工作失误重大或绩效表现极差。

> 认真倾听被考核者的陈述，不要随意打断。

> 时常对面谈进行小结，确保理解的准确。

> 珍视他人的想法。

> 心胸开阔。

> 重在帮助员工解决问题，而不是一味地责怪。

> 尽可能做到面谈结束时双赢。

◆ 绩效评分。

> 考核者（经理）根据客户、其他同事和自己的日常观察，结合被考核者的目标达成情况，完成被考核者的绩效打分。经理必须根据被考核者在本绩效期间业务目标的达成情况（经理人员还包括管理能力），把自己的看法明确陈述给对方。

> 如果员工最终得分低于 3 分（即"部分未完成"或"全部未完成"
> 既定的目标），则考核者与被考核者双方必须进行《绩效改进计划》
> 的设定，以便员工能够尽快回归到公司的期望线上。

◆ 为员工设定新的工作目标。经理和被考核者在设定该员工新的工作目标之前须先行准备好各自的初步想法，可以是项目型的目标，但是必须是具体的、可量化的、与公司的工作重点紧密相关的。双方填写工作目标时，经理必须帮助员工科学地分配每个目标的权重，便于员工意识到各工作方面的优先顺序。

5. 步骤 5

在绩效面谈后由考核者（经理）完成下面的工作。

◆ 交给上级经理确认。在上述工作完成以后，经理须将本年度的考核表和下一年度的新工作目标上交给再上级经理签批。上级经理可能在本职能内进行权衡，同时也有可能对个别员工的绩效有不同的看法，待上级经理与被考核者的直接上级形成一致意见后，本考核结果才算是定稿。

◆ 人力资源部对全体员工的考核结果进行整体把关。在与上级经理确认以后，考核者须留给自己和被考核者各一份复印件，并将原稿交给人力资源部。人力资源部则对表格的完整性进行审核，然后把所有员工的考核结果汇总，并观察分布状态。在此期间有可能需要各个经理对可能出现的问题予以解释。

◆ 出台薪资调整计划。人力资源部在汇总全体员工的考核结果之后，结合公司的业绩、宏观市场的通货膨胀率、同行业的薪资走向、公司的预算等因素制定《薪资调整计划》，并报经公司及有关部领导批准。这样，取得既定考核评分的员工会得到相应的薪资调整。如果经理对自己杰出员工的薪资调整幅度感觉不满意，可以向自己的上级主管或人力资源部进行交涉，以寻求解决的办法。

绩效考核流程小结如附表 6-1 所示。

附表 6-1　绩效考核流程小结

需要完成的工作	负责人 / 部门
平　　时	
1. 记录能说明员工绩效的关键事件。 2. 不断地就员工的成绩和需要改进的方面进行沟通。 3. 对员工进行半年度初评考核	被考核者的直接经理
每年 10 ~ 11 月	
进行绩效管理知识和技巧的培训	人力资源部
每年 12 月~次年 1 月中旬	
面谈前 1. 考虑被考核者次年的工作目标。 2. 从各种渠道了解员工全年的工作业绩和表现。 3. 罗列员工全年的成绩、不足，找到关键事例。 4. 与再上级经理确认下属的考核成绩	被考核者、考核者、上级经理
面谈中 1. 给员工打分。 2. 设定员工来年新的工作目标。 3. 甄别员工的培训需求	
面谈后 1. 把考核结果上交给再上级主管最终确认。 2. 如果员工的岗位职责发生变化，则修订《职位说明书》	
每年 1 月底~ 2 月中旬	
1. 审核考核表的完整性。 2. 提交年度奖金（浮动工资）方案或政策。 3. 提交薪资调整方案供公司决策	人力资源部

第 7 章　员工投诉处理

1. 目的

员工投诉处理目的：

◆ 确保绩效管理工作整体性的公平、公正；

◆ 确保各级经理、主管人员不断提高自身的管理水平，严格执行公司有关的规章制度；

◆ 促进经理和下属员工之间多交流，从而避免投诉事件的发生；

◆ 让受到不公正待遇的员工有申诉之门，真正体现公司对人力资源的重视；

◆ 有利于公司把握绩效管理工作的质量。

2. 员工可以申诉的渠道

员工可以通过以下任一渠道申诉：

◆ 员工的再上级主管；

◆ 绩效管理监督委员会，委员会将在公司 2 ～ 3 个地方设置"员工投诉信箱"；

◆ 如果员工不介意，也可发邮件至公司专门设置的电子邮件投诉地址；

◆ 公司 CEO 或有关高管 / 总监、部门经理。

3. 绩效管理监督委员会的人员组成

绩效管理监督委员会人员如下。

（1）主任：公司 CEO。

（2）执行主任：公司人力资源总监。

（3）常设执行委员：人力资源部绩效专员。

（4）临时委员：投诉员工所在室或部的最高领导。

4. 员工投诉的时间

员工投诉时间为：

◆ 每次半年度考评后或年度考核后；

◆ 监督委员会将指定专人定期打开"员工投诉信箱"。信箱的钥匙专人专管。

5. 监督委员会的工作指针

保证绩效管理，特别是考核的公平、公正。

6. 监督委员会的工作内容

监督委员会的工作内容如下。

◆ 把握绩效管理的战略指导思想，保证其与公司总体发展战略的一致。
◆ 制定并修订有关绩效管理的政策、制度。
◆ 提出具体的方案，采取具体的措施，预防不公平考核事件的发生。
◆ 受理员工绩效考核的投诉。
◆ 为防止可能的销毁证据或相关人员的"串供"，委员会将在处理投诉的前期对投诉的内容严格保密；在调查结束并达成处理结果后，委员会还要采取必要的方法措施，严格监督杜绝打击报复，保护投诉的员工。
◆ 根据具体情况，视情节轻重，提出对责任主管／经理的处理意见。

7. 员工投诉处理程序

监督委员会向全体员工保证：将严格遵守委员会的工作指针，履行工作程序，在接到员工投诉的 20 个工作日内，给予员工答复。

员工投诉处理流程如附图 7-1 所示。

```
                                      ┌─ 向再上级主管
   ┌─────────────┐           ⎧  ├─ 监督委员会投诉信箱
   │   员工投诉    │───────── ⎨   │
   └─────────────┘           ⎩  └─ CEO或人力资源总监
          │
          ▼
   ┌─────────────┐
   │  监督委员会初审  │
   └─────────────┘
   有效投诉 │
          ▼
   ┌─────────────┐
   │ 监督委员会初步调查 │
   └─────────────┘
   有效投诉 │
          ▼
   ┌─────────────┐
   │  选择相关临时委员  │
   └─────────────┘
          │
          ▼
   ┌─────────────┐
   │ 制定全面调查投诉方案 │
   └─────────────┘
          │
          ▼
   ┌─────────────┐
   │   方案的实施    │
   └─────────────┘
          │
          ▼
   ┌─────────────┐
   │ 根据调查结果进行处理 │
   └─────────────┘
          │                  ┌─────────────────┐
          ▼                  ┊ 重在事实的澄清和相关 ┊
   ┌─────────────┐           ┊   人员的保护      ┊
   │  相关的跟进工作  │┈┈┈┈┈┈┈┈┈┈┈┈└─────────────────┘
   └─────────────┘
```

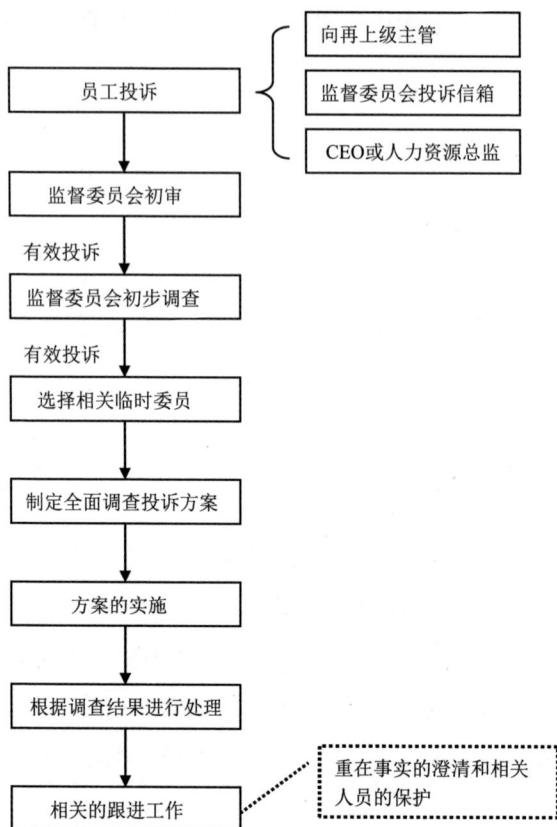

附图 7-1 员工投诉处理流程

附件 1　管理目标的定义

绩效管理的考核标准

没有达标：（符合下列几种描述中的 2 ～ 3 种）不能按时提交目标设定
　　　　　或者绩效考核表格；草率完成规定流程，没有征求主要客户
　　　　　或者其他相关人的反馈；覆盖的员工面不足 70%；员工没有
　　　　　完成应当完成的步骤，或者出现有效投诉。

部分达标：（符合下列几种描述中的 2 ～ 3 种）能够按时完成目标设定和
　　　　　绩效考核，但是不按照流程进行，跳过必要的步骤。员工覆盖
　　　　　面不到 100%。员工没有完成应当完成的步骤，或者出现有效
　　　　　投诉。

达标：　　能够根据流程和日程，按时完成目标设定和绩效考核；员工
　　　　　覆盖面达到 100%；员工完成一切需要的步骤；没有发生员工
　　　　　投诉，或者有个别投诉，但证明没有说服力。

优秀：　　能够根据流程和日程，按时完成目标设定和绩效考核；员工
　　　　　覆盖面达到 100%；员工参与过程并且认为绩效管理确实可以
　　　　　帮助他们取得目标，加速个人成长。

杰出：　　能够按照流程和日程表进行目标设定和绩效考核，员工覆盖面
　　　　　达到 100%；员工参与过程并且认为绩效管理确实可以帮助他
　　　　　们取得目标，加速个人成长；此外，员工在自我管理方面明
　　　　　显进步。

员工激励

没有达标：即使有机会，也从来没有激励下属。

部分达标：即使有机会也很少激励员工；或者仅仅依赖金钱手段刺激
　　　　　员工。

达标： 定期激励员工，至少每季度一次；使用各种方式表示对于员工的赞赏，不仅仅依靠金钱手段。

优秀： 定期根据不同员工的需求激励员工，至少两个月一次；激励是及时、具体的，使用各种激励方式而不仅仅是金钱手段。

杰出： 定期根据不同员工的需求激励员工，至少两个月一次；激励是及时、具体的，使用各种激励方式而不仅仅是金钱手段。员工感受到被信任、被授权并趋向于自我激励。

员工反馈

没有达标：即使非常必要，也从不向员工说明其问题和需改进之处。

部分达标：很少向员工说明其问题和需改进之处；员工没有意识到问题的严重性。

达标： 定期向员工沟通其问题和需改进之处，至少一个季度一次；员工接受反馈。

优秀： 向员工沟通其问题和需改进之处，至少两个月一次；员工接受反馈，而且加以改进。

杰出： 向员工沟通其问题和需改进之处，至少两个月一次；员工接受反馈，主动制定计划，而且改进显著。

员工发展

没有达标：不是 100% 员工具有发展目标和切实可行的发展路径，在没有不可抗原因的前提下，发展目标的完成率在 50% 以下。

部分达标：或者自己决定了员工发展目标，而没有和员工商量；或者让员工自己设定发展目标而不提供意见；平均完成率在 50%～80%。

达标：　　就员工的发展目标提供建议；支持员工完成目标；平均完成率在 80% 以上。

优秀：　　就员工的发展目标提供建议并且采用多种非课堂培训发展路径；支持员工完成目标，完成率在 100%。提供给员工的个人辅导至少每季度一次；员工将学习成果运用到工作中。

杰出：　　就员工的发展目标提供建议并且采用多种非课堂培训发展路径；支持和检查完成情况；完成率 100%。提供给员工的个人辅导至少每季度一次；员工的知识，技能，行为都得到强化，绩效明显改善。

团队建设

没有达标：大多数团队成员不了解团队的目标、成员的角色和责任；内部冲突悬而不绝；团队的一些主要目标没有达到。

部分达标：某些成员不了解团队的目标、职能成员的角色和责任；内部冲突悬而不绝；若干项团队目标没有达到。

达标：　　大多数团队成员了解团队目标、成员的角色和责任；内部的冲突得以顺利解决；100% 的团队目标得以实现。

优秀：　　全体团队成员都了解团队的目标、他们的角色和责任；具备流程图，以引导团队成员；内部的冲突可以顺利快速得以解决；100% 的团队目标高标准地完成，团队成员参加决策等活动。

杰出：　　全体团队成员都了解团队的目标、他们的角色和责任；具备流程图，以引导团队成员；内部的冲突可以顺利快速地解决；团队成员相互支持辅佐，没有来自灰色区域的冲突问题。团队目标超额高标准地完成；团队成员逐步学会自我管理。

附件 2　绩效提高计划表

绩效提高计划表

员工姓名：＿＿＿　工号：＿＿＿　部门：＿＿＿　职位：＿＿＿　主管姓名：＿＿＿

绩效提高计划自＿＿＿年＿＿月＿＿日至＿＿＿年＿＿月＿＿日。

目　标	衡量标准	完成时间	结　果

1. 如顺利完成"绩效提高计划"，员工将回归日常工作状态。

2. 如未完成"绩效提高计划"，员工将被辞退或降级。

3. 如员工拒绝参加"绩效提高计划"，员工将被视为违反公司规章制度而被开除。被开除者将不会获得任何经济补偿。

员工签字＿＿＿　日期＿＿＿　主管签字＿＿＿　日期＿＿＿　上级主管签字＿＿＿　日期＿＿＿

结果：　（　）顺利完成　　　（　）未完成

主管签字：＿＿＿　日期：＿＿＿　上级主管签字：＿＿＿　日期：＿＿＿

附件3 辞退通知

辞退通知

员工＿＿＿＿＿，工号＿＿＿＿＿：

由于你连续无法完成既定的工作目标，根据《中华人民共和国劳动法》和公司的"绩效管理政策"，现正式通知你，你在公司的最后工作日为＿＿＿＿年＿＿＿＿月＿＿＿＿日。

（附工资清单）

主管签字：＿＿＿＿＿＿＿＿＿＿＿＿＿＿日期：＿＿＿＿年＿＿＿＿月＿＿＿＿日

上级主管签字：＿＿＿＿＿＿＿＿＿＿＿日期：＿＿＿＿年＿＿＿＿月＿＿＿＿日

人力资源总监签字：＿＿＿＿＿＿＿＿日期：＿＿＿＿年＿＿＿＿月＿＿＿＿日

读者意见反馈表

亲爱的读者：

感谢您对中国铁道出版社有限公司的支持，您的建议是我们不断改进工作的信息来源，您的需求是我们不断开拓创新的基础。为了更好地服务读者，出版更多的精品图书，希望您能在百忙之中抽出时间填写这份意见反馈表发给我们。随书纸制表格请在填好后剪下寄到：北京市西城区右安门西街8号中国铁道出版社有限公司大众出版中心 王佩 收（邮编：100054）。此外，读者也可以直接通过电子邮件把意见反馈给我们，E-mail地址是：505733396@qq.com。我们将选出意见中肯的热心读者，赠送本社的其他图书作为奖励。同时，我们将充分考虑您的意见和建议，并尽可能地给您满意的答复。谢谢！

所购书名：_____

个人资料：

姓名：_____ 性别：_____ 年龄：_____ 文化程度：_____

职业：_____ 电话：_____ E-mail：_____

通信地址：_____ 邮编：_____

您是如何得知本书的：

□书店宣传 □网络宣传 □展会促销 □出版社图书目录 □老师指定 □杂志、报纸等的介绍 □别人推荐
□其他（请指明）_____

您从何处得到本书的：

□书店 □邮购 □商场、超市等卖场 □图书销售的网站 □培训学校 □其他

影响您购买本书的因素（可多选）：

□内容实用 □价格合理 □装帧设计精美 □带多媒体教学光盘 □优惠促销 □书评广告 □出版社知名度
□作者名气 □工作、生活和学习的需要 □其他

您对本书封面设计的满意程度：

□很满意 □比较满意 □一般 □不满意 □改进建议

您对本书的总体满意程度：

从文字的角度 □很满意 □比较满意 □一般 □不满意
从技术的角度 □很满意 □比较满意 □一般 □不满意

您希望书中图的比例是多少：

□少量的图片辅以大量的文字 □图文比例相当 □大量的图片辅以少量的文字

您希望本书的定价是多少：

本书最令您满意的是：

1.
2.

您在使用本书时遇到哪些困难：

1.
2.

您希望本书在哪些方面进行改进：

1.
2.

您需要购买哪些方面的图书？对我社现有图书有什么好的建议？

您更喜欢阅读哪些类型和层次的书籍（可多选）？

□入门类 □精通类 □综合类 □问答类 □图解类 □查询手册类

您在学习计算机的过程中有什么困难？

您的其他要求：